The Critical Insights of Marketing

クリティカル・マーケティング

―ここが変だよ?! マーケティング―

首藤禎史 ［編著］

長谷川　博・伊藤友章
野木村忠度・河内俊樹 ［著］

創 成 社

はしがき

　本書は，明治大学商学部の故 三上富三郎名誉教授ならびに故 徳永豊名誉教授の学部ゼミナールおよび大学院研究室で学んだ，もしくはその流れを汲む研究者が，マーケティング研究に携わって以来，マーケティングのテキストとされる，ないしはそれに類するものに書かれている日ごろから疑問に感じてきた理論や事柄について，あるいはまた，いわゆる P. Kotler 流の Modern Marketing とされるマーケティング理論や研究領域について，疑問や問題と感じてきた事柄を明らかにすべく [1)]，さらには「それら理論やコンセプトが現実にどれくらい適合しているのか，そうでないならばなぜか」といったことについて議論を重ねてきたことを，マーケティングを学ぶ学生やそれを実務の世界で活用するビジネス人に対してだけでなく，研究者とされる人々にも投げかけ，その解明を試みるべく執筆した書籍である。

　したがって，本書は，いわゆるこれまでのマーケティングのテキストまたは研究書とされる書籍類とは一線を画する内容・視点を採っている。本書の執筆者の中には，マーケティング研究に携わって 40 年を超えるもの，または気鋭の研究者であるものも含まれており，マーケティングをただの論文やケーススタディの中の問題や事例，理論・研究結果と捉えるのではなく，現実社会や現代の消費者の生活ならびに活動と対比して，それがどれくらい適合しているのか，あるいは乖離しているのかといったことについて真剣に取り組んできた結果として，本書は構成・執筆されている。そのため，本書は，項目によってはかなり批判的な論調で論述されている部分も少なくない。本書のタイトルが『クリティカル・マーケティング：The Critical Insights of Marketing ——ここが変だよ?!　マーケティング』とされているのもそのためである。しかしながら，Critical という語には，「批判的な」という意味だけでなく，「決定的な」とか「重要な」といった意味・解釈も充てられる。このような意味から，本書はこれまでのマーケティングのテキストや研究書，または研究結果をただ批判的に論じるだけでなく，自分たちが学生やビジネス人であったなら，それら理

論もしくは記述，ケーススタディ・用語をどれだけ活用できるのか，といった
ことを基礎において書かれているのである。

　そのようなことから，本書は執筆者たちが，学生諸君はもとより，ビジネス
に携わる人々，マーケティング研究を始めた人たちにとっても，日ごろから純
粋に「あれ，これは本当か」とか「実際にはこんな理論は使えない」と感じて
いた理論や内容に対して「自分もこう思っていた」「やっぱり，そうだよ」と
いったように共感を頂ける内容になるように心掛けつつ，自分たち自身が今ま
で率直に，そのように感じてきたことに向き合って執筆したものである。執筆
者一同，必ずや，本書を手にした方たちの知識や経験に役立つものと考えてい
る。

　最後に，本書を世に送り出すのにあたって，ご指導いただいた三上富三郎先
生・徳永豊先生はもちろん，発想・構成などでお力添えくださった皆さま，ま
た本書を出版・刊行するのにご尽力いただいた創成社の塚田尚寛社長および編
集・営業担当の中川氏・西田氏に対して厚く御礼申し上げる次第である。

執筆者代表

首藤 禎史

【注】

1）Stephen Brown は，*Harvard Business Review* の 2001 年の 10 月号に寄稿した "TOR-
MENT YOUR CUSTOMERS" という論文で P. Kotler 流のモダン・マーケティング
を「顧客第一主義に支配されたマーケティングは実に退屈である」と批判したのはあ
まりにも有名である（Stephen Brown, "TORMENT YOUR CUSTOMERS（They'll
Love It）" *Harvard Business Review*, November-December, 2001）。

目　次

はしがき

Section 1 ：マーケティングのフレームワークと戦略開発の
　　　　　　コンセプト ——————————————— 1

　　1．マーケティング・コンセプトの発展プロセスに関する
　　　　問題点 ……………………………………………… 2
　　2．マーケティングの範囲：面白く世界を意識する捉え方
　　　　…………………………………………………………… 5
　　3．マーケティングと記号：目的や動機や価値を問いつつ
　　　　…………………………………………………………15
　　4．マーケティング行為：交換と変換の選択螺旋構造を
　　　　純化する ………………………………………………25
　　5．市場の定義と市場細分化との関係について …………35
　　6．マーケティング戦略策定の前段階としての STP
　　　　（Segmentation, Targeting, Positioning）の方法とその手順
　　　　について ………………………………………………43
　　7．SWOT 分析の課題について ………………………………46

Section 2 ：マーケティング・アフォーダンスと顧客管理
　　　　　　———————————————————— 55

　　1．環境分析・マーケティング調査と市場細分化の関係に
　　　　関する疑問 ……………………………………………56
　　2．消費者行動と市場細分化との関係に関する問題点 ……59
　　3．顧客概念と消費者概念の整理 ……………………………63
　　4．リレーションシップ・マーケティングに関する再考察
　　　　…………………………………………………………70
　　5．テクノロジーの進化による現代市場の見直し …………79

6．消費者教育概念の生成と発展およびその現代的捉え方に
関する若干の議論 ……………………………………83

Section 3：ブランド構築と価値創造 ——————— 87

1．ブランドの捉え方とブランド階層性の再考 ……………88
2．ブランド拡張とライセンシングおよび OEM に係わる
問題のアジャスティング ………………………………93
3．マーケティングにおける「サービス」という言葉に
関する取り扱い方についてのいくつかの疑問 …………97
4．サービスと商品の捉え方に関する整理 …………………99
5．知覚品質および情報の非対称性と価格との関係整理
………………………………………………………… 109
6．新製品価格設定理論の問題点について ……………… 113

Section 4：マーケティング・コミュニケーションと
価値（製品）の送達 ——————— 125

1．マーケティング・ミックスにおけるマーケティング・
コミュニケーションと営業・人的販売の問題に関する
インサイト ……………………………………………… 126
2．マーケティング・コストと人件費に関する疑問 ……… 129
3．ダイレクト・マーケティングの概念と捉え方に関する
再検討 …………………………………………………… 132
4－1．マーケティング・チャネルと 4Ps の Place に関する
議論について …………………………………………… 137
4－2．マーケティング・チャネルと 4Ps の Place に関する
議論について―流通システムの観点から―
………………………………………………………… 139
5．オムニ・チャネルと垂直的マーケティング・システム
との関係 ………………………………………………… 143
6．水平的拡大（多角化）およびブランド拡張と企業成長
に関するインサイト …………………………………… 147

7．小売チェーンと垂直的マーケティング・システムとの
　　関係について ………………………………………… 154
8．広告効果測定に関する現代的研究の問題点 ………… 159

Section 5：パッケージングとロジスティクス —— 169
1．ブランド構築におけるパッケージの位置づけ ……… 170
2．パッケージにおける自然環境保護への対応
　　―制約要因なのか，新しい機会なのか― …………… 175
3．パッケージ・デザインとロジスティクスの相互関係の理解
　　………………………………………………………… 180
4．パッケージングと製品開発におけるデザインに関する
　　インサイト …………………………………………… 184
5．テクノロジーの進化とそれによる現代物流のいくつかの
　　問題点について ……………………………………… 188

Section 6：SDGs と現代マーケティングの課題 —— 193
1．マーケティングと時空：それには確かに時代の場へと
　　………………………………………………………… 194
2．マーケティングの進化：人類特異性そして世界観的課題
　　を通観し ……………………………………………… 204
3．マーケティングと後期現代社会：不思議の邦の展開を
　　考える ………………………………………………… 214
4．サービス・ドミナント・ロジックの普及に関する問題
　　………………………………………………………… 224
5．「マーケティング」用語の氾濫に関する問題と憂慮
　　………………………………………………………… 236
6．コーズ・マーケティングとマーケティング倫理の問題
　　について ……………………………………………… 248
7．マーケティングにおける倫理問題とその現代的課題
　　について ……………………………………………… 254

索　引　265

マーケティングの
フレームワークと
戦略開発の
コンセプト

1 マーケティング・コンセプトの発展プロセスに関する問題点

かつて，多くのマーケティングのテキストで，マーケティング・コンセプトは時代と共に発展してきたプロセスであるとされ，インターネットなどの解説でも生産志向の時代は，「マーケティング・コンセプトとしては最も歴史が古く，需要が供給を上回って物が不足していた時代に生まれた考え方です[1]」とか「生産志向は需要が供給を上回っていた時代のコンセプトであり，マーケティング史上最古のコンセプトです[2]」といった解説があり，"作れば売れる時代"などと表されていた。しかしながら，翻ってマーケティングの考え方（発想）から考えると，"作れば売れる"などという製品—市場が存在することは考えられない。どんな商品でも，顧客や消費者が要らないものは，売れないのであり，いくら作っても，売れないものは売れないのである。

この生産志向のコンセプトの説明で最も多く利用されている Ford 社の，いわゆるフォーディズムでさえ，T. Levitt の有名な論文の Marketing Myopia において，「H. Ford は，実はマーケティングの天才であった。彼は 500 ドルでなら何百万台も売れるであろうという結論から，どうしたらそのコストで自動車を生産できるだろうかという考えの下に，独自の生産ラインを開発して，大量生産を可能にした。大量生産は低価格の原因ではなく，結果であったのである[3]」と述べているように，"作れば売れる"ではなく，H. Ford は，"いくらなら売れるか（消費者に買ってもらえるか）"というマーケティングの発想と調査を基に生産技術を開発したのである。

また，マーケティング志向の次の時代に到来するとされていたソーシャル（ソシエタル）・マーケティング志向も，「マーケティング戦略は顧客のもたらす価値は，顧客および社会双方の幸福感を維持，もしくは向上させるものでなくてはならないと考える。そこで求められるのが持続可能なマーケティング，すなわち人々や企業のニーズを満たしつつ，同時に，社会的・環境的責任を果たすマーケティングなのである[4]」といったように解説しているテキストをかつては多く見かけたが，企業はそもそも社会的存在である。社会を構成するメ

ンバーである企業が，（少々古い言い回しではあるが）ゴーイング・コンサーンとして存続し続けるためには市場で受け入れられる必要がある。つまり，多年にわたって市場で受け入れられるということは，「社会的・環境的責任を果たす」ものであり，そうでなければ，存続し得ないはずであるということである。

　このような理論もしくは学説は，マーケティング学者たちが，マネジメント優勢の時代にその存在意義を顕示することに傾注した産物なのかもしれないということだけでなく，現代社会において，果たしてどれぐらいの企業が，市場における存続の前に，社会的・環境的責任を果たすことを目的においているのかは疑問の残るところである。もちろん，現代社会では SDGs が大きく取り上げられ，社会的・環境的ニーズを取り入れることが優良企業，あるいは企業の持続的活動の証であると言われてはいるものの，コーズ・マーケティングのように，そのコンセプトをプロモーション手段として活用することは，どのように捉えられるべきなのであろうか。

　その企業もしくは事業体が，生産志向であるか，販売またはマーケティング志向であるかは，その市場特性ないしはマネジメントの意思（判断）によるものである。製品差別化の進んでいる，あるいは独占的な市場においては，生産志向といっても，規模の経済や範囲の経済を駆使して，低価格を実現する必要がない場合もあるだけでなく，競争的な市場であっても，規模の経済や範囲の経済を追求することで，低価格を実現できれば，その市場のリーダーとなることはできるかもしれない。また，かつての松下電器産業（現 panasonic）のような "販売志向" とされていた組織であっても，その創業者の松下幸之助の事業理念である「社会生活の改善と向上」または「水道哲学（水道の水のように低価格で良質なものを大量供給することにより，物価を低廉にし消費者の手に容易に行き渡るようにしようという思想）[5]」のような発想は，ソーシャル・マーケティング志向であるとも考えられるだけでなく，SDGs に通ずるコンセプトであるとも言うことができるかもしれない。

　P. Kotler らの近著の *MARKETING MANAGEMENT 15ed*（Pearson Education ltd., 2016）では，これらのコンセプトは「管理者が遂行する方針（philosophy）である」と修正説明しているが，Philip Kotler and Kevin Lane Keller,

Alexander Chernev, *Marketing Management 16th Edition*, [Pearson Education Ltd., 2021]（恩蔵直人監訳『コトラー＆ケラー＆チェルネフ マーケティング・マネジメント 原書16版』丸善出版，2022年）では，"ソーシャル・マーケティング・コンセプト"というコンセプトは姿を消し，代わりに「対象となる範囲と相互依存性の認識を前提としたマーケティングのプログラムとプロセスと活動の開発，設計，実施に基づいている，価値を基盤とするマーケティングであり，あらゆるものが重要であり，広く統合された視点がしばしば必要とされるという認識を持った"市場価値志向"というのが提唱されている[6]。これもまた，解釈に難儀する"マーケティングのコンセプト"である。

（首藤 禎史）

【注】

1）https://dyzo.consulting/4777/.

2）https://marketer-thinking.com/kihon/hensen.html.

3）Levitt, Theodore（1960），"Marketing Myopia" *Harvard Business Review*, July-August.

4）フィリップ・コトラー，ゲイリー・アームストロング，恩蔵直人（2014）『コトラー，アームストロング，恩蔵のマーケティング原理』丸善出版，12～13頁.

5）https://ja.wikipedia.org/wiki/.

6）恩蔵直人 監訳（2022）『コトラー＆ケラー＆チェルネフ マーケティング・マネジメント 原書16版』丸善出版，25頁.

2 マーケティングの範囲：面白く世界を意識する捉え方

　卒業要件単位であったすべての専門を高等教育卒業後もずっと研学し続ける人は，まずいない。とはいえ，生成 AI（AGI，ASI）も横目に，いくつかの恒星（専門・第1領域）から成る星座（複数の専門の連鎖・第2領域）の範囲を意識し続けることは可能であり，求められもする。フランクフルト学派[7]にもある語用の「星座」に限ったことではない。この星座は，理論枠組や実践仕組のこれからの展開でも，専門的な自分がこれまでの自分よりも他専門の他者に近いと思う者たちである其々（それぞれ）が，背番号的に範囲が固定されたスペシャリスト「になる―である」ことに前後して，ジェネラリストとして組み変えていくものである。

　ときに，「聞き慣れないことへの拒絶や，聞き慣れたことへの安穏」という先入状態が生じたコミュニケーションのメッセージやメディアに，絆（ほだ）されているのか。ならば，なにも生成 AI の登場以前からみずからの力での生成がなく，スローガン（団体の主義主張）に反科学的に食らいつくだけなゾンビが増える。むろん，誰もよく分からないことを何者かが決めていると，現実の組織階層を下降する程に，実践仕組での矛盾が増える。それでも企業は，そんな人間ではない主体を何とかマーケティング戦線に出動させようと踠く。こうして主体性概念の変容[8]もあり，「内と外」かつ「1と多」かつ「理想と現実」の世界は無限に面白くなっている。さあ，其々あるいは各々にでも，マーケティング世界でのデクステリティ（自由運動の巧みさ）[9]の錬磨へようこそ。

　そこで，ここで言う範囲（スコープ）とは，関係的に「ある（being）-そうでないものがそうなる（becoming）」といった対象に接近（近似）しようとの理解や説明において，「コンセプト，理論枠組，実践仕組（管理と運営）が整合，調和する範囲」のことである。コンセプトは，図表1-2-1にある論理（形式・記号論理，非形式論理[10]）かつ原理（目下の科学上の真理）かつ道理（論理や原理の再考に根深く影響し西洋科学も着目した東洋的真理）と言えるところの「3円の積集合部としての規範」である。相互誘導的に一致に向かってきたが，原理と道

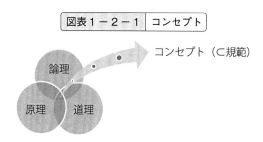

図表１－２－１　コンセプト

コンセプト（⊂規範）

論理

原理　道理

理にはまだ不一致もあるので区分している。なお，無理が通れば道理引っ込む
とは言うが，異文化の影響に無理はなかった，とは言い切れない面がある。

　さまざまなルール（倫理，道徳，法律など）やビジネス実践での処方箋となっ
ている巷間の規範には，論理，原理，道理のどこからかみて欠落のある場合が
ある。このことは，真の＜普遍性＞に至らず，合理的根拠のない恣意により特
殊に限定された「普遍性」をこの地球上での＜世界標準＞だと思ってしまうこ
とがあるので要注意となる。なお，論理，原理，道理，規範の４項を動化させ，
規範以外が積集合に入る図の併考も必要になる。４項動化を欠けば，理論枠組
や実践仕組の「どうも，なんかヘンなこと」はいつまで経っても無くならない。
ゆえに，論理，原理，道理，規範を言う諸言説に多く触れ，西洋かぶれでも東
洋かぶれでも，地球かぶれでもなく，理論枠組や実践仕組の［体］幹を鍛えよ
う。こうして星座からの幹たるマーケティングの時代を喚起するが，論理，原
理，道理の失念をいいことにした子供騙しの規範はダメ（×）なのである。

　理論枠組には，科学方法論上のクーン＝ファイヤーベント系統のパラダイ
ム・専門母型論やポパー＝ラカトシュ系統のリサーチ・プログラム論等[11]と，
オブジェクト・レベルの諸アプローチがある。実践仕組には，プロトコル[12]
命題（計画段階の戦略や指令）とアプリケーション・サービス命題（実行段階の戦
術や指揮）のレイヤーがある。ただし，改変期ほど，機械仕掛けになってきた
としてもレイヤー間でのタイムラグが生じやすくなる。

　述語論理の完全性を証明したGödelが，自然数論としての不完全性定理論
文[13]を著した。これにより，真偽が評価できる文の論理的結びつきを扱う命
題論理から，個々の要素についての情報を含む述語を論理的な記号で表現する

述語論理に踏み込んだ階型（タイプ）論理[14]の完成度を高めようとしたヒルベルト・プログラムですら，拡張する必要があるとなった[15]。以上の経緯があって，2次（second order）化された論理としての包披論理がある。

　包披論理は，「現事実」―「現真実」（現実化○）と現偽実（現実化×）がある―に合うよう集合論を変える道筋である（→ 6－1）。存在論的な「不」（不Ａはａと同じ場所を占めえない単純否定）と，認識論的な「非」（たとえば非ＡはＡとはちがう何々主義）がある。社会科学的な複雑系では，「Ａ－不Ａ」，「Ａ－非Ａ」という「バイナリー・コード」を混同せずに，メタ行為を考える上で，哲学と結びつきながら心の過程や知識の形成に焦点を当てる認知論理[16]は本筋になる。これまでに，存在の範囲に対しては電子顕微鏡や加速器や宇宙望遠鏡や日常では防犯カメラが，認識の範囲に対してはインターネットに次ぐ技術特異点として破壊的技術となった生成ＡＩによるチャット・ボットやその先のサービス技術が影響している。「存在か認識か」―幽霊の正体見たり枯れ尾花というが，幽霊は認識，枯れ尾花は存在である―かつ「本筋か俗筋か」での不毛な論争だけは，甘受できない。以上の点で問題を含むデマケーション（線引き，境界画定）が構造や現象の解釈にあるならば，それは訂正していくしかない。

　以上を分かっているという読者でも，さらに言えば，つぎの経験が不足していなかろうか。「Ａ（Ｂ）の中でＢ（Ａ）が同時に生きている限り，Ａ̇やＢ̇の一̇方̇を̇奉̇じ̇る̇こ̇と̇な̇き̇，反Ａ（Ｂ）への反は残る」という経験である。これを，傍点部があるので単なる2重否定ではなく「2重否定´」と言っておく。たとえば，相対主義を奉じることなく相対主義の否定を否定（相対主義に仕掛けられる攻撃に反攻）する「反＝反相対主義[17]」がある。

　そこで，社会の階層性と自然の階層性を理解するには，概ね10^{-18}から10^{30}に至るウロボロスの蛇という描画をネット検索するか生成ＡＩとチャットしてみるとよい。其々の範囲限定（両端の設定）において，ウロボロスの蛇における極小（ミクロ）化方向の片端―遺伝子組換食品は遺伝子レベルを扱うように―と，極大（マクロ）化方向の片端―宇宙ビジネスは地球の外を考えるように―との間はメゾ（メソ）と言える。また，動物進化論や遺伝学からの進化生物学や進化生態学，コト理学になった物理学（量子論）の発想の応用が増えてい

ると知っていようか。これらは実体論からの関係論（→ 6 - 1）だが，ホーリステック・マーケティングに包含される[18]関係性マーケティングにも，影響する[19]。

　また，伝統的アプローチ後のマネジリアル・マーケティング（経営を熟知した者によるマーケティング）やその要素の過程に一際注目している士業者は，7分野の専門を1次試験突破した中小企業診断士の方々であろう。しかしながら，マーケティング過程のPDCA型管理は通常であっても万能ではない。市場を発見される所与と前提した因果推論（確率，逆確率）[20]が起業や新事業開発に無力だと直面した者たちには，他の恒星での解決を知った星座的接続があり，PDCA型とは違う実践仕組であるエフェクチュエーション[21]が決め手になる場合がある。ここには，非因果律・縁起を理解したメタ行為がある（→ 3）。

　マーケティングとは"market＋ing"だと前置き儀礼のように聞かされ，食傷気味の方もいようか。こういう米国マーケティングに関しては，大量生産体制の確立下での生産部門による商業部門への介入という歴史認識が示されてきた。ただし，Drucker[22]が見出したマーケティングの起源は，日本での商部門が生産部門に介入する前近代的資本制という，上述の歴史認識の時代における工場モデルが妥当しない時代においてなのだ。むろん日本往時に特殊ではなく，これまでにも商業部門の生産部門への介入がある。なお，たとえば，大企業と中小企業の持続的な共成長に向けた「パートナーシップ構築宣言」，8社の共同設立による先進半導体の開発会社"Rapidus"，EV車開発，チューナーレスTV開発などの事例に見て取れる外部からの介入もある。この場合でも，最低限を規制する介入（これ以上は介入しないという介入）は，パラドクスを生む[23]。

　商［学］は，上記の介入［者］という事実を考える必要があるが，生産，流通，そして消費にまたがっている。ここに導入され始めたマーケティングという語の日本語訳については，戦中や戦後近代化過程に乗じて，商（commerce）の一部としての専門分化的な適訳語さがしがあった。ところで，つぎの区分がある。①生産とは生産者（＝製造業者）の行為。みずからが内に向かって財を作り出すという意味のオートポイエーシスも皆無ではないが，通常には，外からの刺激に向かって財を作り出すところのアロポイエーシスに焦点がある。②流通と

は商機関（卸や小売業者という商業者，その他の流通機能を担う補助機関）の行為。上記①や下記③のアロポイエーシスやオートポイエーシスを補完するところに焦点がある。そして③消費とは私的個人による財の価値を減耗する行為。

　トレーサビリティが高まっているので周知だろうが，個別サプライチェーンにも永久機関のように100％のオート（内で内をつくるという産出・生成）がないのは明らかで，アロポイエーシスとオートポイエーシスの比が問題になる。前者の比が高まると情報エントロピー（組織化された無秩序など）が高まるだけでなく，インボリューション（インバウンドなので内発とも違うが，内に向かう発展[24]）への姿勢が劣化する訳である。むろんポイエーシスを内製（オート，インソーシング）するか外製・外注（アロ，アウトソーシング）するかのいずれであっても，すでに人間が為すのか生成AI［ロボット］が為すのかの瀬戸際があちこちで生じている。

　しかしながら，そういう上記①②③の区分は最早，入門段階向けに厳密化した能記接地一致すなわち能記・名指しが示す所記・内包について伝統的と言うならば異論がでない区分に過ぎず，現実の標準や先進を十分には説明できなくなっている。ゆえに，最初に習ったことを固定観念化させない卒業や，内外の中心と周縁を超克し―〜中心主義や〜周縁主義というのは大体が怪しい―，変化しながらも動的に平衡（均衡）を保持しようとするメタ行為―ただし科学像の変質と無関係ではない。なお，科学の古典的規範が崩壊した後では対照的な言説がある[25]―が必要だと知り，心惹きつけられるかどうかである。

　企業内での部門間連携や部門内調整での出来事を，思い返してみよう。大前提となってきた顧客志向ないし市場志向のコンセプト下でWTB（willing to buy）化へ旋回する関係子と，それでも生産志向や販売志向や環境志向[26]―志向は主観的で，指向は客観的とも言うが，必ずしも前者の意味ではない―のコンセプト下でWTS（willing to sell）化へ旋回する関係子との「もつれ」がある。需要と供給の均衡化や脱均衡化を観察したとき，先のいずれかとして明らかとなる自由運動エネルギーを主導するのがマーケティングである[27]。

　ただし，いずれの局面での関係子を落とし子と言うか申し子と言うかにもあるが，コードという記号の背後にある構造の異質性を見抜こうとする者もい

	存在しないことが	存在することが
できない	必然（本質）	不可能
できる	可能	偶然（偶有）

図表 1 − 2 − 2　様相

る。ともかく，顧客志向でも脱顧客志向でも，その様相が分からぬままにならぬよう，いかなる論理等が必要かを考えよう。そして，さまざまな動機から生まれる[28]様相（図表 1 − 2 − 2）については，必然の教義に拠る決定論は偶然の法則により打倒されたとも言われている[29]。こうしてマーケティングは，企業内の他の経営諸機能や他の諸機関の要求（忖度や追従ではない飽くまでも自由な運動エネルギー）を反映して交換に向かう機能を担っている。かつてマーケティング理念は経営理念になった，とまで言われた程にそうなのである。そこでいう理念は，後述の目的律や目的論にかかわるが，コンセプトと言い換えられる。

　学際（超学）とは言っても，超越できないままに一切は政治だとこれを 2 階化することへの指弾[30]があるような 2 階化と，取引の様相をより深く考えることになる「2 次化」の区別が重要になる。2 次化とは，「A-B（非 A）」／「A-B（非 A）」—これをもっと簡略すれば「A-B」$_2$ と記す—というダブル・クロス・マトリクスをつくる論理操作のことである（→ 図表 6 − 1 − 1）。星座は恒星から成るが，それぞれの専門領域には恒星の如くみずから輝く固有性がある。よって，馬車馬が頸木を離れ人間となるかのように星座へと読み込んだ上で，1 つの恒星から解かなければ，特定の専門が手枷足枷になる。この点は，マーケティングでも皆無ではなかった。

　とくに米語圏では，"basic"（基礎）に「当たり前でつまらない」という日常語用があると聞く。しかし，そんな語用の埒外にあり，さらなる「標準や先進」を生む生命線となる「目下の先進を取り込んだ基礎」が，星座を考え始める読者の時代に，諸学に貢献するかけがえのない役割を，ミクロ記述とマクロ記述において兼ね果たすとなっていく。星座を脱領土・遊牧化，恒星を領土・農耕化，あるいはより直接的な言葉でパラフレーズすれば，読者の脳裡にある現実実践との接点も増えよう。よって，何らかの専門対象に接近するにも，淘汰を

耐え抜いてきた諸文献を加速度がつく程に読み込む姿勢を誘う。自分（マーケティング）のことを自分（マーケティング）のことだけでは語れず，西洋的近代化という西漸運動史以前の東漸運動史にも気になることがあるからである。

　社会科学が自然科学化する言説に対して，両者にある乖離などを無視したことを指弾するソーカル問題[31]—文理融合で生じやすい問題—を知らぬのかと言いたげにも，ジャンプしてしまったのだと言われる場合がある。とはいえ，証明されるまでの自然科学の仮説にも，ジャンプし過ぎているという反証ではない反論は山ほどあるのであり，社会現象と自然現象が不非乖離ならば，尻込みしない方がいいくらいなのである。さりとて，効用主義（個人や社会の合理的選択論）の新古典派経済学と倫理学との過去における乖離拡大が，不運な損失を招いたなどと言われてきた[32]。読者がみずからの諸恒星をチョイスし星座を構成（配置・布置）していくためにも，次段落では，ともかく対象の近似性から，マーケティングに至近な諸専門を挙げておく。

　①厚生や戦略や［産業］組織についての社会選択理論における解の不在に対する功利主義以後の倫理マーケティングや倫理経済学。②ミクロに見ると常に変化しているようでもマクロに見ると変化していないように見える平衡・恒常性（ホメオスタシス）と満足化的均衡に対する社会進化論や組織進化論。③原因に対する理由に基づく［最大化のための］行為をいうところの人間行動経済学，消費者行為論。④つぎを方法論的個人主義に並び立てる「現代」制度論。すなわち認知科学における「拡張された心」がいまにして呼び覚ます「客観的精神・第2の自然」である。これはマインドというよりはスピリットに近いガイスト（独語）であり，個人の主観と間主観の双方に跨る。⑤一般システム論以後の，内なる外，外なる内をも言うより有機体論的なシステム［世界］論。⑥伝統（プレモダン）からモダニズム（たとえば個人主義，個と全体の調和を楽観したところの楽観主義，合理主義）そしての再帰的モダニズム（孤立主義，孤立主義と集団主義の対立，科学的唯物論）という段階において，システム論に対する日常の生活世界論。そして⑦4大交換理論。以下では，4区分のいずれを第1領域とするかのちがい—異質的ちがい＝異い，同質的ちがい＝違い—を強調している。「非市場 - 経済」についての人類学。「市場 - 経済」についての「コスト -

ベネフィット」計算論，マーケティング交換論[33]，組織論，産業組織論，戦略論，そして衡平（エクィティ⊃「公平＝公に平等」）論。「非経済‐市場」において非経済（市場）に市場（非経済）原理を適用する新政治経済学（公共選択論）。「非経済‐非市場」についての［社会］心理学，生理学，［分子］生物学，生態学，進化生物学，進化生態学，地［理］学。

さよなら直訳マーケティング[34]や，その後に日本型マーケティング[35]を言った世代がある。マーケティングは何処から来て，スマホ・ネイティブたちのＺ世代をやがて振り返る現代日本のマーケティングは何処へ向かうのか。そこで言えば，理論の構築や構成にかかわる「個別か普遍か」／「特殊か一般か」／「実体か関係か」に始まるのが懐疑[36]である。新しさが仄見えるにつけ，ネオ（新古典）にはクラシックス（古典）への疑念や補完があり，それを超えたニュー（新）―量子ネイティブすらすでに居るとやら―ではクラシックスやネオへの懐疑や破壊すら生じる。だが，クラシックス，ネオ，ニューの部分的つながりを再評価するかたちになる二次研究（メタ分析，超越論的分析）もある。

事実とは何かについては，数学基礎論さらに哲学での論議がある。だが，言表が事実と一致していれば真だという真理対応説が，論理学での通常前提である。また，星座のない境界（関係）画定的な人間ほど，就労や従事での迷走に陥りかねない。アサザ・プロジェクトの帰結をご存じか。にもかかわらず実践仕組のみを考える者たちには，いくら対話があっても，未だに見失われたと回顧される日本の30年間を脱するには限界がある。

正しい区分別を意味する良識と，真偽を判断する能力を意味する理性は同義とされた[37]。だが，先行理論の検証や理論の構築や構成，帰結の説明や目的手段連関としての将来（未来）構想がなされるときには，それこそ正しい区分別や真偽が問題になる。いかなる科学が先陣を張るのか後詰に控えるのかとはいえ，記号（自然言語や人工言語）化によって語りえなさに抗おうとしない限り，科学技術は進展しない。学問も技術だとまでは言わないが。そこで，ある大きな事柄の一部となっているあれこれを知り混合あるいは化合するうちに，スペクトラムの両端をぐるっと繋げた円環・ループ化，さらに進歩観が込められている螺旋・スパイラル化から，さあどうする，なのである。

　ともあれ，何かと分厚かった専門書等が薄くなり書籍代が浮くのは，生成AIに訊けば済むようになったお陰もあるとして，その分なりとも難解な本に触れられれば本書程度の難解さには届こう。として，一を聞いて十を知り，状況妥当（許容可能）性に帰着するとはいえ真理追究を忘れない志向者をめがけ，そろそろ以降を言い繰る。真理により近づいた情報が発信されても社会が変わらない，という事態への防備が減ることも期待して。

（長谷川 博）

【注】

7）S. E. ブロナー著，小田透訳（2018（2017））『フランクフルト学派と批判理論』白水社。

8）武藤浩子著（2023）『企業が求める＜主体性＞とは何か』東信堂。以上からも現実をみよ。

9）長谷川博著（2017）「社会交換変換論Ⅴ：間主体性行為ゾーン」『千葉商大論叢』54（2），98頁。

10）T. E. デイマー著，今井真由子訳（2023（2013））『誤謬論入門』九夏社。倉田剛著，2022年，『論証の教室』新曜社。以上をみよ。

11）T. クーン著，中山茂訳（1971（1962））『科学革命の構造』みすず書房。L. ラカトシュ・A. マスグレーブ編著，森博監訳（1985（1965））『批判と知識の成長』木鐸社。長谷川博著，2016年，「社会交変換論Ⅳ：連関2」『Policy Studies Review』，46～51頁。

12）A. R. ギャロウェイ／北野圭介訳（2017（2004））『プロトコル』人文書院。

13）K. ゲーデル著，林晋・八杉満利子訳（2006（1931））『不完全性定理』岩波書店。ゲーデル以後については以下がある。飯田隆編（1995）『数学の哲学』勁草書房。

14）A. N. ホワイトヘッド・B. PW ラッセル著，岡本賢吾ほか訳（1988（1910-13））『プリンキピア・マテマティカ』哲学書房．B. ラッセル／高村夏輝訳（2007（1914-19））『論理的原子論の哲学』筑摩書房。

15）T. フラーセン著，田中一之訳（2011（2005））『ゲーデルの定理』みすず書房。誤用の場合も説く。

16）R. スマリヤン著，高橋昌一郎訳（1995（1983））『哲学ファンタジー』丸善。以下もみよ。M. ミンスキー著，安西祐一郎（1990（1988））『心の社会』産業図書。以上は「社会の中の心，心の中の社会」を言った。

17）C. ギアツ著，小泉潤二編訳（2002（2002））『解釈人類学と反＝反相対主義』みすず書房，59～94，196～225頁。同著，吉田禎吾ほか訳（1987（1973））『文化の解釈学［Ⅰ］』岩波書店。

18）P. Kotler, *et al.* (2022), *Marketing Management*, 16 ed., Pearson, pp.38-42.

19）E. H. シャイン著，稲葉元吉・尾川丈一訳（2002（1999））『プロセス・コンサルテーション──援助関係を築くこと』白桃書房。診断領域では以上がある。

20）J. Pearl and D. Mackenzie（2018）*The Book of Why: The New Science of Cause and Effect*, Brockman.

21）Sarasvathy, S. D.（2008）*Effectuation: Elements of Entrepreneurial Expertise*, Edward Elgar Publishing.

22）Drucker, P.F.（1973）*Management*, Harper Business.

23）W. K. スミス，M. W. ルイス著，二木夢子訳（2023（2022））『両立思考』日本能率協会マネジメントセンター。実用においてパラドクス耐性がつくためにも，以上をみよ。

24）C. ギアーツ著，池本幸生訳（2001（1963, 1984））『インボリューション』NTT 出版。

25）R. K. マートン著，森東吾ほか訳（1961（1957））『社会理論と社会構造』みすず書房。
J. ザイマン著，東辻千枝子訳（2006（2000））『科学の真実』吉岡書店。

26）Grundey, D.（2010）"The Marketing Philosophy and Challenges for the New Millennium," *Scientific Bulletin-Economic Science: Marketing Commerce and Tourism*, 9(15), pp.169-180. 諸志向列挙の代表的諸論については以上をみよ。

27）長谷川博著（2023）「スコープ オブ マーケティング」『千葉商大論叢』37 ～ 57 頁。以上を一部変更。

28）鹿島亮著（2022）『コンピュータサイエンスにおける様相論理』森北出版。以上の様相論理もある。

29）I. ハッキング著，石原英樹・重田園江訳（1999（1990））『偶然性を飼いならす』木鐸社。

30）M. ヴェーバー・C. シュミット著，清水幾太郎訳（2017（1939））『政治の本質』中央公論新社。

31）Socal, A. and J. Bricmont（1998）*Fashionable Nonsense: Postmodern Intellectuals' Abuse of Science*, Picador.

32）Sen, A.（1985）*Commodities and Capabilities*, Elsever Science Publishers B. D.. Sen, A.（1982）*Choice, Welfare and Measurement*, Harvard University Press, pp.84-106. 以上は，逆につなげたものである。

33）Kotler, P., *et al.*（2022）*op. cit.*, pp.31-32.

34）現代マーケティング研究会編（1968）『さよなら直訳マーケティング』誠文堂新光社。

35）高嶋克義編著（2000）『日本型マーケティング』千倉書房。他にも類書がある。

36）D. プリチャード著，横路佳幸訳（2023（2019））『懐疑論』岩波書店。D. ランダウアー著，大窪一志訳（2020（1903））『懐疑と神秘思想』同時代社。

37）R. デカルト著，谷川多佳子訳（1997（1637））『方法序説』岩波書店。

3 マーケティングと記号：目的や動機や価値を問いつつ

　「難解そう」でも時間をかけたら分かったことがあったのに，「簡単そう」だったので寧ろ本当には分からぬままだったことはなかろうか。12 ÷ 4（1 ＋ 2）＝？ましてや 1 ＋ 1 ＝ 2 を説明できる人が，まずはいないように。なぜかがわかっていなくても再現法を確立できると，ノーベル賞も獲れる場合があるので責めるつもりはないが。そこで言えば，生成 AI ネイティブの世代は，生成 AI にプロンプトを入れ続けるくらいでないと，「中国語の部屋[38]」を再建したかのような「生成 AI 語の部屋」に並べられた言葉という食べ物の未消化が増えかねない。これは，4 項動化（図表 1 － 2 － 1）の理解にとっても，むしろ敵なのである。

　あるドラマのワンシーンでのこと。信長に「義」はないと言った家康は，家臣に「義とは何ぞや」と問われたが，そのときの家康には義がプラスチック・ワード（PW）[39]になっていて，家臣を信服させる迫真性がなかった。しかしながら，その後には主君として「ほんもの」になっていく家康に心服していき，義が PW ではない語として徳川家臣団に刻まれていった。

　ただの PW の連鎖へと，人間が今まで以上に巻き込まれるのを避けるには，存在的に「あってある／なくてない」（図表 1 － 3 － 1 の網掛け部）―「なくてない」という不存在は証明できない―，認識的に「あってもない／なくてもある」（非網掛け部）―構造もしかり，共有された現象である。よってこれを追認するか否かとなる―ということからの推論経験を積み，記号の弄びに過ぎない迷走へのミスリードに晒されないようにするしかない。そこで，読者は，線形化されるほど削ぎ落ちるバイナリー・コードからの思考を錬磨し，誰もが人間社会

図表 1 － 3 － 1	存在と認識の螺旋にかかわる 2 次化	
	ある	ない
ある	あってある	なくてもある
ない	あってもない	なくてない

をより普遍的に納得できるオリジナリティ（本源性）―これこそがオリジナリティである―に向かい，以下の第1から第3を踏まえた省察を忘れぬようにしよう。

　第1に，資本［主義］[40]といえど，膨張し続ける次の現実がある。①機関投資家の保有資金量が歴史上のいかなる資本家のそれをも遥かに上回っている場合があるとして言われた資本家なき資本［主義］[41]。②サービス化の一種である無形資産の資本化として言われた資本のない資本［主義］[42]。③仮想（暗号）通貨（通貨発行権から独立した通貨）へも投機化した，資本主義の根幹である［みずからの］事業への再投資とは見做せない資本[43]。そして④ギグ経済でもシェアリング経済でもないクリプト（暗号資産）経済やプロジェクト経済の可能性をもたらし，資本主義や市場そして起業などの在り方も変わる分散型自立組織（DAO）（→ 6－3）。こういう膨張も加味した範囲での整合や調和も考えたアブダクション（経験からの想像により恰も思考が別次元へと誘拐拉致されるかのように命題が形成されること，レトロダクションともいう）[44]には，「プラグマティズム‐実存」$_2$という2次化の痕跡が残る筈だ。

　であるから，概念規定の暫定性への疑念や，自明性への懐疑にすら迫真，肉薄する「存在と認識の超克範囲」―図表1－3－1を想起されたい―に身を置き，対象をよりましに記述できているかと次を踏まえつつ，確率論的世界（「必然‐偶然」$_2$）を再考し続けることにもなる。①因果は，介入あるいは想像という行為によって世界が変化したときに，果たして確率は変わるのか，どう変わるのかを語ってくれる。②確率は，静的な世界に関して我々が抱く信念のエンコードになる。よって，行為主体にとっての，取捨選択の余地がなく問答無用に決定的な影響要因である「原因」（cause）とその「結果」，取捨選択のできる影響要因である「理由」（reason）とその「成果」を，筆者は日常でも意識して使い分けている。しぶしぶ腰を上げてでも次段落の抜粋要約[45]を読めば，以上を再考したくなる筈だ。

　事物の「原因」については，未だ次の3問題がある。①唯一の定義がない。②時間経過や文化により理解が変わる。③原因や因果の存在を誰も証明や反証できない。ゆえに，Aristoteles に由来する現在のつぎの原因概念区分も精緻化され，因果性概念は変化し続ける。①発生を促す原因。②発生させる原因。

③プログラム上の原因（Aristoteles の形相因）。④意図による原因。そして，自然科学は上記④を排する傾向が強いが，認識に新しい道を拓く探求姿勢には次がある。①観察の反復，②仮説を支持する肯定的結果と否定的結果の統合，③「自由 - 共生」の科学観もしかり権威への懐疑。そこで，そういう姿勢から次の諸前提が成立する。①過程の説明力を高めるよう因果性概念をより妥当化する。②因果関係について「相対 - 絶対」／「論理 - 存在」の矛盾という問題があるが，「原因」は発見可能である。③社会科学では時間は過去から未来に流れる。④素朴な科学主義者がモデルとしては矛盾だと言っていた「補完的な複数の因果性メカニズム」がある。⑤どの因果性モデルを適用するかは対象事象により使い分け得る。

　ともかくも，企業の7大経営機能（研究開発，生産，人事・労務，経理・財務，マーケティング，情報，法務）の部門間連携や市場など，ミクロとマクロのリンクがある連関（nexus）の中で，マネジリアル学派以後[46]の処方箋に則ったマーケティングの実践仕組に焦点を当て，「 - ナショナル - 多重化するローカル - グローバル -[47]」に対するどういう「適応と創造」や「還元と創発」があったのかと知ることである。企業の「企」たるを知ろうと判断の証（根）拠を探る上で，ここを考えない近道は誤魔化しである。

　第2に，西洋での近代的自由は，"kingdom" に対する "freedom" を指すとされるが，懐疑や技術論上でも多聞になった破壊[48]には自由がある。ただし，制度にしろ，教育が介在するが，強制だとは思いもしなければ必然が自由なのか，それとも「必然と［至］善の間に成り立つのが自由」なのか。後者に関し正鵠を射ると考える言説[49]を，つぎに要約抜粋しておく。「必然を無限連鎖のうちに追いかけるのではなく，無限遡行の困難性がなく価値の区別だけがある善の下に必然を従える工夫から，文化も技術も始まったのだ。だからといえ，必然を善に置き換えるだけの決定論にならないのは，善は何もかもがすっかり決定されてしまっている訳ではなく，その実現にはテンション関係がつき纏うからだ」。必然と［至］善の間，と言われ違和感を覚えた方は，何かにどっぷり浸かっているからなのではないか。

　というのは，自然科学でさえも，自然主義や超自然主義をつき詰めれば，東

洋哲学の衣鉢を受け無底[50]と言える超自然（神の２重否定′）の理解に賛同する先進物理学者が増えてきたからだ。その衣鉢の内実は先進的な基礎である。とりあえずは，ミクロとマクロのリンクとは，量子と宇宙がつながっているように「底は無い」にある観点で等しいという理解でよろしい。こう言って分かったと言う者は分かっていないとされるのが量子論なのだが。これをより理解するにも（→６-１），Bacon[51]由来の経験主義で言う経験とは別に後述する経験概念（→３）が重視できることに影響しているので，プラグマティズムと論理経験（⊂実証）主義の下記の関係を，ここでは導入として掴んでおこう。

　ドイツ観念論思想に根差す[52]と見做されもする反デカルト主義者，非決定論者，実在論者，反権威主義者であるPeirce[53]は，後続ながら広がりを見せた中立的一元論者として知られた実在論者であるJames一派のプラグマティズムとの違いを鮮明化しようと，みずからのプラグマティズム（pragmatism）をプラグマティシズム（pragmaticism）と改称した[54]。両者を通過したDeway[55]の頃には，米国民主主義の哲学だとされるまでであったが，1930年代の言論界はプラグマティズムの外を探していたとされる。そして，米国に上陸した論理経験主義[56]がその頃合いに陸続として，もはや形式論理に疎いでは済まないなどと言い，上記３者を指す古典的プラグマティズムを凋落させたという学史観がある[57]。

　プラグマティズムは，その領域（ambit）に価値を含めると表明していた。だが，その企図に，すべての論理実証主義者が熱中するわけではなかった[58]。それでも，プラグマティズムと論理経験主義には，つぎの類似性がある[59]。①形而上学的思弁への反発─科学（量子論）的人知と哲学的人知の相補作用に思い至せる時代ではなかったからである：筆者加筆─，②協働的な科学研究の強調，③確定的な意味をもたない語を含むせいで事実観察では解決できない論争を終わらせようと，プラグマティシズムの格率に逢着したこと。これについては，読者の当惑を避けるためだと仮定法を用いず直説法で再述された箇所を引用しておく。「いかなる象徴記号─必ずしも一般的概念として定着しているとは限らない概念作用（conception）：筆者加筆─といえども，その知的な意味内容の全貌は，あらゆる状況とそこにおける欲望─熱意と達成努力を暗示す

る：筆者加筆—の下で，時としては仕方なく容認したその象徴記号にかけて誓って保証されるところの合理的行動の数多な流儀・機能形態—実際に合理的であるか否かはともかく：筆者加筆—のうちにある[60]」。

このように加筆しつつ再訳すると，外に新しさを求めたくなっていたことも分かるが，米国を席巻した絶頂期以後の論理経験主義の内部紛争を，結局はプラグマティシズムが剔抉するものであった[61]と言うのも分かる。ゆえに，論理経験主義の強硬路線プログラムではなくファンダメンタル・プラグマティズム[62]が，論理経験主義者の常套句であったノイラート船（学際の可能最大域における科学的統一への探究[63]）のドックになったという学史観の定着を言うこと[64]の方が，まだ分かるというものである。

第3に，自分で発話できるようになるまでは，自分の知らない言葉を聞き取れもせず，ましてや理解もできないとは外国語学習上でよく言われる。このことは，母語（日本語）の日常語としても［共起的に］使われている数々の理論語にも当てはまる。そして，理論語には，理解がある程度進むと却って疑念が湧く場合もある。ミクロやマクロといった概念は，それらのリンクを探究し始めた途端にどうなることか。懐疑が強いほど時空的に隔絶していると思える諸概念を，みずからの下にそれは引き寄せたくなるものだ。こうして，論理実証主義が理想とする普遍言語が存在しないことは Gödel が証明していたが，形而上学批判の矛先を向け得なくなっている「ブラフマンとアートマン」[65]（→ 6-3）という根源語もそうで，語りうる以上のことを知っている自分の語りうる一切を超えた「生きた言葉」が，今も通じる詩歌にも匹敵するマインドフルな言表として通時的に保持され易くなる。

能記接地一致とはいえ，何の保証もなくプラグマティシズムの格率が言う多義性を背面化し一義性に絆されたポジショントークの場所では，いくらPDCA を回そうとも稼働しないのが組織（集合体）である。果ては，無意味な様相に過剰反応したブルシット・ジョブ（BSJ）[66]が増え，意味のある必然や偶然を考えないみんな（今時言われる KY とは真逆な「世人[67]」）になる。こうして，脱臼し続ける対話にいつの間にか脱臼癖のついた場所ばかりとなった脱臼麻痺的組織がマネジメントの首を絞めてきたので，改良主義以後がある。

　そういう当事者たちは，主観（信念と推論と直観）や間主観（「客観」）に起因するとはいえ，「われわれ」には当てにならない前提に奉仕しようとする動機（有縁）からの依存経路に，そうではない動機（有縁）を封印したまま今後も明け暮れるのか。目的設定問題—目的への自由，目的からの自由—もかかわるが，言語化されていない隠れた前提（世界観，コスモロジー）を探究する必要もある。パンドラの箱の在りかが嫌と言うほど実学世界にも突き付けられるが，脱臼麻痺からの未必性が世代間継承—子や子も同然の者への「承継」—においてパンドラ箱に入るのは，ダメよダメダメなのである。

　いまやこそ，過去の歴史的事実［経緯］に基づき以前から獲得している権益（権利と利益）構造とこれに対照する構造との衡平な再構造化が，どれ位の人々に当然視されるのかとなる。そうでないと誰も利他である「仕事」をより利他化しなくなり，後退が加速する。よって，そうなることを，敢えて早く来いと言う待ち人たちが２様に増えている。共同体（community）も，共有された《利害関心》や共有された《特性》のことをいうのでなく[68]，境界画定的（bounded）ではないのである。これに比せば，境界画定的であるのが団体（association）である。［国民］国家も団体の一種である[69]。このことの誤解がボディーブローのように効いてくると，論理と原理と道理を不都合とすることが後退の加速に拍車をかける現偽実（現実化×）だとは顧みもしない共同体や団体になる（→ 6 - 1，6 - 3）。

　はっきりとした秩序—桁の意味もありオーダー（order）と言えば，秩序にも階層性があると言っていることになる—が希求されるほど，つぎのことが起こる。なんらの計画も目的も理由もない無作為（ランダム・無構造）な段階だとして，この封殺に向かい—典型だったのが未開に対するかつての文明意識—さまざまな小構造化としての線形的連続体（スペクトラム）化があると意識され始める混沌（カオス）の段階に入るのである。こうして様々な線形的連続体の両極化が目白押しとなるほど，色々な対立から日常語としてもよく聞く個性化や多様化，絶対化や相対化にまつわる波風があちこちで立ってくる。そして，これらに対する大構造（大きな物語[70]）化—かつての西洋近代化などの啓蒙，ポスト・コロナ，AIとの共存などをいう言説の流布—も生じる。

　以上の第１から第３も踏まえ，改良主義以後に変えられるところの将来の可能性につながるように，目的や動機の再認識を忘れずに，ベンチマーク一辺倒の模倣癖を抜け出すことになる。なまじ目的や動機を掲げれば失敗が問われるという状況下で，「目的なき動機」や「動機なき目的」が現代日本を覆ってきていたのか。遺伝子に書き込まれた先天的・特有知覚的な目的律およんでの環界（umwelt, milieu）秩序だけでなく，後天的な目的論およんでの象徴秩序がある（→ 6 - 2）。動物進化論の機械論的解釈化以後での「反目的論」主義が尚更それでいいとなり，この影響が社会科学に及び続け，目的は死語に目的論（teleology）は故人となったのか。ところが，目的論に対し目的なき目的合理性に象徴される語義矛盾に満ちた目的律（teleonomy）という語が生じ今も残っているのは，不幸中の幸いと言えようか。というのは，そもそも反目的論主義を覆す量子論以後の自然科学状態[71]を，諸学の其々が承知していたからである。

　経済学由来の価値には，ある特定の物の諸性質を指す効用（utility）という意味と，その物の所有がもたらす他の物を購買する力という意味が古典的にまずある。そして，前者の効用が，人間の活動的な能動力に根差した効能や有用（益）性や便宜性や便益・利得（benefit）という語で定義され出すと，それらと元来の効用との意味の差異が曖昧になり，価値の主観主義がでた。稀少性にも，商品の流通量とその商品を必要とする人間の数の比か，物の追加的な１単位の消費による満足度である限界効用の逓減を言うかがある。後者から価値の主観主義の基礎を構築しようと，序数的な選好（preference）として表現された効用には，その内包が定義されえず唯名論（微分係数の値）化しても不朽の固有性があるとなっている[72]。

　よって価値は，あれこれに区分され，その区分へも，しかじかの区分が繰り込まれ（再参入して）きた[73]。それでも，価値の考え方は，つぎの①から③[74]ないし④に収斂している。①人間にとって，究極的にすばらしく，正しく，または望ましいものについての概念（社会学由来），②他の人々がそれを手に入れるために，どのぐらいの事物（モノやコト）を差し出す用意があるかによって測られる（経済学由来）。③意味のある差異（言語学由来）。ＡがＢを敵とするのは，Ｂにある差異の意味よりも兎角その背後コードが不都合なときなの

か，ここを超えたコミュニケーションが＜対話＞の筈だが―筆者加筆―。そして④事物を理解したり，人は他人を評価できないながらも評価したり，行為を規制したりするものの見方の構造が複数あり，それが段階的に重合もしくは分岐している状態における１つ１つの見方を審級と見做して生育すること（商学由来として今後にこそ再認識されうること）。

　社会は，１つの目的を決められなくとも，交換を始めることでの間社会であり続けよう。ならば，上記①から④の弱順序（反射律，連結律，推移律を満たす順序）[75] での順位が，状況的に意義づけられ相対価値となる。外の価値と内の価値が等価ならば交換可能であるとして始まる相互作用がある。だが，ソーシャル・マーケティング（→ 6 - 3）を考え始めると尚更に気懸りとなることだが，パレート効率 [76] とマキシミン基準 [77] も踏まえ，利益が０にならない不等価交換化という疑似均衡を納得させる記号の消費すら生み出す面が，それはマーケティングにもあるということを，見える化として公開 [78] し続けながらになる。

（長谷川　博）

【注】

38）J. R. サール著，山本貴光・吉川浩満訳（2006（2004））『MIND 心の哲学』朝日出版社，123 〜 138 頁。

39）U. ペルクゼン著，糟屋啓介訳（2007（1988））『プラスチック・ワード』藤原書房。以下ではアメーバ語という。I. イリイチ著，D. ケリー編／高島和哉訳（2005（1992））『生きる意味』藤原書店。なお以下が，以前から同様のことを言っていた。西部邁（1983）『経済倫理学序説』中央公論新社。

40）F. ブローデル著，金塚貞文訳（1995（1976））『歴史入門』太田出版。他書入門に以上もみよ。

41）P. F. ドラッカー著，上田惇正訳（2007（1993））『ポスト資本主義社会』ダイヤモンド社。

42）Haskel, J. and S. Westlake（2018）*Capitalism without Capital: The Rise of The Intangible Economy*, Princeton University Press.

43）G. サミッド著，齋藤啓哉監訳（2018（2015））『暗号通貨取引の理論』（一社）金融財政事情研究会。

44）米盛裕二著（1981）『パースの記号学』勁草書房。

45）P. ラビンス著，依田光江訳（2017（2013））『物事のなぜ：原因を探る道に正解はあ

るのか』英治出版。

46）Nevett, T. and R. A. Fullerton（1988）*Historical Perspectives in Marketing*, Lexington Books. Weitz, B. and R. Wensley（2002）*Handbook of Marketing*, SAGE Publications. 以上を薦める。

47）A. ギデンズ，佐和隆光著（2001（1999））『暴走する世界』ダイヤモンド社。J. E. スティグリッツ著，鈴木主税訳（2002（2002））『世界を不幸にしたグローバリズムの正体』徳間書店。

48）シュンペーター著，塩野谷祐一ほか訳（1977（1926））『経済発展の理論』岩波書店。C. M. クリステンセン著，伊豆原弓訳（2001（1997））『イノベーションのジレンマ』翔泳社。

49）田中美知太郎著（1952）『善と必然との間に―人間的自由の前提となるもの―』岩波書店，75〜183頁。以上に基づくが必然の複雑な意味は割愛したので，以下もみよ。長谷川博著，2020年「社会交変換論Ⅶ―マーケティング・アズ・コンステレーションの焦点」『千葉商大論叢』57（3），60頁。

50）長谷川博著（2022）「現代マーケティングの現実化（Ⅰ）」『千葉商科大学論叢』60（1），21〜52頁。

51）F. ベーコン著，桂寿一訳（1978（1620））『ノヴム・オルガヌム（新機関）』岩波書店。

52）R. B. グッドマン著，嘉指信雄ほか訳（2017（2002））『ウィトゲンシュタインとウィリアム・ジェイムズ』岩波書店。

53）C. S. パース著，浅輪幸夫訳（1982（1877-1893））『偶然・愛・論理』三一書房，224〜248頁。

54）C. S. パース著，上山春平・山下正男訳（1968（1905））「プラグマティズムとは何か」，「プラグマティシズムの問題点」，上山春平責任編集，『パース　ジェイムズ　デューイ』中央公論社。C. S. パース著，山下正男（1968年）・遠藤廣（1986年）訳（2014（1905））「プラグマティシズムの問題点」，C. S. パース・W. ジェイムズ・J. デューイ著，植木豊編訳（2014）『プラグマティズム古典集成』作品社。

55）Dewey, J., 2023（1938），*Logic: The Theory of Inquiry*, Affordable Classics. J. デューイ，「パースのプラグマティズム」，C. S. パース著，浅輪幸夫訳（1982（1877-1893））前掲書，357〜368頁。

56）A. J. エイヤー著，吉田夏彦訳（2022（1936））『言語・真理・論理』筑摩書房。以上などがある。

57）Rorty R., "Response to Richard Bernstein," in Saatkamp, Jr., H. J., ed.（1995）*Rorty & Pragmatism: The Philosopher Responds to His Critics*, Vanderbilt University Press, p.70.

58）Misak, C.（2013）*The American Pragmatists*, Oxford University Press, p.164.

59）Nagel, E.（1940）"Charles S. Peirce, Pioneer of Modern Empiricism," *Philosophy of Science*, 7（1），p.73.

60）Peirce, C. S.（2018（1905））"Issues of Pragmaticism," *The Monist*, 15（4），Forgotten

Books, p.481.

61）長谷川博著，近刊予定，「マーケティングの成功（仮題）―応答としての説明２―」『千葉商大論叢』。

62）Brandom, R.（2011）*Perspectives on Pragmatism: Classical, Recent, & Contemporary*, Harvard University Press, pp.9-13, pp.65-67.

63）Neurath, O., *et al.*（1938）*International Encyclopedia of Unified Science, i/1*：*Encyclopedia and Unified Science*, University of Chicago Press, pp.1-27.

64）Misak, C.（2013）*op. cit.*, pp.173-175.

65）中村元著（1980）『思想をどうとらえるか』東京書籍。

66）D. グレイバー著，酒井隆史ほか訳（2020（2018））『ブルシット・ジョブ』岩波書店。

67）Heidegger, M., translated by J. MacQarrie and E. Robinson（2008（1962））*Being and Time*, Harper Perennial Modern Thought.

68）S. ラッシュ著，松尾精文ほか訳（1997（1994））『再帰的近代化』而立書房，288 ～ 290 頁。

69）R. M. マッキーヴァー著，中久郎・松本通晴監訳（1975（1927））『コミュニティ』ミネルヴァ書房。

70）J. ブルーナー著，田中一彦訳（1998（1986））『可能世界の心理』みすず書房。

71）R. シュペーマン・R. レーヴ著，山脇直司ほか訳（1987（1981））『進化論の基礎を問う』東海大学出版会。

72）Howey, R. S.（1960）*The Rise of The Marginal Utility School, 1870-1889*, University of Kansas Press. J. フォン・ノイマン＝ O. モルゲンシュテルン著，銀林浩ほか監訳（1972（1953））『ゲームの理論と経済行動』東京図書，25 ～ 49 頁。以上をみよ。

73）廣松渉著（1993）『存在と意味 第 2 巻』岩波書店，5 ～ 80 頁。以上などがあるが以下に特段の新しさはない。F. オーバーフォルツァー・ジー著，原田勉訳（2023）『価値こそがすべて』東洋経済新報社。

74）Graeber, D.（2001）*Toward an Anthropological Theory of Value: The False Coin of Our Own Dreams*, Palgrave, pp.1-2.

75）佐伯胖著（1980）『「きめ方」の論理』東京大学出版会，65 ～ 66 頁。

76）Pareto, V. F. D.（1966）in Montesano, A., *et.al.*, eds.（2014）*Manuals of Political Economics*, Acritical and Variorum Edition, pp.72-125, 173-191, p.656. J. フロイント著，小口信吉・板倉達文訳（1991（1974））『パレート』文化書房博文社。

77）Rawls, J.（1991）*A Theory of Justice*, Revised ed., The Belknap Press of Harvard University Press. ロールズ著，矢島鈞次訳（1991（1972））『正義の理論』紀伊國屋書店。L. マーティン著，渡辺幹雄訳（1997（1994））『契約論とロールズの格差原理』，D. バウチャー・P. ケリー著，飯島昇蔵・佐藤正志訳者代表，『社会契約論の系譜』ナカニシヤ出版，329 ～ 359 頁。

78）瀧川裕英著（2006）「公共性のテスト：普遍化可能性から公開可能性へ」，井上達夫編，『公共性の法哲学』ナカニシヤ出版，28 ～ 53 頁。

4 マーケティング行為：交換と変換の選択螺旋構造を純化する

　図表1－4－1では，エンゲージメント（矢印の屈折点）と，エナクトメント（矢印）の一例を示した。矢印の長さと角度（向き）や速度は，個人の個別性とも，組織［間］について言えばアセンブリッジ（assemblage）と名指したくなる集合体であればこそのわれわれの其々性とも言える。エンゲージメント（engagement）には，投資先への議決権行使という意味もある。ここでは，現に資本主義社会における2つの主要資源である「資本と労働」のための，「企業利益の再投資や留保分と，平均賃金額の増分」をめぐる「仕事制における従事」という行為のことである。仕事制は，雇用者側と被雇用者側にある就「社」型と就「職」型[79]の2次化を経る。仕事という労働は自己の外に，仕事以外の労働—休息といえども労働である—は自己の内に，立つことである。これらが「利他である‐利己である」という不確定性を前提にしても，基礎づけ主義が何やら安心感をもたらすだけに，その基礎づけからいかに開明されるのかがないと，洞窟の喩え[80]にある洞窟人になる。

　エナクトメント（enactment）とは，モノ理学的な場所での行為を転（まろ）び，コト理学的な場（＝場所´）での関係に依存し異なるものが同時に創発する「引き込み」かつ，同図表のセルを跨ぐ新たな状態や状況の「引き起こし」としての行為である。そして，以前の環境や有縁における前適応等の慣性もある中で，関係的な意味接続に［動きながらも］向かう。反転（バイナー・コードの一方寄りに踵を返すこと）という始覚的な転回に止まらない「転」—「まろばし」と訓

図表1－4－1 あるというエンゲージメント，なるというエナクトメント

	無規定 目的論的合理性なし	規定 目的論的合理性あり
非相即 目的律的合理性なし		
相即 目的律的合理性あり		

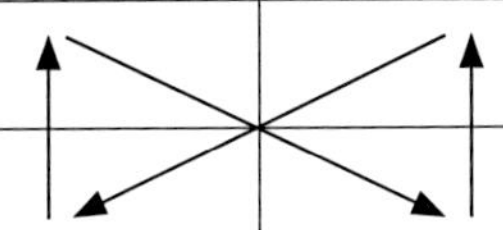

読む場合がある―なのである。たとえば，文転や理転にある転の不十分な意味
理解から文理融合を無意義化しては元も子もなくなる，ということがある。

　グローバル化するほどに諸文化を剔抉してきたマーケティング競争（協働）
にも，世界同時化したからこそ炙り出されやすくなった世界観の相違に起因す
る行為のヘドロがだいぶ溜まってきている。一国内においてすら異いはある
が，異宗教抜きのグローバル・マーケティングが覚束ない場所も少なくない。
慣性やこれを知覚的あるいは統覚的に意識して言われる伝統のすべてがダメだ
と言うのではないが，組織の地平（意味世界構造）―解釈学から広まった言い
方―を迷走地図にしないマネジメントでは，そういう行為ヘドロを浚渫するエ
ンゲージメントとエナクトメントとしてのメタ行為を「われわれ」としてエン
パワー（力添え）し合うほどのコミットメント（情意や固い約束・確約のある行為）
が，トラスト（信頼）を高め不安を減らし，成功確率を高めると捉える。

　こう言うのは，1990年代初頭以降の後期現代に入り，メタ行為が乏しい相
互依存や競争になり，マーケティング・チャネル組織選択[81]の結果として
の場所の安定性が低下し，ミクロとマクロの課題解決がリンクしていないこと
に抵抗するレジリエンスが衰えていると見受けられる場合があるからだ。忍び
寄るようにやってきて日常の自明性の中に居座ってしまった如何なるプラスチ
ック・ワードの罪が重いかと，読者は思い直すだろうか。

　こうしてバージョンアップするほど，マーケティングのミクロ行為とその単
なる総和ではないマクロ行為が，ますます場や情報実存の視座から記述され
ることになると考える。ひとまず言えば場とは，第1や第2の現実（存在領域）
にある文脈依存的な意味を超えた情報実在である（→ 6-1）。よって，共起
するバイナリー・コードを大規模言語モデル化しても，その挙句に「メルティ
ングポットかサラダボウル（モザイク）か」の不毛な議論に戻らず，情報実存
という主体を考えようとする。実存主義の前からある実存とは，存在の意味を
追求した私がまさにそれだという存在の仕方―認識の仕方ではない―である。

　マーケティングとしては，企業別にも産業別にも収まらない垂直的価格体
系[82]において，「内部」由来と「外部」由来があるので双方ともに搾取されて
いる取引当事者間でも，英国型搾取とその米国型的転回を改めて考える必要も

ある。そして，現代日本マーケティングを再考し実践する際に，ニューの追究
途上でこそネオを騒がず，既存路線延長上での無底のない小構造化に止まって
いる実践仕組化に対し，さまざまな現実シーンに通底するメタ行為を為すマス
ター・マーケターを，マーケティング・マーケターと能記したくなる。そこで，
以下の第1から第5を提起する。

　第1に，接触とは，「言語コミュニケーション上で自分を開放して優先した
相手との，身体的に直接的な居合わせ[83]」である。マーケティングにおける
「接触」（contact，琴線に触れる touch）という身体性認知（⊃五感のクロスモーダ
ル）を言うにも，接触する当事者に相関（媒介）—近代科学主義の「因果と相
関」をまとめて「相関（媒介）」と言う[84]—がつき纏う。これがビジネス界の
常だとして，取引交渉当事者にとっての真実の接触はどこにあるのか。こうし
て，連携や独立が問題になるマーケティングの局面は，1つの事実（ファクト）
に囚われず，真実・真理（トゥルース）に接近する競争や協働となってきた。

　マクドナルド化する社会[85]のようにグローバルな大進化に帰結する—それ
だけに統計的有意性は高まる—模倣がある。取り立てての克服や抵抗がないよ
うな追体験あるいは「アミューズメント」—こういうこともないとやっていら
れないだろうが—では，それだけに誰かの思う壺となるオーバー・アイデンテ
ィフィケーションが起こり易い。一方で，知覚から生じる記憶が度重なり個
別特殊的な苦難の克服や抵抗がある「経験」や「アート」（技芸）の革新性は，
模倣困難性が高く何度も起きない。統計的に有意になってからでは革新性と
は言わない。そして，この追経験は，よほど接触的な［リ］アセンブル（［re-]
assemble）がなければ，言うも烏滸がましい。「私はできる，他の誰ができる」
という場での「われわれというものの至上の理由づけ」となる出会い向き合い
が，［リ］アセンブルである[86]。この文脈が，行為を促す動機（理由）の空間（＝
場）である。念のため言えば，偏見・先入観（イドラ[87]）の追認を，決して追
経験とは言わない。具体的な場所・郷・ハイマートに血縁者や地縁者や社縁者
が追随し，唱和のために唱和する団体には止まらない。

　第2に，身体性と内面性という2元化的区分から，自然と文化が直交する古
臭いグリッドの放棄に言及して，「遺伝子 - 文化子」の［共］進化（進歩）コードを問

図表１－４－２	存在論的文化４類型

		身体性	
		類似	異質
内面性	類似	トーテミズム	アニミズム
	異質	ナチュラリズム	アナロジズム

出所：Descola, P., translated by J. Lloyd (2013), *Beyond Nature and Culture*, p.233. 以上の図を変形。

題にした理念型としての文化４類型を，人類史的により具体的に示したのが図表１－４－２である[88]。アニミズム以前と以後（近代）の超克が必要だが，ではこれら諸類型にある文化の力は遺伝子のように組み換えが起きるとしても，後期現代のこれからのビジネス・コンテンツに，Eichmann 然とした凡庸性[89]を許さない社会選択圧としていかに働き，中庸性のある中道へといかに収斂さらには収束するのか。みんなの責任回避を助長するような体制の象徴といえる Eichmann を知らぬと現した馬脚で語るに落ちるのが，社会選択［圧］である。行為の極端を避けるべきという意味でのスペクトラム化上の「適度」ではなく，それぞれの状況に応じ適切な事象に対して適切な人々に向かい感じた情動—情動が非合理だとは限らない—を，適切な理由をもって適切な方法で表すというのが中庸性[90]である。

とはいえ，この中庸性は最早，スペクトラム化上の両極間の程度子や，容中律である中動態子に対峙しつつ，その両極すらつなげての円環化できるといった部分的つながりを絶えず考えるための２次化を課題とする。どこでもないところへと制約／構成された中立ではない。中庸性がない中道は，スペクトラム化上でのただの程度になる。そして，この課題を解決するのが，これからの中庸性がある中道だと，［マーケティング］組織論として強調する。ここでは，「否定‐肯定的感情」$_2$における感情合理性（アート）が，社会的なものと合理的なものとの連関において表面化する。

AI の方が非合理的感情を合理的に抑制するが，人間が AI には分からない合理的感情を抑制する必要はない。合理的感情を抑制していると，すべての感情が非合理的となっていき，いつのまにか生身の感覚が萎えて機械的な反射しか残らなくなってしまう。歌声を聴いてもカラオケマシーンの評価にしかなら

ないような類の評価の統計は，構造下での支配の餌撒きにはなっても構造変化の種蒔きにはならず，誰も耳を傾けなくなる。感情商品や感情労働や感情管理[91]の限界による課題解決も，中庸性がある中道に拠ると考える。

　第3に，米国プラグマティズムの創始者の一人であるJamesを踏まえ，宗教を再定義した上で，西洋世界にはつぎの移行軌跡（「世俗化の歩み」）があるとされた[92]。①信仰を司る制度と政治的な統合原理が一致していた時代。つづく②宗教と政治の分離[93]後も，なお社会構築（制作）原理として神の意志を代替する道徳的秩序の思想が機能していた時代。そして③社会の統合とはまったく分離した個人の自己表現の次元でのみ超越的なことが求められる時代。上記③の時代以降において交換や変換の選択螺旋構造を純化するには，後述する存在論的文化4類型論と文明論の再帰性も踏まえ，対話上の制約となっている下記のようなコミュニケーション・コード―非言語的にも―のちがいが問題になる。

　すなわち，「①自己の発見だけでなく創造と構築や，②他の誰でもない自分らしさや，③社会のルールや場合によっては道徳と認められていることへの抵抗」と，「④自己が重要性の地平に向けて開かれていることの求めや，⑤自己が対話の中で定義されることの求め」ということ。たとえば①を強調し④を無視，また③を極端に捉えるが⑤を無視するなど，この2側面（①から③の側面と④や⑤の側面）の一方を無視して他方を特権化するようなモラル・マジョリティの駆り立ては間違っているとされてきた。

　第4に，＜ほんもの，真正性，本来性＞（authenticity）ということが，マーケティングにおいては，広告論で取り上げられてからブランド論で増大し，実存としての顧客を言うようにも取り上げられている。それだけに，オリジナリティ（本源性）の本義を意に介せず「自分にとってのほんもの」が言い出されてくることへの批判論もあるので，西洋起源の宗教と非西洋起源の仏教との対話の糸口を探る宗教哲学が無視できないのである[94]。

　たとえば，キリスト教と仏教には類似点もある[95]と指摘されながらも，先の2側面の緊張関係に潜む次を考えた解がどこにもなかったと言われている。（a）真実や支持に値するか否か，（b）何を必要とするかが理にかなった仕方で論証できるか否か，（c）表現主義的個人主義（あるいは普遍主義）か共同体主

義か—この対立上で周知な共同体主義と，情報実存のアセンブリッジは異なる
—，（d）コストパフォーマンスを追求する道具的理性か事実的理性か，穏やか
かな専制か緩やかな相対主義か。

　そして第5に，基本構造をつくる中心文化や文明がダメージを受けると，そ
の歴史認識の欠如が広がれば広がるほどに，以後の当該文化はその周縁構造
（外堀）から侵食され始める。このとき，上記のようにして，人間社会をより
本源から納得しようとすれば，人間と社会の二分法の崩壊を認めて，プラグマ
ティズムと実存主義が結びつくようになり，ミクロ（極小への下向）とマクロ（極
大への上向）のリンクへの不覚は記述上で許されず，プラグマティズムの始覚
から担い直す課題解決は，超越論的展開になっていく[96]。

　以上の第1から第5を経ようとして却って迷走しないためにも，説明上で筆
者の加筆もあるが，下記の諸言説（①～④）を提示しておく。というのは，な
るべく単純化，線形化したくなることを，複雑系の説明では判断陶冶—混濁に
よる思考停止でも，「括弧に入れる」と言い換えられたり判断停止と訳される
現象学で言う「エポケー」でもない—するための，試金石になるからである。

　①身体によって住まう（wohnen，dwelling[97]）＝埋め込まれた（embedded[98]）
ということ。「被投された[99]」には，温床を出ることへの示唆の意図が強いと
言える。場所における人間は見えている世界と見えていない世界の境界で科学
や知や選択の限界に向き合って生きようとするので，真理や科学の自治[100]と
いう制度｛⊃近代法制（判決⊃正義），御法度・掟，礼制｝にかかわって，合理
性や，対他的自己と対自的自己から弁証法的に即自的自己が考えられてきた。
この①は，下記②③④を理解してからの方がより理解しやすくなる。②身体
化された（embodied[101]）という相互作用。ヒトとヒトのみならずヒトと他動物
やモノとの相互作用に及び，実行の目標を省察する程に湧く実感が身体性でも
ある。概念を超えて把握する身体性認知（認識の非心脳化）科学やプロジェクシ
ョン科学があるが，特定の具体的な身体化＝具現化が客観性であると言える場
合もある[102]。存在論寄りになるが，下記③の解釈で顕著になりがちな機械論
でもなければ，意識主義が還元されたという面がある言語論的転回の全体論
がいう埋め込みでもない。③フラクタル（fractal[103]）化されたという世界にお

ける内在性化。どんな細部を見ても全体と同じ構造が現れるという相似性を，存在に見ている。日本の工芸品の造作にもあるが，1元論になっている「入れ子化された」(nested) という言葉は多聞であろう。それでも，言語やプログラミングや生物や芸術では当たり前の再帰 (recursion) や，包披 (enholding - unholding) は，同一だけでなく差異もありながら「神は細部に宿る」ともいうので，これらをフラクタルと混同せず，非線形動態も考えよう。そして④拡張された (extended[104]) という外在性化。個体は遺伝子の2進法が拡張されて在り，その個体が道具や場所や集合体へと拡張された表現型が在るということ。そして，進化生物学的原理からの戦略ニッチが，社会進化論を背景とする事大主義に一線を画す企業競争地位だと注目されてきた。

　さても，経営や「割り当てられた課業（タスク）からなる職務（ジョブ）」にかかわるミクロなマーケティング行為には，現場での売買取引対応やライバル対応という実行，マーケティング・ミックス，マーケティング戦略，戦略マーケティングなどがある。これらについて本書の他所で再検討される理論枠組や実践仕組への言及は，図表1-4-3[105]のⅠとⅡに同定される。マーケティング戦略は「マーケティングの戦略」であり，戦略マーケティングは「戦略についてのマーケティング」である。これらの相補性（光は粒子か波かであるように，どちらでもありうるが両立はしない場合を厳密には相補的という）において，一方をいうとき他方で片腹痛くならなければいい。マーケティング理念が経営理念になったとされて久しい一方で，戦略マーケティングは戦略経営に吸収されると言われた時期がある。だが，戦略マーケティングがオリジナリティに届くほど，この固有性が認められる。

　6-1以降で言及する際に本論で限定するソーシャル・マーケティングを社

図表1-4-3	マーケティング行為，交換

	相関（媒介）	接触
個人	Ⅱ	Ⅰ
中間集合体	Ⅲ	Ⅳ
国家（府）		

会制マーケティングと能記するが，これは図表1－4－3のⅢとⅣに同定できる。ただし，マーケティングの場合に限らず，同図のⅠやⅡの場合とⅢやⅣの場合とでは，同一ではない規範の部分的混同により不毛な論争の続く現実があった[106]ことも知った方がいい。その混同を，「不非権力や権力（ㄷ覇権力）や権威」こそが「身分や職分」の歴史区分上の断片だと理解した上で，これまで以上に取り払うことになる。

　ドッグ・イヤーが叫ばれた往時に増して，現実の「漸進（ソフトランディング，改良主義）や急進（ハードランディング）」かつ「収縮的減速や膨張的加速」に処するマーケティングの能動的推論や直観が，民主制執行権の民主化[107]とともにますますと求められる。そこで，後期現代の危機（現実化×）を超える［中庸性がある中道的な］前提としてのアブダクション（「二重否定´」も含み「誰もやったことがない『想像』」がある―筆者加筆―仮説設定[108]）は，経験の総体を掬い摂る広義ホーリズム（→ 6－1）からのメタ行為（弁証法も量子論的に再考する超越論的行為）になると考えている。

　こうしたアブダクションのうちの何が，企業のマーケティングや経営のストック情報になるのか。とは，実践バージョンアップのために表立って徹底論議されたことが乏しい。西洋と東洋の線分化にしてすら，両極知りの両極知らずの蠢き揺動があったに過ぎず，時代の踊り場で倦んできたのか。「行けば分かる‐分からないさ」／「行き先を間違えない‐間違えるさ」／「行った者を待てば分かる‐分からないさ」／「行った者が来るのを待てる‐待ち切れないさ」と。ならば，これまでに確立された実践仕組（BD＋SWOT＋STP＋4P等のMM）をPDCA型管理によって改良し続ける，そして大構造のコード浮遊[109]以後に備え直せていなかったと吐露するだけでいいのか（→ 6－1）。なお，江戸後期には影響力を下げた儒学に由来する温故知新とはちがう包披論ありへの遡り方が，「日本中世にみる原近代化（日本の仏教の近代化）‐江戸後期にみる日本型近代化‐明治維新期よりの西洋的近代化‐國體の本義‐近代の超克や世界史的立場と日本‐戦後の西洋的近代化」からの後期現代の事（言）の直視に資すると念頭している。

　さて，セクション1－2から1－4そしてあらかじめ断れば6－1から6－3では，それらの副題（範囲，記号，単純化に尽きない構造純化，時代の場，世界観的課題，

不思議の邦）に表した意図の連鎖を以って，応用［論］や実用［論］が息吹き返す基礎［論］の「標準から先進へ」を展開した。基礎とはいえ「入門の入門」層や，高等教育段階の「入門」層を対象に認めていない。それでも，マーケティングや商学の入門講義を１年次に学修した大学生ならば，若くして２年次からでも一人で読むだけではない限り，一挙加速の理解獲得を始められよう。

（長谷川 博）

【注】

79）Avent-Holt D. and D. Tomaskovic-Devey（2014）"A Relational Theory of Earnings Inequality," *American Behavioral Scientist*, 58, 379-399. 濱口桂一郎著（2009）『新しい労働社会』岩波書店。同，20021 年，『ジョブ型雇用社会とは何か』岩波書店。長谷川博著（2020）「社会交変換論Ⅶ」『千葉商科大学論叢』，62 頁。以上をみよ。

80）プラトン著，藤沢令夫訳（1979）『国家』岩波書店，514A ～ 521B 頁。

81）Williamson, O. E.（1979）"Transaction-Cost Economics: The Governance of Contractual Relations," *The Journal of Low and Economics*, 22（2），pp.239-240. Williamson, O. E.（1983）*Markets and Hierarchies: Analysis and Antitrust Implications*, Free Press. Williamson O. E. and S. E. Masten（1999）*The Economics of Transaction Costs*, Edward Elgar Publishing. 長谷川博ほか著（2021）『流通とマーケティングの基礎』成文堂，18 ～ 21 頁。

82）長谷川博ほか著（2021）同上書，63 頁。

83）E. ゴッフマン著，佐藤毅・折橋哲彦訳（1985（1961））『出会い』誠信書房。E. ゴッフマン著，訳，丸木恵祐・本名信行訳（1980（1963））『集まりの構造』誠信書房。

84）Q. メイヤス一著，千葉雅也ほか訳（2016（2012））『有限性の後で』人文書院。

85）G. リッツア・丸山哲史編著（2003）『マクドナルド化と日本』ミネルヴァ書房。など。

86）Delanda, M.（2016）*Assemblage Theory*, Edinburgh University Press. B. Latour, 2005, *Reassembling the Social*, Oxford University Press. 以上に基づく。

87）F. ベーコン著，桂寿一訳（1978（1620））『ノヴム・オルガヌム（新機関）』岩波書店。

88）Descola, P., translated by J. Lloid（2013（2005））*Beyond Nature and Culture*, The University of Chicago, pp.112-125, 247-280.

89）H. アーレント著，大久保和郎訳（1969（1963））『イェルサレムのアイヒマン』みすず書房。

90）アリストテレス著，高田三郎訳（1971）『ニコマコス倫理学（上)』，68 ～ 77 頁。D. ベル著，林雄二郎訳（1977（1976））『資本主義の文化的矛盾』講談社。同著，施光恒・蓮見二郎訳（2006（2000））『「アジア的価値」とリベラル・デモクラシー』風行社。以上に基づく。

91) A. R. ホックシールド著，石川准・室伏亜希訳（2000（1983））『管理される心』世界思想社。

92) C. テイラー著，伊藤邦武ほか訳（2009（2002））『今日の宗教の諸相』岩波書店。以上は以下を踏まえている。W. ジェイムズ著，桝田啓三郎訳（1969・1970（1901-1902））『宗教的経験の諸相（上）（下）』岩波書店。

93) J. ロック著，加藤節・李静和訳（2018（1689））『寛容についての手紙』岩波書店。先駆とされる。

94) Taylor, C. (1991) *The Ethics of Authenticity*, Harvard University Press.

95) 門脇佳吉著（1990）『道の形而上学』岩波書店。以上は，それでもキリスト教か仏教かを言う。

96) 長谷川博著，近刊予定，「マーケティングの成功（仮題）―応答としての説明2―」『千葉商大論叢』。

97) Heidegger, M., translated by J. MacQarrie and E. Robinson (2008 (1962)) *Being and Time*, Harper Perennial Modern Thought. J. アーリ著，吉原直樹監訳（2006（2000）（『社会を越える社会学』法政大学出版局，231～281頁。

98) K. ポラニー著，吉沢英成ほか訳（1975（1944））『大転換』東洋経済新報社。

99) Heidegger, M. (2008 (1962)) *op. cit.*.

100) M. ポラニー著，長尾史郎訳（1988（1980））『自由の論理』ハーベスト社，63～86頁。

101) Maturana, H. R. and F. Varela, *Autopoiesis and Cognition: The Realization of the Living*, D. Reidel Publishing Company (1980) pp.88-95. そして目的論のなさとしての目的律（テレオノミー）もいう。Varela, F. J., E. Thompson, and E. Rosch (1991) *The Embodied Mind*, The MIT Press, pp.133-214. なお以上は中道論への導入になっている。

102) D. ハラウェイ著，高橋さきの訳（2000（1991））『猿と女とサイボーグ』青土社。

103) B. B. マンデルブロ著，広中平祐監訳（1984（1982））『フラクタル幾何学』日経サイエンス。Strathern, M. (2004 (1991)) *Partial Connection*, Updated Edition, Rowman & Littlefield Publishers.

104) Dawkins, R. (1982) *The Extended Phenotype: The long Reach of the Gene*, Oxford University Press. Turner, J. S. (2000) *The Extended Organism: The Physiology of Animal-Built Structures*, Harvard University Press. M. マクルーハン著，後藤和彦・高儀進訳（1977（1964））『人間拡張の原理』武内書店。

105) 長谷川博著（2023）「スコープ・オブ・マーケティング―応答としての説明―」『千葉商大論叢』，46頁。以上を一部変更。

106) J. ジェイコブズ著，香西泰訳（1998（1992））『市場の論理と統治の論理』日本経済新聞社。

107) P. ロザンヴァロン著，古城毅ほか訳（2020（2015））『良き統治』みすず書房。

108) 上山春平責任編集（1968）『パース　ジェイムズ　デューイ』中央公論社，45～46頁。

109) R. カーク著，会田弘継訳（2018（1953-85））『保守主義の精神（上）』中央公論社。以上から分かる。

5 市場の定義と市場細分化との関係について

　Kotler は，市場について経済学者が「製品や製品群の取引をする買い手と売り手の集まり」として定義するのに対して，「マーケターは良く市場という言葉をさまざまな個客の分類に使う。マーケターは売り手が産業を構成し，買い手が市場を構成するという見方をする」（Kotler & Keller，2006，邦訳書，pp.12-13）としている。つまり，市場を買い手の集まりとして定義しているという捉え方をしているといえる。この点は，Kotler, Armstrong & 恩蔵（2014）においても「交換，リレーションシップという概念の先には市場という概念がある。市場とは製品・サービスの顕在的購買者と潜在的購買者の集まりである（Kotler, Armstrong & 恩蔵，2014，p.9）」としていることから，Kotler の市場という概念の基本的な捉え方として考えて良いのであろう。

　しかし，市場対応の活動としてマーケティング戦略を考えるのであれば，市場を買い手の集まりとしてのみ捉えるのは不十分である。その理由の1つとしてその買い手の獲得を巡って競いあっている競合企業もしくは競合製品の存在が位置付けられていないことがあげられる。顧客に注目するだけでは STP の ST まではできても，ポジショニングの段階で競合を識別しないことには策定できないはずである。ポジショニングが明確にならないと市場での競争優位の確保は困難である。また STP の T であるターゲットの選択においても多くの企業はその顧客セグメントの需要規模や成長率等だけでなく，競争相手との直接競合を避けるようなセグメントを考えるはずである。そこでたとえば Day（1990）による「市場とは類似的なニーズや問題を抱える顧客と，これらニーズの充足を競う程度に代替可能な製品やサービスを持つ売り手が遭遇する場（Day，1990，邦訳書　p.110）」という定義の方がマーケティング戦略策定者の立場で市場を捉えるのにより適切ではないかと思われる。

　Kotler が定義するような顧客の集まりとしての市場の構造は STP の S である市場細分化を通じて明らかにすることができる。集団としての顧客を人口統計変数，心理的変数など何らかの分類軸で複数のセグメントに分類したうえ

で，ターゲットとなる顧客セグメントを確定することで誰が自社の顧客なのか
を明確にしたうえでマーケティングを展開していくのである。一方，市場の競
争状況を把握し，最終的に顧客の獲得を巡って競い合う相手が誰なのか？　こ
の問いに対する答えも合わせて明らかにしていかなければならない。しかし
マーケティングのテキストでは，競争相手は誰なのかあるいは競合製品に該当
するのはどれなのかという意味での市場の境界線の問いに対する答えを明らか
にするプロセスを必ずしも明示していないことが多い。欧米のいくつかのマー
ケティングのテキストではこの段階が「市場の定義」と呼ばれる段階として位
置づけられていることがある（Craven, 2000；Craven & Piercy, 2012；Mooradian
Matzler & Ring, 2012, etc）。Day（1990）も顧客グループと同時に製品グループを
識別することを考慮している。

　市場の定義には顧客サイドから考えるものと供給サイドから考えるものとの
2つのアプローチがあるとされる（Day Schocker & Srivastava. 1979；Day, 1990）。
顧客サイドから考えるアプローチとは，顧客が代替関係にあると考えている度
合によって市場の境界線が引かれ，代替性の高い製品群が1つの下位市場を形
成していると考えるものである（Ratnesher & Schocker, 1991）。具体的には市場
の境界線を明らかにするために市場構造分析やマーケットの規定といった名称
でさまざまな分析手法が開発され，今日に至っているが，テキストレベルの典
型的な説明としては，市場の構造がたとえば図表のように階層的に記述され
る。そこで顧客が求めている中核的で優先的な便益が何かによって，異なる競
争空間が明らかにされ，さらにどのレベルで市場を定義づけるのかで，自社が
意識する競争相手はまったく異なってくることになる。

　ここで下位市場とは製品の下位カテゴリーを識別していくこととも言い換え
られるだろう。市場の定義は，その後のマーケティング戦略の段階として自社
製品をどの下位カテゴリーに位置付けるのか，新製品導入という局面では自社
新製品をどの下位カテゴリーに位置付けるのかという意思決定の問題につなが
るはずである。この意思決定は次の2点から非常に重要になると考えられる。

　第1に，戦略策定者がどの市場（製品カテゴリー）に自社製品を寄せていくの
かによって顧客が比較対象とする製品が大きくかわることで，顧客にとっての

| 図表１－５－１ | エナジードリンクの市場定義（第一の便益がリフレッシュメントの場合） |

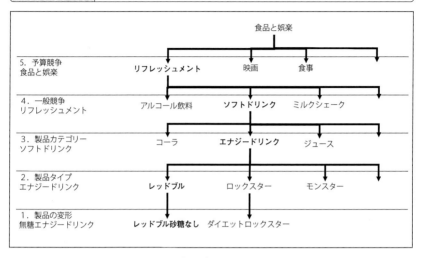

出所：Mooradian, Matzler, and Ring（2012), p.65.

| 図表１－５－２ | エナジードリンクの市場定義（第一の便益がエネルギー補給の場合） |

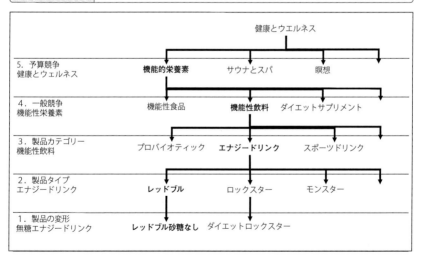

出所：Mooradian, Matzler, and Ring（2012), p.66.

製品の見え方が変わっていくことになることが考えられる。それは顧客の自社製品に対する評価が変わり，ひいては購買意図や行動にも影響を与えることで，当該製品の市場での成果が大きく変化することになるのである。たとえば，トクホ緑茶は通常の緑茶飲料市場の枠で考えると，付加価値の高いプレミアム商品という位置づけで一定の地位を維持しているといえるが，体脂肪を削減したいと思っている顧客からすれば，その手段は健康市場，その中でも体脂肪率カットに絞ってもいろいろな方法がある。そうした健康食品市場に位置付け，顧客に他の手段と比較してもらうような方向でプロモーション戦略等を行った場合，顧客は，トクホ緑茶はむしろ低価格である程度の便益を獲得できる割安な商品という理解に至るのかもしれない。所属しているカテゴリーを変えると競合商品が変わり，それは顧客の目から見れば，購買意思決定の選択肢が変わることを意味する。同じ商品でも囲まれている選択肢が変われば，顧客の評価が変わることは，心理学の文脈効果を援用した研究から明らかである [110]（Carpenter & Nakamoto, 1989；Simonson & Tversky, 1992 etc）。

　第2に，市場の定義をし，自社製品がどのような空間で競争しているのかを明確にしないと市場シェアの分母が確定しないことになり，正確な市場シェアの算出ができないことがあげられる（Abell, 1993）。戦略策定者の自社の市場シェアの認識が変われば，とるべき戦略に対する認識も大きく変わり，やはり市場での成果に大きな影響を与えることになるであろう。そもそもこれまでマーケティングあるいは経営戦略のテキストの中で取り上げられているフレームワークや手法は市場シェアを明確に算出できなければ適切な活用ができないものが少なくない。たとえば，競争地位別のマーケティングの枠組みである。ここで展開されるリーダー，チャレンジャー，ニッチャー，フォロワーといった地位を確定するために，市場シェアが直接利用されたり，別の要因が代替指標（たとえば，嶋口・石井（1995）が主張するような相対的な経営資源の量と質）として利用されたりしてきた。しかし，企業や事業が4つの市場地位類型のどれに最もあてはまるのかは，どのレベルで市場を捉えているのかで競争地位は変わってきてしまう。トクホ緑茶の代表的なブランドである花王のヘルシアは，トクホ緑茶という狭いカテゴリーの中ではリーダーといえるが，緑茶市場全体でみ

るともともと飲料メーカーではない花王は特定の分野に特化したニッチャーの立場に近いといえるだろう。

　こうしたことから自社が働きかけようとしている下位カテゴリーの選択という意思決定がマーケティング戦略を構築していくうえで非常に重要なものとなるのであり，マーケティングのテキストにおいても明確な位置づけをするべきものとして考えられるけれども，「市場の定義」を独立した章として位置づけ，その分析手法を紹介しているテキストでも市場を定義した後のこの意思決定の位置づけについては曖昧になっている[111]。筆者は市場の定義は市場細分化と並行して行っていき，顧客と製品の両面から市場構造を把握し，自社の標的市場を選択していくことが求められると考える。自社にとっての競争相手は顧客にとっての市場の見え方で決まってくる以上，標的顧客が決定しなければ自社および自社製品と直接競合する相手も見えない。その点を考えると市場の定義は市場細分化と並行して行うべきものといえる。そして顧客の選択と同時にカテゴリーの選択の決定がSTPを補完するような形で位置づけられるべきであると考えるのである。

　しかし，この市場の定義とそれに続く意思決定に関しては注意すべき点もある。1つは市場を定義し，下位カテゴリーを選択するということが，さまざまな手法により分析的に導き出されるものである反面，一方では極めて創造的な行為であるということである。新製品導入の局面では，既存のカテゴリーとは異なるポジションを見つけ出したり，あるいは複数のカテゴリーに跨るような位置づけをしたりすることがある。それが既存製品カテゴリーで算出される市場規模を超えた売り上げを達成するような商品として大きな成功を収めたりすることがあるのである。こうした事例は，事前に明確な市場境界線を引くことが困難であったことを示すものであり，既存データだけでは判断しえない思い切った判断がそこでは求められるのではないかと思われる。

　第2に，新しいカテゴリーの創出が生み出されたか否かは一回の意思決定で確立するものではなく，市場を構成する関係者に徐々に浸透し，働きかけていく複雑なプロセスをたどることが少なくない。市場および新しいカテゴリーが創出されるプロセスを対象にした研究では社会構成主義的なアプローチ（Rosa

Porac Runser-Spanjol & Saxon, 1999) や DiMaggio & Powell（1983）をはじめとする新制度派組織論からのアプローチ（Humphey, 2010；Nenonen Storbackal & Windahl, 2019；西本・勝又，2020）がしばしばみられるのも，このプロセスが一回限りの市場の分析と意思決定だけではなしえないことを示している。こうした研究は，マーケティング策定者が基本的に働きかける対象である市場というものに対してどのような捉え方をしていけばよいのかを改めて問うものといえる。

　最後に，顧客にとって代替関係にある製品群を競合として考えると，まったく物理的な形状は異なる製品が自社の製品の競合になったり，逆に物理的な形状は非常に近く同じ製品カテゴリー内にあると考えられていても用途がまったく異なるために競合が発生することはほとんどなかったりすることもあるかもしれないという点に注意する必要がある。顧客はしばしば自分の目的に照らして物理的に共通点のある製品カテゴリーを横断するような購買意思決定を行うことがある（Ratneshwar & Schocker, 1991；Ratneshwar, Pechman & Schoker. 1996）。我々は日々の生活の中で生じる問題を解決するためにしばしばお金を払って製品やサービスを購入する。もし問題解決の手段として金銭を払わずに済むより効率的なものがあればそれも有力な選択肢になる。無料の手段が企業の競争相手になる可能性もあるのである。しかし潜在的競争相手の存在を徹底して把握しようとすれば市場の範囲は無限に広がってしまうだろう。つまり市場の境界線は明確に線引きができるものではなく，代替の程度は強弱の問題ということである。こうしたことに注意しながら市場の定義の諸手法は活用されるべきであろう。

（伊藤　友章）

【注】

110) あるいは，ブランドの系統を○○系などといったように一括りにする傾向のあるアパレル製品などは，その名称自体に強いイメージがあり，自社ブランドをどの系統に位置付けるか，あるいは消費者やファッション誌などの関係者が自社ブランドをどの系統に位置付けようとするかで，当該ブランドのイメージや魅力は大きく変わることが考えられる。戦略策定者の競争構造の認識とカテゴリーの選択は結果的に売り手の

マーケティング戦略の在り方も大きく変えることになる。
111) Abell による「事業の定義」は顧客機能を定義の軸の1つに位置付けているから，結果的には自社の事業領域を明確化することを通じて顧客サイドからの競争相手の識別に繋がる可能性がある。

（引用・参考文献）

Abell, D. F. (1993), *Managing with Dual Strategy: Managing the Present and Preempting the Future*, The Free Press, 二瓶・小林訳『デュアル・ストラテジー～混迷の時代を生き抜く戦略～』白桃書房.

Carpenter, G. S. and Nakamoto, K. (1989), "Consumer Preference Formation and Pioneering Advantage," *Journal of Marketing Research* 26, pp.285-298.

Craven, D. W. (2000), *Strategic Marketing 6th-edition*, McGraw-Hill.

Craven, D. W. and N. F. Piercy. (2012), *Strategic Marketing 10th-edition*, McGraw-Hill.

Day, G. S (1990), *Market Driven Strategy: Process for Creating Value.*, The Free Press, 徳永・井上・篠原・森・小林・首藤訳『市場駆動型の戦略』同友館.

Day, G. S., Shocker, A. D. and Srivastava, R. K. (1979), "Customer-oriented approaches to identifying product-markets," *Journal of Marketing* Vol.43, pp.8-19.

Dimaggio, P., J. and W. W. Powell (1983), "The Iron Cage Revisited: Institutional Isomorphism and Collective Rationality in Organizational Fields," *American Sociological Review*, 48 (2), pp.147-160.

Gultinan, J. P., G. W. Paul and T. J. Madden. (1997), *Marketing Management Strategies and Programs*, McGraw-Hill.

Humphreys, A., (2010), "Megamarketing: The Creation of Markets as a Social Process," *Journal of Marketing*, Vol.74, March, pp.1-19.

Kotler, P., G. Armstrong and 恩蔵直人 (2014)『コトラー，アームストロング，恩蔵のマーケティング原理』丸善出版.

Kotler, P. and K. L. Keller (2006), *Marketing Management 12th-edition*, Pearson Education, 恩蔵直人監訳『コトラー＆ケラーのマーケティング・マネジメント』第12版，ピアソン・エデュケーション

Mooradian, T. A., K. Matzer and L. J. Ring (2012), *Strategic Marketing International edition*, Pearson.

Nenonen, S., K. Storback and C. Windahl (2019), "Capabilities for Market-shaping: Triggering and Facilitating Increased Value Creation," *Journal of the Academy of Marketing Science*, Vol.47. No.4, pp.617-639.

西本章宏・勝又壮太郎 (2020)『メガマーケティングによる市場創造戦略』日本評論社.

Ratneshwar, S. and A. D. Shocker (1991), "Substitution in Use and the Role of Usage Context in Product Category Structure," *Journal of Marketing Research*, 28

（August），pp.281-295.

Ratneshwar, S., C. Pechmann, and A.D. Shocker (1996), "Goal-Derived Categories and the Antecedents of Across-Category Consideration," *Journal of Consumer Research*, 23 (December), pp.240-250.

Ratneshwar, S., A. D. Shocker, J. Cotte and R. K. Srivastava (1999), "Product, Person, and Purpose: Putting the Consumer Back into Theories of Dynamic Market Behavior," *Journal of Strategic Marketing*, 7, pp.191-208.

Rosa, J., J. F. Porac, J. Runser-Spanjol and M. S. Saxon (1999), "Sociocognitive Dynamics in Product Market," *Journal of Marketing*, Vol.63, pp.64-77.

Simonson, I. and A. Tversky (1992), "Choice in Context: Tradeoff Contrast and Risk Aversion," *Journal of Marketing Research*, 29, pp.281-295.

嶋口充輝・石井淳蔵（1995）『現代マーケティング（新版）』有斐閣Sシリーズ.

6 マーケティング戦略策定の前段階としてのSTP (Segmentation, Targeting, Positioning) の方法とその手順について

　P. Kotler の『マーケティング・マネジメント』や『マーケティング原理』および多くのマーケティングのテキストでは，マーケティングの戦略を策定する前段階として（その準備として）まず，市場を細分化し（Market Segmentation），標的とする市場を定め（Targeting），市場地位を認識して（Positioning）から市場情報もしくは顧客情報を獲得して，マーケティング戦略（いわゆるマーケティング・ミックスの最適組み合わせ）を構築していくことになっている―まずは，製品・ブランド開発から―。

　マーケティング戦略（製品‐市場戦略）を開発するにあたり，ある国全体といった場合（ましてや Global な市場といった場合などは），あまりに範囲が広いということだけでなく，消費者もしくは顧客のタイプや年齢，人種によってはニーズないしはウォンツも異なるために，自社の開発する，あるいは提供しようと考えている製品／サービスの適切なターゲットを見つけ出すために，市場を細分化し，セグメントを選び出すということは必要であることは言うまでもない（ときには，標的市場を明確にしないほうが良い製品／サービスもあるが）。

　それら P. Kotler の『マーケティング原理』や多くのマーケティングのテキストでは，「セグメントを評価したならば，次に標的となるセグメントを決定しなければならない。それには，無差別型，差別型，集中型，マイクロ型といったターゲッティング方法がある。たとえば，○○といったブランド（製品）の場合，○○セグメントに合わせたマーケティングを提供している[112]」などと説明している。そして，その後には「ターゲットとなる市場セグメントを決めたならば，次は，差別化とポジショニングである。ポジショニングは，競合製品と比較して，当該製品がどのような位置にあるかとともに，顧客のマインド内でどのような位置にあるかを明確にすることである[113]」といったように説明されていることが多い。

　上述のように，自社の開発する，あるいは提供しようと考えている製品／サービスの適切なターゲットを選定するために，市場を細分化し，セグメント

を選び出し，そのセグメントのニーズもしくはウォンツに合わせた製品／サービスを開発することは必要，というよりも今や当たり前のステップになりつつある。

　つまり，セグメンテーション・ターゲッティング・ポジショニングは，マーケティング戦略開発（マーケティング・ミックス開発）の最初のステップ，またはその前段階であるとされている。しかしながら，この時点では，自社のマーケティング・ミックス，あるいは製品／サービスは未だ市場では展開されていないはずであるので，自社の製品／サービスに適合した標的市場を選定し，評価することはできないはずである。それにもかかわらず，多くのテキストはそれを以下のような図を用いて説明していることが多い。

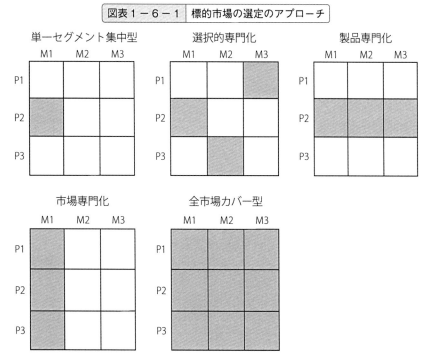

図表1−6−1　標的市場の選定のアプローチ

M：市場，P：製品

出所：P. Kotler（1997）, *Marketing Management -International Edition; 9th Edition-*, Prentice Hall, p.270.

　これでは，どうやって標的市場を選定すればよいのか理解することに苦しんでしまう。それどころか，ポジショニングに至っては「ポジショニングとは，競合製品と比較して，当該製品がどのような位置にあるかとともに，顧客のマインド内でどのような位置にあるかを明確にすることである[114]」とされているのである。市場に存在しない製品を競合製品と比較してどのような地位にあるか，顧客のマインド内でどのような位置にあるのか（顧客にどのように認識されているか）わかるはずがないのである。

　製品開発のための1つの指標として消費者調査（市場調査）を実施して，知覚マッピングを作成し，すでに市場で展開している競合他社もしくは自社の類似製品のポジショニングを基に製品開発の一助にしようということであれば理解できるが，未だ市場に類似製品がないような製品を市場導入しようとした場合には，このステップは意味がない活動になりかねない。ほとんどのマーケティングのテキストは，このステップの後にマーケティング戦略，あるいはマーケティング・ミックスの開発が続いている。このような矛盾を長年マーケティング研究者，あるいは大学教員は何の疑いもなく学生やビジネス・セミナーなどで説明してきたのである。ビジネスの現場はこれをどのように消化してきたのであろうか。

（首藤　禎史）

【注】
112）フィリップ・コトラー，ゲイリー・アームストロング，恩蔵直人（2014）『コトラー，アームストロング，恩蔵のマーケティング原理：*Principles of Marketing 14th Edition*』丸善出版，95～96頁.
113）同上書，99頁.
114）同上書，49頁.

7 SWOT 分析の課題について

　SWOT 分析とは，戦略立案する際に企業や組織を取り巻く外部環境と企業や組織の内部環境を分析し，さらに戦略代替案を作り出していくことまでを導いていくツールである。SWOT の S（Strength）は強み，W（Weakness）は弱みであり，これは企業の内部環境の分析を通じて引き出していくものである。一方，O（Opportunity）は機会，T（Threat）は脅威であり，外部環境の分析を通じて引き出していくことになる。さらに図表のように SWOT をそれぞれ組み合わせていくクロス分析を行っていくことで，当該企業が今後取り組むべき具体的な戦略代替案をアウトプットとして示していくことになる。

　SWOT 分析は，1960 年代においてハーバードビジネススクールをはじめとするビジネススクールでのビジネス・ポリシー研究者の成果にその起源があるとされている（Hill & Westlook, 1997, p.47）。とりわけ Andrews の 1971 年発刊のビジネス・ポリシーのテキスト（Andrews, 1971）は，よい戦略は直面している外部環境の状況（機会と脅威）とその企業自身の内部特性（強みと弱み）との適合を確保しているという考えを浸透させることに大きく寄与したとされる（Hill & Westlook, 1997, p.47）。その後 SWOT 分析は，MBA や学部（undergraduate）向けの多くのビジネス・ポリシーおよび経営戦略のテキストに浸透し，今日に至っている他，営利企業の現状分析のみならず，非営利組織や官公庁の現状を分析するのに用いられることがある。たとえば，特定の地域を対象にし，その地域の SWOT を識別していくような試みである。

　このように SWOT 分析は広く実社会において浸透しているものの，企業や組織の現状を把握するためのフレームワークに過ぎず，その活用には限界があ

図表 1 − 7 − 1	クロス分析	
	機会（O）	脅威（T）
強み（S）	機会×強み	脅威×強み
弱み（T）	機会×弱み	脅威×弱み

ることがしばしば指摘されている。その1つとして，SWOT分析は外部環境に関わるある兆候がなぜその企業にとって機会をもたらすのか，あるいはなぜ脅威をもたらすのかを論理的に説明してくれるわけではないという点が挙げられる。その結果，SWOTの識別が戦略策定者や組織メンバーの主観的判断に委ねられやすく，強みと弱み，機会と脅威の多大な数のリストが生み出されてしまう。さらに，その中には不正確なものや表面的なものも多く含まれてしまうこともある（Boonyarat Crowdera & Willsa, 2016, p.4）。そうしたことからクロス分析を通じて得られた戦略代替案についても実行への転換がしばしば困難になるのである。

　なぜある要因が機会・脅威・強み・弱みになるのか？　多大なリストの提示に陥らないためにどんな要因に着目すべきなのか？　それらを明らかにするための理論的な基礎が援用されなければならない。経営戦略の代表的なテキストの1つである Barney（2010）の *Gaining and Sustaining Competitive Advantage* では，OTの特に脅威の識別を援用する理論の候補として Porter（1980）の5フォースモデルを位置付けている。5フォースモデルは産業組織論のSCPパラダイムをベースとしながら業界の利益ポテンシャルに影響を与える要因として既存企業間の競争の激しさ，新規参入の脅威，売り手交渉力，買い手交渉力，代替品の脅威の5つの業界構造特性に整理をしたモデルである。既存企業間の競争が激しいほど，新規参入の脅威が高いほど，売り手および買い手の交渉力が高いほど，そして代替品の脅威が高いほど，業界の利益ポテンシャルは低下していくという業界構造と成果の因果関係を想定している。したがって5フォースモデルで述べるところの利益ポテンシャルにマイナスの影響を与える要因が高まっていることが業界内でみられるのであれば，それはSWOTのTである脅威の兆候として捉えられ，クロス分析により自社の強み・弱みと照らしながら対処するための戦略代替案を考案することになる。

　一方，SWである強みと弱みの分析で援用されるのが，企業の資源ベース視角の研究をもとにしたもので，Barney自身が開発したVRIOモデルである。そこでは，顧客価値の向上に繋がり（Value），希少性が高く（Rareness），他社への移転（Immobility）や他社による模倣（Inimitability）が不可能でかつ，組織

（Organization）にフィットしている経営資源や能力が企業に持続的な競争優位をもたらす源泉になると考える。この VRIO モデルから競争優位をもたらす資源や能力が SWOT の強みとして識別されることになるのである。逆にこうした資源が不足していたり，十分に活用できていないと競争相手に現在の地位を脅かされてしまったりする可能性があるともいえるであろう。

　5フォースモデルも，VRIO モデルも，SWOT の識別に理論的な説明を付加していくことで，注目すべき要因を的確に絞り込むことが期待できる。前者の5フォースモデルについては，5つの要因をさらに詳細に考えていくと相当に長いリストができてしまうことが指摘されることがある（沼上，2008，176～177頁）が，それでも何も手掛かりがない状況よりは，5フォースモデルを応用することで，企業が脅威として考えるべきことを相当に絞り込んで考えることができるはずである。また VRIO モデルが示す競争優位もしくは持続的競争優位をもたらす要件を辿っていけば，自然と組織能力，スキル，ノウハウあるいはブランドといった形のない無形の資源に焦点が当たるようになっていく。その中でも本当に競争優位あるいは持続的競争優位をもたらす要因は何かを考えていくことになる。

　しかしながら，5フォースモデルも VRIO モデルも戦略策定者が新しい機会と脅威，強みと弱みを捉える際に考慮する外部環境および内部環境要因を十分カバーしているとは言い難い。たとえば，5フォースモデルは業界構造を構成する要因という狭い範囲の中でしか外部環境を捉えられていないなど，とりわけ新しい機会は顧客ニーズや顧客の生活様式の変化など，5フォースモデルがカバーしている領域の外で生じることが少なくないはずである。いくつかのマーケティングのテキストでは，市場魅力度要因として5フォースモデル（競争要因）に加えて市場規模，市場成長率，市場の需要変動性やマクロ環境要因を組み込んだ枠組みを示している（Mullins. & Walker, Jr. 2013；Walker-Jr, Gountas Mavondo & Mullins., 2013）。

　こうした枠組みは，より広く機会と脅威および一部強みと弱みを見極める上で有益なものとなりうるが，すでに市場セグメントが明確で，そこから標的市場を選択しようとする段階を想定したものなので，市場が確立していない状況

| 図表1－7－2 | 市場魅力度と競争地位の根底にある要因 |

市場魅力度要因

顧客ニーズと行動

満たされてない，誰も対応していないニーズで我々が満たすことのできるものがあるのか？

市場あるいは市場セグメントの規模

見込み顧客の単位，収益，人数における市場ポテンシャル

見込み顧客の単位，収益，人数における成長率

標的セグメントは後に市場内の関連したセグメントにまで拡張できるプラットフォームを構成しているのか？

マクロトレンド

人口統計
社会文化
経済
政治・法律
技術
自然環境

競争地位要因

競争優位の機会

差別化できるのか？
重要な成功要因に対して遂行できるのか？

企業と競争相手の能力と資源

マネジメントの強みと深さ

財務的，機能的資源：マーケティング，流通，製造，R＆D他

ブランド・イメージ

相対的市場シェア

我々が競争している業界の魅力度

新規参入の脅威
代替品の脅威
買い手交渉力
供給業者の交渉力
競争の激しさ
業界の規模

出所：Mullins & Walker. Jr.（2013），p.192.

下で新たな兆候を見つけ出すには不向きである。

　また，Boonyarat Crowdera & Willsa（2016）は顧客満足を分析するためのツールである重要性パフォーマンス（IPA）分析を取り上げ，IPA分析をベースにしたSWOT分析を提唱している。Martilla & James（1977）によって提示されて以降，重要性パフォーマンス分析はさまざまな変形モデルが出ているが，標準的なモデルは，顧客にとっての重要性を縦軸に組織の現状のパフォーマンスを横軸にとり，さらにその充足度合いに応じて製品・サービスの属性を4つの象限からなるマトリックスの中にプロットしていくものである。それぞれの象限は図表1－7－3のように名付けられる。これはSWOTの識別を顧客の視点を組み込んで考えるものとして考えられる。さらにBurn（1987）の論考をもとに補足するならば，成果を競争相手との対比で考えていくと図表1

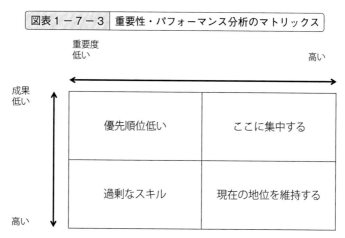

図表１－７－３　重要性・パフォーマンス分析のマトリックス

重要度
低い　　　　　　　　　　　　　　　　　　　　　　　　　　　高い

成果
低い

優先順位低い	ここに集中する
過剰なスキル	現在の地位を維持する

高い

出所：Boonyarat Crowdera & Willsa, 2016, p.6.

図表１－７－４　競争比較マトリックス

属性の重要性	自社の成果	他社の成果	意味
高い	低い	低い	見過ごされた機会
		高い	競争劣位（脅威）
	高い	低い	競争優位
		高い	直接競争
低い	低い	低い	機会なし
		高い	誤った脅威
	高い	低い	誤った優位性
		高い	誤った競争

出所：Burns, 1986, p.51 を基に作成。

－７－４のような示唆を得ることができる。

　一方 VRIO モデルについても資源ベース視角の戦略論は競争優位をもたらす要因を明らかにすることから，強みの識別（なぜその要因がその企業にとって強みになりうるのか）には役立っても弱みの識別には十分機能しているとは言い難い。また前述したように VRIO モデルが示す競争優位もしくは持続的競争優位をもたらす要件を辿っていけば，形のない無形の資源が重要になるという

結論になりがちである。しかし工場の生産設備などの有形の経営資源でも競争優位の源泉として機能することもある。また資源および能力は単体で強みになるよりは，複数の要素を組み合わせて初めて強みになることもある。最新の生産設備や情報技術といった目に見える資源が備わって初めてそのポテンシャルを発揮できる能力やスキルもあるはずである。

　第2の点はSWOT分析を巡る課題はフレームワークや分析手法の進化のみで解決するものではなく，SWOT分析を執り行う戦略策定者，戦略策定を担う組織メンバーが外部環境および内部環境を知覚し，解釈する能力にも左右される点に注意する必要がある。

　たとえば外部環境の兆候には，同じ企業に対して5フォースの視点からすると脅威として捉えられるものが別の視点からだと機会と捉えられることがある。たとえば，自社製品の有力な代替品の出現は，5フォースモデルでは，顧客が新たな代替品に流れていくことで，自社の既存製品の顧客が奪われていく可能性がある脅威として識別される。しかし，かつてLevitt（1960）はマーケティング・マイオピアを提唱した論文（Levitt, 1960）の中で，米国の鉄道会社の衰退を，自動車や飛行機などの新たな交通手段である代替品の存在を脅威として捉えてしまい，新たな機会と捉えられなかったことに原因を求めている。Levittのマーケティング・マイオピアに対しては，Kotler & Singh（1981）による，明確に定義づけられて達成可能であるものという目標の原則と大量集中の原則を欠いたものとしてマーケティング遠視眼（marketing hyperopia）をもたらすという指摘（Kotler & Singh, 1981, p.77）にみられるように決して批判がないわけではない。しかし代替品の出現は，それをいち早く察知し，新しい事業として取り込む体制を迅速に整えられるのであれば確かに脅威というよりむしろ機会として捉えることもできるだろう。たとえば従来のフューチャーフォンで高い市場シェアを確保していた企業にとってスマートフォンの出現はまさに「代替品の脅威」であったといえる。しかし，スマホの出現を機会として捉えスマートフォンに事業を迅速にシフトしていれば，後にガラパゴス携帯などと揶揄されるような事態は回避できたのかもしれない。同じように，SWに関しても，強みだった資源や能力が環境の変化で弱みに代わっていったり

(Leonard-Barton, 1992)，逆に業績の足かせになっていた余剰資源が機会と結び つくことで強みに変わったりすることもあるだろう。

　すなわち SWOT 分析にいくら理論的な基礎を装備させたとしてもそれを活 用する戦略策定者の独自能力が高くなければ変化を察知し業績の向上に結び付 くような戦略を構築することはできない。こうした新たな事業機会を察知して いくような能力の問題は組織能力，Teece ら（Teece, Pisano and Shuen, 1997）を 嚆矢とするダイナミックケイパビリティの一連の研究の蓄積が示唆をもたらす だろう。

　SWOT 分析を有益なツールにしていくには，今後も広範な経営戦略論や マーケティングにおける理論的，実証的な研究蓄積の中で何が SWOT の識別 に貢献するのか，幅広く考えていく必要があるだろう。それがより整理され， SWOT の分析をサポートすることで SWOT 分析が単なるフレームワークであ ることを乗り越えて，より実りあるものとなっていくといえる。

（伊藤　友章）

引用・参考文献

　Andrews, K. F. (1971), *The Concept of Corporate Strategy*, Irwin.

　Barney, J. (2010), *Gaining and Sustaining Competitive Advantage, Fourth-edition*, Pearson Education

　Boonyarat, P., R. M. Crowdera, and G. B. Willsa (2016), "Importance-Performance Analysis Based SWOT analysis," *International Journal of Information Management*, May, 22, pp.1-34

　Burns, A. C. (1986), "Generating Marketing strategy Priorities Based on Relative Competitive Position," *Journal of Consumer Marketing*, (3).

　Hill, T. and R. Westlook (1997), "SWOT analysis: It's Time for a Product Recall," *Long Range Planning*, Vol.30, Issue 1, February pp.46-52

　Kotler, P. and R. Singh, (1981), "Marketing Warfare in the1980s," *Journal of Business Strategy*, Vol.1, No.3, pp.30-41.

　Levitt, T. (1960), "Marketing Myopia," *Harvard Business Review*, No.38, No.4, pp.45-56.

　Mullins, J. W. and O. C. Walker, Jr. (2013), *Marketing Management: A Strategic Decision-Making Approach, 8th-edition*, McGraw-Hill,

　沼上幹（2008）『わかりやすいマーケティング戦略』有斐閣アルマ.

　Leonard-Barton, D. (1992), "Core Capabilities and Core Rigidities: A Paradox in

Managing New Product Development," *Strategic Management Journal*, Vol.13, Summer, pp.111-125.

Porter, M. E. (1980), *Competitive Strategy*, The Free Press, 土肥・服部・中辻訳『競争の戦略』ダイヤモンド社.

Teece, D. J., G, Pisano and A. Shuen (1997), "Dynamic Capabilities and Strategic Management." *Strategic Management Journal*, Vo.18. No.1 pp.509-533.

Walker-Jr, O. C., J. I. Gountas, F. T. Mavondo and J. W. Mullins (2013), *Marketing Strategy: Decision-Focused Approach*, McGraw-Hill.

マーケティング・アフォーダンスと顧客管理

1 環境分析・マーケティング調査と市場細分化の関係に関する疑問

　一般的に市場細分化（Market Segmentation）は，事業の定義（D. F Abell の事業の３次元定義）の段階，もしくはマーケティング戦略策定の出発点またはその前段階に実行され，それを基に標的市場を選定し，その市場のニーズおよびウォンツに適合するようにマーケティング戦略（マーケティング・ミックス）を構築または開発することになっている。

　D. F. Abell の事業の定義によると，事業は，「①事業の広がり，②会社の提供物のセグメント間での差別化，③競争各社の提供物の差別化」を基準として，①顧客層（顧客セグメント），②顧客機能（顧客に提供されるベネフィット），③テクノロジーの３つの次元の要素によって定義され[1]，これが事業活動の出発点となると一般的に理解されている。しかしながら，事業の出発点として，顧客セグメントや顧客に提供する機能（ベネフィット），必要とされるテクノロジーなどについて，企業家ないし事業の管理者は，そのような定義を行うのに十分な情報を持ち合わせているだろうか。

　また，マーケティング戦略の出発点としての市場細分化を考えてみても，事業の定義と同様，市場（顧客）を細分化し，標的市場を選定するのに十分な情報をマネジャーたちは最初から持ち合わせているだろうか。おそらく，十分には持ち合わせていない可能性が高いであろう。そうなると，これらの情報は市場調査（マーケティング調査）を通じて獲得されることになるだろうということは，ごく当然の知識ベースで理解できる。ところが，一般的なマーケティングの教科書とされる書籍では，この市場調査や，その手法を用いて問題を解明する，もしくはそのプロセスの一部と解される消費者行動研究については，事業の定義，あるいはマーケティング戦略策定よりも後の部分で説明・解説されているものが少なくない。つまり，市場細分化やそれを基に選定される標的市場または顧客ベネフィットは，マーケティング調査のプロセスの一部か，あるいはその手法を用いて行われる調査・分析の結果，知り得る情報であり，それら調査・研究はマーケティング・ミックス開発や事業の定義に先立って行われて

| 図表２－１－１ | 消費者市場のための主要なセグメンテーション変数 |

地理的セグメンテーション

地域	沿岸地帯，山岳地帯；北海道，東北地方，関東地方，中部地方，近畿地方，中国地方，四国地方，九州地方
市町村規模	4,999 人以下，5,000-19,999 人，20,000-49,999 人，50,000-99,999 人，100,000-499,999 人，500,000-999,999 人，1,000,000 人以上
人口密度	都市，地方都市，地方
気候風土	北部，南部，諸島；太平洋側，日本海側

人口統計的セグメンテーション

年齢	6 歳以下，6-11 歳，12-19 歳，20-34 歳，35-49 歳，50-64 歳，65 歳以上
世帯規模	1-2 人，3-4 人，5 人以上
家族ライフサイクル	若い独身者，若い既婚者・子供なし，若い既婚者・最年少児が 6 歳以下，若い既婚者・最年少児が 6 歳以上，壮年の既婚者・子供なし，壮年の既婚者・18 歳以下の子供なし，その他
性別	男性，女性
所得	200 万円未満，200-499 万円，500-799 万円，800-1,199 万円，1,200 万円以上
職業	専門職，技術職，事務職，販売職，管理者，役員，公務員，自営業，医者，聖職者，職人，農業，主婦，年金受給者，学生・生徒，家事手伝い，無職
教育	義務教育終了，高校卒，大学中退，短大卒，専門学校卒，大学卒，大学院修士（博士前期）修了，大学院博士（後期）課程修了または単位取得
宗教	仏教，イスラム教，カソリック，プロテスタント，ユダヤ教，ヒンドゥー教，その他
人種	アジア系，アフリカ系，ラテン系，白人系，その他
世代	昭和一桁世代，戦中派，団塊の世代，新人類など
国籍	日本人，韓国人，中国人，アメリカ人，フランス人，イギリス人，イタリア人，ロシア人，ブラジル人，その他
社会階級	低級 - 下，低級 - 上，労働者階級，中流階級，上流 - 下，上流 - 中，上流 - 上

心理的セグメンテーション

ライフスタイル	仕事中心，流行の先端にいるのが好き，家族と過ごすのが好き，家に 1 人でいるのが好き，健康志向，など
人格	穏健，強迫的，熱狂的，権威的，など

行動セグメンテーション

状況	例えば，花はお見舞いで使用されるのか，誕生祝や結婚式といったお祝いか，葬儀や墓参りといった儀式で使用されるのか，といったように，消費者が製品を消費する状況によって類別する
ベネフィット	例えば，練り歯磨きは，白さを求めているのか，シソーノーロー予防か，虫歯予防か，口臭予防か，といったように消費者の求めているベネフィットによって分類する
使用者状態	大量使用者，一般的使用者，非使用者，初回使用者，など
使用頻度	大口使用者，中位の使用者，低度の使用者，など；大口使用者は全体の 80％をカバーするとも言われている
ロイヤルティー状態	ブランドに対するロイヤルティーの程度によって消費者を分類する（信奉者＝高い忠実性，それほどでもない，関心がない，など）
購買準備段階	その製品・ブランドを購買する準備段階がどの程度かによって消費者を分類する（気付いていない，気付いている，情報を持っている，関心がある，購買の意思あり，など）
製品に対する態度	熱狂的，積極的，無関心，否定的，敵対的，などのように，製品に対する消費者の態度によって分類する

出所：首藤禎史（2006）「4 標的市場と価値提案」『経営学検定試験公式テキスト 6 マーケティング』中央経済社，80 ～ 81 頁（P. Kotler（1997）, *Marketing Management -International Edition; 9th Edition-*, Prentice Hall, p.257 を筆者が加筆修正）.

いなければならない作業ではないだろうか。

　例えば，図表2－1－1の例からすると，地理的セグメンテーション変数や人口統計的セグメンテーション変数は二次データであるため，事前に（戦略開発の前に）入手可能であるだろう（現代的には個人情報保護法によって，これもかなり入手困難である）。また，心理的セグメンテーション変数についても現代的にはVALSなどから購入可能なので，事前に入手することも可能かもしれない。しかしながら，行動セグメンテーション変数については，そのほとんどが製品もしくは事業開発に際しては，独自に収集しなければいけない情報またはデータである。そうだとすると，消費者行動の分析・理解，およびその基礎となる市場調査は，事業活動においていつ行われることになるのだろうか。比較的規模が大きい，あるいは長年にわたって事業活動を行ってきた企業であれば，常日頃から顧客や消費者のデータを収集し・分析している可能性はあるが，新規参入企業やスタート・アップ企業は，ビジネスを始めるにあたり，これらの情報を前もって外部機関から購入しておくことが必要とされるということになるのである。そのような時間や資金的に余裕のある起業家ばかりではないということは，常識的に考えて明らかである。

　このように考えたならば，「ビジネスを始めるにあたって，事業の定義，もしくは環境評価からはじめよう」としている，いわゆるマーケティングの教科書は誤っていることになる，ばかりでなく，「事業の定義」自体が“使えない”理論になってしまうことになる。

　この問題をうまく説明するために，私たち研究者やビジネス管理者は，これらの概念間の仕組みやプロセスをどのように整理するべきなのであろうか。無責任にこのままの状態にしておくのではなく，事業・製品戦略の指針となるように，しっかり議論を尽くさなければいけないだろう。

（首藤　禎史）

【注】

1 ）Abell, D. F. (1980), *DEFINING THE BUSINESS: The Starting Point of Strategic Planning*, PRENTICE HALL, pp.170-174.

2 消費者行動と市場細分化との関係に関する問題点

　市場細分化はSTPの3つの段階の1つを構成しているように，マーケティング戦略策定において重要な地位を占めている。あるマーケティングのテキストでは，市場細分化の定義は「企業のマーケティング活動に対する反応が互いに異なる2つ以上の下位グループに分類すること」[2]とある。ここで述べているのは，ある1つのマーケティング戦略を実行した時にある顧客グループはそれにポジティブに反応する一方で別の顧客グループにはまったく効かないといったことがあるということである。そして，このようなマーケティングに対する反応の違いが生じるのは，同じ顧客セグメント内では当該製品・サービスに関してある程度共通したニーズや購買行動の特性が見られ，異なる顧客セグメント間にはニーズの違いや購買行動の違いが見られるからであろうと考えられる。そのような違いをもたらしている要因として考えられるものが57頁の図表2－1－1で示されている一連の市場細分化の軸あるいは細分化変数ということになる。こうした顧客ニーズ等の違いをもたらしている要因を考えていくには顧客のより一層の理解が不可欠ということになる。とりわけBtoCの市場で市場細分化を実施していくには消費者行動の研究蓄積が重要になってくるのである。

　消費者行動研究の主要な目的の1つはどのような要因が消費者の購買行動に影響を与えているのかを明らかにしていくことにあると言える。消費者行動研究を通じてある特定の要因によって購買行動に明らかな違いがみられることが見いだせたのなら，それによって効果的なマーケティング戦略も異なってくるのであり，その要因は市場を細分化する際の軸として活用できる可能性のあるものといえる。マーケティングのテキストに記載されている市場細分化を実施する際の代表的な軸もしくは変数はかつて消費者行動論において行われた研究の裏付けがあるゆえに記載されているものが少なくない。たとえば，市場細分化の軸でまず紹介されるのは年齢，性別，職業，所得といった人口統計的な軸やライフスタイル特性などの心理的な軸が挙げられるが，これらは1960年代

より展開されたデモグラフィック要因と消費者行動要因との関連に関する研究，ライフスタイル要因に関する研究などがその背景にある[3]。現在のマーケティングのテキストで提示されている市場細分化の軸は，こうした消費者行動研究における実証的な成果が根拠になっているのである。

　しかしここで生じる問題が，こうした古くからの研究による成果が市場細分化の分類軸としてテキストの中に位置づけられ，説明される一方で，その後の消費者行動研究の成果がなぜ新たな細分化の軸としてテキストの図の中にはいってこないのかという点である。いうまでもなく，1960年代以降から今日に至るまで消費者行動研究は停滞していたわけではない。むしろ，消費者行動研究は，さらに発展してきており，研究の数もアプローチも多岐に及んでいる。そしてブランド・マネジメントや広告戦略などを中心にマーケティング戦略へのインプリケーションもより豊富になっているはずである，清水（2005）によれば，セグメンテーション研究以降の消費者行動研究の中で最も大きな動向として SOR モデルを基にした研究や情報処理モデルなどを位置付けることができる。しかし，情報処理モデルの研究での知見がセグメンテーションの軸をさらに豊かにした形跡は，Kotler らのマーケティングのテキストの市場細分化の章の記述[4]のなかでもみることができない。

　情報処理モデルに基づいた消費者行動研究は多様な展開がみられるが，購買行動の相違を説明する変数として消費者の関与や既存知識があげられる。これらによって消費者の情報処理プロセスあるいは意思決定プロセスに違いがみられることが示されてきた。関与の高さや知識によって情報処理や購買意思決定に違いがあるのであれば，効果的なマーケティング戦略，とりわけ消費者に商品情報を提供することになる広告の仕方やパッケージング，デザインは関与や知識度合によって異なってくる。これらについては概念的モデルとしては提唱され，広く浸透しているものもある。代表的なものは，Assael（1998）の購買行動類型[5]や米国の広告会社である FCB 社が開発した FCB グリッドなどがあげられる。前者では関与の高低という軸に意思決定と習慣という軸を加えて，購買行動を複雑な意思決定型（高関与・意思決定），ブランド・ロイヤルティ型（高関与・習慣），限定的な意思決定型（低関与・意思決定），惰性型（低関与・

習慣）4つの類型に分類し，それぞれ効果の階層が異なることを示している。たとえば高関与で複雑な意思決定型は信念，評価を形成したうえで購買行動に至るのに対して，低関与で限定的な意思決定型は信念を形成し，購買をしたのちに評価が形成される。後者のFCBグリッドは関与の高低という軸に，購買行動における思考が占める割合が高い製品（思考型）と感情が占める割合が高い製品（感情型）という軸を加えて，4つの製品タイプを分類し，それぞれの製品に典型的な購買行動プロセスが示され，それぞれの購買行動にあった広告戦略が提案されている。関与によって購買行動プロセスに顕著な違いがみられるのであれば，適切なマーケティングあるいは広告戦略は大きく異なるのであり，こうしたモデルで分類軸となっている要因は，セグメンテーションの重要な軸の1つとして挙げられても良いものと考えられる。

　こうした消費者行動の情報処理アプローチの研究は市場細分化だけでなく，ポジショニング，ブランド構築，広告やプロモーション，価格決定などマーケティングのさまざまな局面で何かしら示唆を与える可能性は十分にあるといえる。しかし，これらについてもまた市場細分化同様に最近まで十分とはいえる状況ではなかった。その理由として挙げられるのが，これら研究の多くが個人の行動に注目したもので集計レベルではないこと，そして情報処理モデルの多くが実験室での少人数の被験者を用いて仮説検証を行ってきた研究であるということである。たとえば購買意思決定プロセスの研究は古くは製品属性が記述されたカードを用いたコンジョイント分析[6]，消費者に言語報告をさせ意思決定プロセスを追跡しようとするプロトコル分析，眼球の動きに注目した分析などが挙げられる[7]。しかし，こうした研究から得られたさまざまな知見を実際のマーケティング現場においてデータで確認をしていくということがなされておらず[8]，そのために実際のマーケティング戦略構築においても有効なものである確証が得られていなかった。その結果，情報処理モデルはマーケティング戦略のさまざまな局面に対して有益な示唆をもたらす可能性はあっても，それが意思決定のヒントのレベルで留まってきたのであろう。

　しかし一方では，インターネットの普及とともにネットに蓄積された莫大なビッグデータの登場とそれを分析するデータサイエンスの進展が，こうした心

理学実験室内の研究アプローチと実際の購買データを基にしたアプローチとのギャップを埋め合わせることが期待されている。収集できるデータが行動だけでなく，行動（購買）に至るまでの意思決定プロセス，すなわち情報処理モデルが注目してきたところにまで正確に把握できるような環境が広く整うのであれば，消費者行動研究の知見は，市場細分化をはじめとするマーケティング戦略の重要な意思決定局面においてより有益なものとなっていくであろう。

（伊藤 友章）

【注】

2）　徳永豊・井上崇通・森博隆編著（1989）『マーケティング管理と診断』同友館，74頁.

3）　清水聰（1999）『新しい消費者行動』千倉書房.

4）　Kotler, P., K. L. Keller and A. Chernev (2022), *Marketing Management., 16th-edition.* Pearson，恩蔵直人監訳『コトラー＆ケラー＆チェルネフ　マーケティング・マネジメント』丸善出版，221 ～ 225 頁.

5）　Assael, H. (1998), *Consumer Behavior and Market Action, 6th-edition,* p.149.

6）　現在は PC 画面に属性の組み合わせをいくつも提示して消費者に選択させる方法が主流と言ってよいだろう。

7）　阿部周造（1984）「消費者情報処理理論」中西正雄編著『消費者行動分析のニューフロンティア』誠文堂新光社.

8）　清水，前掲書，の第 1 章を参照のこと。

3　顧客概念と消費者概念の整理

　マーケティングの思考的基盤を表すものに，「顧客志向」あるいは「消費者志向」というものが存在する。これらはいずれも，マーケティング行為の担い手となる主体（売り手）が有すべき，客体（買い手）に向かう姿勢を表すものであり，具体的には，マーケティングにおいて最も重要な，「買い手の立場に立って物事を思考すること」を貫徹させることの重要性を説くものといえる[9]。このように「顧客」や「消費者」とは，「買い手」という意味で使用したとしても，文脈上あるいは意味認識上，不都合なく理解することができる一方，他方で，そもそも用語として「顧客（customer）」と「消費者（consumer）」という両者が存在するということからすれば，元来意味認識上に相違があるものとして捉える方が自然なのでは，という思いが頭をもたげるのも確かである。

　マーケティングにおいて，学術的にも実務的にも「顧客」と「消費者」ほど，意味概念上混同して使用される用語はない，と言えるのかもしれない。たとえばそれは，STP戦略として一般に知られるターゲット設定に用いるセグメントのことを「消費者セグメント」と称する場合もあれば，「顧客セグメント」と称する場合もあるくらいである。同様のことは，「顧客価値」と「消費者価値」の関係をはじめ，「顧客サービス」と「消費者サービス」，「顧客接点」と「消費者接点」，さらには「顧客満足」と「消費者満足」等々の関係においても認めることができるであろう。

　ところが，そのような用語使用が見られる一方で，「顧客生涯価値」，「顧客管理」，「顧客経験」，「顧客ロイヤリティ」，「カスタマー・ジャーニー」等についてはどうであろうか。これらは「顧客／カスタマー〜〜」とは言うものの，それらで使用される「顧客」を「消費者」に代替させるものは皆無である。それゆえに，これら「顧客」と「消費者」という概念について，同一概念のように捉える向きがある一方で，他方ではそうは済まされない向きが見られることを，確認することができるのである。そこで，まずは「消費者」という概念が意味する内容について，理解していくことにしたい。

　そもそも「消費者」[10]とは，「生産」に対する対概念として登場する「消費」
に由来する言葉である。すなわち，「消費は生産の結末であり目的である」（バー
テルズ p.22）というフレーズの通り，生産行為を行う人物や事業者が生み出し
た財に対する需要と供給とがマッチングした結果として，当該財を実際に使用
することを「消費」と言うのであり，そしてその「消費」行為を行う人格のこ
とを「消費者」と言うのである。もちろん，そのような生産行為と消費行為と
はその関係において，自給自足のように行為的人格が一致するような場合も見
られるが，今日の多くの財においては，人格の不一致（人格的懸隔）が見られ
るのが一般的である[11]。したがって，財を消費するという行為を成し遂げる
に当たっては，購買という売買行為を経て所有権を手にすることで初めて，消
費行為をすることが可能になるのである[12]。

　消費行為とは何かということについては，従来より，経済学の領域で検討さ
れてきた。たとえばマルサス（T. R. Malthus）は，消費を「富のある部分の全
面的破壊または部分的破壊」（マルサス 1977 p.185）であると捉えたことをはじ
め，「モノを使用し，使い尽くす過程そのものである」と考えられてきた経緯
がある（大友・河内 2020）。より具体的には，消費行為とは，「劣化，減耗・摩
耗，破壊，消滅」といった行為を行うことで特定財を"使い尽くす（use up）"
ことを意味するのである（大友・河内 2020 p.118, 137, 138）。したがって，「消費者」
とは，生産者の対極に位置する存在として，生産者によって生み出された財を，
実際に使用したり活用したりすることを通じて"使い尽くす"行為を遂行する
人物を示すことになる。もちろんこの「消費」および「消費者」の捉え方は，
有形財としての製品が念頭に置かれていることは言うまでもない。

　そこで今度は，「顧客」という概念について考えてみることにしたい。「顧客」
とは，そもそも売買取引行為において登場する「買い手」として認識される概
念である。マーケティングにおいて，生産者に対置する消費者ではなく，「買
い手」である「顧客」に焦点が当てられるようになったのは，およそ 1980 年
代であるとされる。AMA（American Marketing Association）の定義においても，
1985 年の改訂で「個人と組織」に焦点を当てることで，マーケティング活動
の対象として，「買い手」もしくは「取引相手」として「顧客」を認識するよ

| 図表２－３－１ | AMA 定義の変遷 |

> 1948 年および 1960 年 AMA による定義

Marketing is the performance of business activities that direct the flow of goods and services from producer to consumer or user.

［訳］マーケティングとは，生産者から消費者または使用者に向けて製品及びサービスの流れを方向づけるビジネス活動の遂行である。

> 1985 年 AMA による定義

Marketing is the process of planning and executing the conception, pricing, promotion, and distribution of idea, goods, and services to create exchanges that satisfy individual and organizational objectives.

［訳］マーケティングとは，個人や組織の目的を満たす交換を創造するために，アイディア，製品，サービスに対するコンセプト化，価格設定，プロモーション，流通を計画し，実行することに関するプロセスである。

出所：筆者作成。

うになった。

　図表２－３－１の定義を見るとわかるように，1985 年に改訂される以前の1948 年および 1960 年の定義においては，流通において末端に位置付けられる存在として「消費者や使用者（consumer or user）」が認識されていたと言える。それは，「製品及びサービスの流れ」と明記されていることからもわかるように，流通フローの終着点，すなわち，生産者が生み出した財（製品やサービス）を受け取る側の存在として「消費者（や使用者）」が据えられていた，ということである。ところが，1985 年の定義においては，"流通チャネルのフロー上に登場する消費者や使用者"という意味が消滅し，その代わりに，マーケティング活動が成すべきこととして，「『個人と組織が有する目的を満たす交換』をすること」が明記されるようになったのである。したがって，この定義からは，直接的にも間接的にも，マーケティングが対象とすべき相手として"誰を設定し・誰のために・何をするのか"ということについて，意味表現するように変化したことが読み取れるのである。

　このような「買い手」としての「顧客」（個人と組織）への注目については，2 つの観点から考えることができる。1 つめの観点は，時代背景である。1970年代後半もしくは 1980 年代以降の時代は，いわゆる「消費社会」の到来の時

期である。AMA の定義が改定された 1980 年代中盤は，マス・マーケットを相手に，大量生産された製品を大量流通させて大量販売するという時代が終焉を迎えている時期に符合する。この時期は，経営における重点課題として取り上げられるような「生産志向」の時代が終わり，需要量に対する供給量が追いついたことで到来する「販売管理志向」の時代，あるいは部分的には「マーケティング志向」の時代へと移行する過渡期に該当する，と読み解くことができる。

　そこで，「販売管理志向」の時代に合わせて登場するのが，2 つめの観点となる「顧客管理」重視という点である。刀根 (1984) は，まさに AMA の定義が改定された 1985 年前後に，今や時代的にも買い替え需要，買い増し購買，関連購買が中心となっているのであるから，そのような購買需要に応じられる顧客フォロー機能を，サービスの中核として備えなければならないと主張し，「アフターセールス」活動の重要性を強調していた。この 1980 年代中盤以降の時代が「顧客管理」を強調し始める萌芽であったことは，その後 1990 年代に入り，「One to One マーケティング」，「顧客満足マーケティング」，「関係性マーケティング」などが体系化し，急速に普及していったことでも確認することができるであろう。

　よく考えてみると，ここで明示される "One to One" や "関係性重視" のような考え方は，画一的に消費者や使用者の姿を捉えるのではなく，元々個別の人格として存在している "買い手一人一人 (顧客・個客)" に目を向ける，という性格を有したものである。つまり，この発想そのものは，取引相手の明示化が可能であった，産業財取引や組織間取引を念頭に置く「インダストリアル・マーケティング」や「ビジネス・マーケティング」を由来とする発想であったことが理解できるのである。それではなぜ，このような元来組織間取引が有していた発想がマーケティング全般にまで浸透するようになったのか，ということについて考えてみると，それは，1970 年代に起こった「マーケティング概念の拡張」に関する論争が影響していると考えることができそうである。

　Kotler and Levy による「マーケティング概念の拡張」が発表されたのは 1969 年であるが，首藤 (2010) によると，1960 年代末から 1970 年代にかけて

の時期は,「マーケティング概念の拡張,すなわち個人および非営利組織にまでマーケティングの顧客志向のコンセプトを適用しようとする思考の流れ,もしくはマーケティングまたは企業の社会的責任の問題が,マーケティング研究において取り扱われ,広く,そして深く議論され始め」(p.245)た時期に当たるという。上沼(2014)は,「研究の現場では70年代の中頃までには非営利組織や公共部門の活動をマーケティング領域に含むのは通常のこととなっていた」(p.73)と記している。AMAの1985年定義においても,当然これらの動向が強調される形で反映され,個人(最終消費者)のみならず"組織"もクローズアップして定義の射程範囲に含めるからこそ,製品やサービスのみならず「アイディア」についても,定義文として正面から取り上げることとなったのである。

したがって,1970年代後半から1980年代にかけての時代は,マーケティングが抱え込む守備範囲として,組織も対象として当然含めるべきだという考え方が一般的となり,個人(最終消費者)のみを対象としていた旧来の考え方では,マーケティング対象としての狭隘を招くことになっていった時代だった,と言えるのである。そして,そのようなマーケティング対象範囲の拡張に伴い,組織顧客に向き合う際に必要とされてきた個別顧客(個客)に焦点を当てるという見方が,むしろ今度は,マーケティング全般へと浸透するかのように普及・一般化していくこととなったのである。まさにこのことは,当時という時代の産物とはいえ,マーケティングに対する概念的・実務的認識として,個人顧客(最終消費者)と組織顧客との境界融合を引き起こすターニングポイントとなった,と言って差し支えないであろう。

上述してきたような経緯や内容に基づくと,「消費者」と「顧客」とは,そもそも混同して用語使用すべきではないものとして,区別することが可能な概念であることが理解できるであろう。まとめると次のようになる。すなわち,消費者とは,(1)具体的な使用・消費行為に携わる人物を指し,(2)流通チャネルに登場する生産者と対極に位置する人物を指している,という特徴を有する概念である。これらから派生して,(3)消費行為を遂行することになる"不特定多数"の人々を総称した抽象的な用語として使用されることもある。それ

に対して顧客とは，(1) 消費行為に至る以前に発生する"購買行為"に携わる当事者（買い手・取引相手）を指しており，(2) それには個人のみならず組織も対象に含まれるということ，そして，(3) 個別に存在する買い手一人一人（顧客・個客）を識別する志向を持つ，という特徴を有するのである。さらに，「顧客管理」や「既存顧客」という表現に含意されるように，(4) すでに取引実績のある継続的な取引相手，すなわち一般的に"お客様"や"お得意様"として想起される意味も有することになるのである。したがって，顧客と消費者との関係を見てみると，「顧客」あるいは「顧客になる」ということは，購買以後に発生する消費行為への前提条件となるのであり，顧客は消費者であるための十分条件の関係にある，と明示することが可能となるのである。

（河内 俊樹）

【注】

9) ここでの「マーケティング行為の担い手となる主体」について，基本的には製造業者を想定した記述をしているが，マーケティングが有する「顧客志向」や「消費者志向」については，商業者においても適応することが可能である。徳永 (1966) では，経営理念としての顧客志向を捉えて，「顧客志向の理念は，経営規模の大小を問わず，またそれがメーカーであろうと，卸売業者・小売業者であろうと，等しく適用されるものである」(10頁)，と述べている。

10) ちなみに林 (1999) では，「『消費者基本法』などを見ても，消費者についての法律上の規定は見られない」(316頁) ということが述べられている。

11) なお，ここで取り上げている生産行為と消費行為との間で発生する人格的懸隔について，大友 (2020) では，社会的労働に従事しているという観点から，たとえ消費者であったとしても，生産行為と消費行為とを行う存在である，という側面について言及している。

12) 今日では「シェアリング・エコノミー」や「サブスクリプション・サービス」など，所有権の移転を伴わない形で財を使用することが可能になっているケースもある。しかし，ここでは，論旨を明瞭にするために，そのような現実的実態については，一旦脇に置いておくことにしたい。

引用・参考文献

大友純 (2020)「マーケティングの本質を理解しましょう」大友純・河内俊樹『ビジネスのためのマーケティング戦略論—企業の永続化を目指す実践的考え方—』同文舘出版，pp.3-17.

大友純・河内俊樹（2020）「製品コンセプトの創出に不可欠な願望探索の重要性─欲望喚起装置としてのマーケティング─」大友純・河内俊樹『ビジネスのためのマーケティング戦略論─企業の永続化を目指す実践的考え方─』同文舘出版，pp.107-138.

上沼克徳（2014）「マーケティング定義の変遷が意味するところ」『商経論叢』第49巻第2・3合併号，神奈川大学経済学会，pp.63-84.

首藤禎史（2010）『批判的マーケティング論』（大東文化大学研究叢書28），大東文化大学経営研究所.

徳永豊（1966）『マーケティング戦略論』同文舘出版.

徳永豊（1985）「マーケティングの本質と範囲」徳永豊（編）『現代マーケティング─マーケティングの構図─』東京教学社，pp.1-23.

刀根武晴（1984）「アフターセールス戦略の課題と方向」『明大商学論叢』第66巻第5・6・7号（三上富三郎博士古希記念号），明治大学商学研究所，pp.77-94.

林周二（1999）『現代の商学』有斐閣.

ロバート・バーテルズ著，山中豊国訳『マーケティング学説の発展』ミネルヴァ書房.

Kotler, P. and S. J. Levy（1969）, "Broadening the Concept of Marketing," *Journal of Marketing*, Vol.33, No.1, pp.10-15.

Malthus, T. R.（1827）, *Definitions in Political Economy: Preceded by an Inquiry Into the Rules which Ought to Guide Political Economists in the Definition and Use of Their Terms, with Remarks on the Deviation from These Rules in Their Writings*, John Murray Albemarle-Street.：トマス・マルサス著，玉野井芳郎訳（1977）『経済学における諸定義』（岩波文庫），岩波書店.

4 リレーションシップ・マーケティングに関する再考察

　現代のマーケティングの研究もしくは理論枠組および概念枠組は，非常に広範囲にわたっており，その内容もさまざまな視角ないしはアプローチを採用し，多方面に及ぶ。それにもかかわらず，リレーションシップ・マーケティングという研究視角が1990年代に出現してきたのは，それが過去の研究において分析・処理しきれなかった問題であるか，あるいはアプローチの違いから，他のアプローチによる研究もしくは分析をその対象に入れていなかったかである。

　ここでは，改めてリレーションシップ・マーケティングの特徴と従来（1980年代後半以前）のマーケティングとの相違点，すなわち，リレーションシップ・マーケティングが新しい分析視角であるとされる点とその特徴とされる点について再度検討してみることにしよう。

(1) リレーションシップ・マーケティングと取引マーケティングの相違点

　まず最初の問題として「取引マーケティングでは支配的な機能は伝統的マーケティング・ミックスで，リレーションシップ・マーケティングでは相互作用的マーケティングである」という点がリレーションシップ・マーケティングがわが国に紹介された1990年代当時に提起されている[13]。この点に関しては，2つの疑問および問題点が浮かび上がって来る。1つは，リレーションシップ・マーケティングと"取引マーケティング"という呼び方である。リレーションシップ・マーケティングが相互作用的マーケティングであるとするならば，それが，1980年代の終末もしくは1990年代の初頭に台頭してきた概念である以上，それ以前のマーケティング概念またはマーケティング研究には，相互作用的マーケティングというものは，存在しないことになるか，あるいはまた，取り上げられていたとしても，注目に値しないものであったことになる。しかしながら，マーケティングに相互作用的分析視角が現れるのは，1950年代であり，以来それは，W. Alderson により緻密に研究され[14]，機能主義的研究のみ

ならず，組織ダイナミクスやシステム理論によるマーケティング・チャネルまたはマクロ・マーケティング研究へと継続・発展してきており，加えて，そのような内容は，A. W. Shaw により，実にマーケティングの生成期においてすでに取り上げられているのである[15]。

　また，機能的分析レベルにおいても，C. Grönroos のリレーションシップ・マーケティングの論理枠組における伝統的マーケティング・ミックスとは，E. J. MacCarthy の 4Ps のことを指すことになるが，マーケティング・ミックスという概念は，「マーケティングの構成要素の最適統合」であると 1948 年に J. Culliton が定義したように[16]，かならずしも E. J. MacCarthy の 4Ps というわけではなく，マーケティング現象もしくはマーケティング活動を処理・分析する視角によって，要素の抽出の仕方や分類もしくは認識の仕方も異なるのである。E. J. MacCarthy も *Basic Marketing* において述べているように，4Ps 自体に相互作用的アプローチが，組み込まれているのである[17]。すなわち，チャネルの選定および管理にしても，価格の設定にしても，さらには販売に関係するプロモーション活動にしても相互関係の問題を処理することなしに，戦略を構築したり，実行したりすることはできないのである。

　加えて，"取引" という概念それ自体が高度に相互依存的な関係から成り立つ行為であることは，過去の数多くの研究者の研究成果によっても，明らかである[18]。

　そして次に挙げられる「競争優位の最も重要な要素である品質の次元に関しては，取引マーケティングでは，成果に関連する技術的品質が支配的であり，リレーションシップ・マーケティングでは，過程に関連する機能的品質が支配的である」という相違点に関してであるが，基本的に言って "成果に関連する技術的品質" "過程に関連する機能的品質" という用語（言い回し）自体が不明確であると言わざるを得ない。すなわち，マーケティング活動およびその研究においては，コストをより低く，かつ円滑に製品が供給される方向を求める。その結果として，長期的契約関係を結ぶこと（取引を常規化すること）は，不確実性を減少させ，財の流れをより整序されたものにし，取引コストを減少させることになるのである。マーケティングにおいては "取引の常規化" は，必然

的結果なのである¹⁹⁾。したがって，取引が継続的である場合，どこからどこまでが，"過程"であり，どこの時点で"成果"とするのかは，研究者の分析の違いや企業の操業もしくは営業期間の設定の仕方によっても異なってくるし，そうかと言って，勝手に期間を指定することもできないゆえに，非常に不明確な議論になってしまっているのである。さらには，"技術的品質（technical quality）"と"機能的品質（functional quality）"についてはその内容だけでなく，言葉の意味が不明確であることも挙げられる。"技術的品質"が，製品に関する技術的な付加価値の問題であることは，理解し得るが，製品に関する技術的付加価値が変化すれば，製品の機能もそれなりに変化しているはずである。何をして機能的な変化であるのかが明確には示されていないのである²⁰⁾。

　次に価格に対する感度についてだが，やはり先の C. Grönroos の見解によると，「取引マーケティングにおいては，顧客は価格に対して非常に敏感であるが，リレーションシップ・マーケティングでは，顧客はあまり価格に敏感でない」とされている。既述の通り，現代のようにテクノロジーが進化し，マーケティングの戦略あるいは戦術に関しても非常に多くの努力が支払われている状況において，価格に敏感でない市場というのは，製品もしくはサービスが極端に高度に差別化されているか，あるいはまた，極端に特異な市場でないかぎり存在しにくいのではないか。すなわち，ある程度差別化された製品もしくはサービスで，最初は市場で独占的地位を築くようなものでも，現代のように高度にテクノロジーやマーケティング技術が発達している状況では，すぐに類似した，あるいはほとんど同一の機能を提供するような，きわめて競争的な製品もしくはサービスが市場に出現する。その段階で，消費者は，それらの製品もしくはサービスを比較購買することになるわけであるから，価格に関しては，それなりに敏感になることとなるのである。したがって，顧客との親密で良好な関係が築ければ，価格が少々高くても，顧客はその製品を選択するという論理の展開は，現代ではほとんど通用しなく，価格や顧客サービスは，製品パッケージに組み込まれたベネフィットとして捉え，それらを考慮に入れた，トータルな意味でのマーケティング戦略もしくは戦術の開発の方向が主流であると考えられる。

　そして，これもやはり先の C. Grönroos によって提示されている「取引マーケティングでは，インターフェイスが制限されているか，存在しない状況で，リレーションシップ・マーケティングでは，それが実質的である」という主張に関してであるが，これもまた，意味不明であると言わざるを得ない。C. Grönroos のコンテクストからすると，ここで述べている“インターフェイス”は，マーケティング機能と企業組織における他の機能との調整もしくは統合を指すことであるようだが[21]，組織における機能間のコンフリクトの研究は，さまざまな研究者によって研究されている分野であり，有益な指針が与えられている[22]。それらによると，企業組織における機能間のコンフリクトは，つねに存在するものであり，それらを調整・統合するのが管理者の役割であるとされている[23]。逆の意味で言えば，機能間のコンフリクトがなく，組織における各機能が一貫した形で動いている組織は，非常にワンマンな社長もしくは管理者の管理する組織であるか，かなり小規模でそれら機能が同一の人物によって遂行されているような組織か，あるいはまた，何事にも問題意識を持たない従業員が日々のルーティン・ワークをただ単純にこなしている組織であるといった危険性が高いのではないであろうか。

　また，C. Grönroos は，いわゆるパッケージ製品（consumer packaged goods）のマーケターが，他の機能あるいは消費の現場（the moments of truth）に無頓着であることを指摘しているが[24]，比較的規模の大きな企業の経営者あるいは上級管理者が消費の現場に無頓着であることはよく指摘されており，その解決策もしくは改善の指針を議論・導出することが経営もしくはマーケティング研究の原点の１つである。しかしながら，マーケティングにおいて“マーケター”と言った場合，それは，経営者なのか，それともどのレベルの管理者を指すのかが示されていないことが多い。販売・営業業務における業務執行管理者であれば，消費の現場に関しては非常に多くの知識や経験が必要であり，それについても熟知しているはずである。しかしながら，彼らは，他の部門との調整という問題に関しては決定権を持っていない場合も多い。他方，上級管理者になると，消費の現場にはかなり位置的にも遠いところにいるが，他の部門との調整をするのが彼らの主要な役割となる。そのような視点からマーケター

を定義した場合，マーケターの機能は複数の管理者にまたがることになる。したがって，マーケターはどのような機能を遂行する立場にある存在であるのかが不明確であると，マーケティングの戦略・戦術の実行のレベルもしくは業務の遂行の権限が不明確になり，同一の論理では説明できなくなってしまうのである。

(2) リレーションシップ・マーケティングの特徴の再考

　リレーションシップ・マーケティングの特徴あるいは実施上の前提条件として挙げられているのが「①平らで分権的な組織と②インターナル・マーケティングの実施」であるとされ，この両者ともが「サービス企業が顧客との取引関係を一回かぎりとするのではなく，最初の取引の後も顧客との良好で継続的な取引関係を維持・発展させて行く」ために必要な基軸をなすものであるとされている。

　それでは，平らで分権的な組織とはどのような組織であろうか。それは，J. Arndt の言うような「事業部制組織のように分権的で，いざというときに，切り離すことが可能で，かつ垂直的統合のように組織間関係が緊密でコスト・パフォーマンスが可能な組織[25]」なのか，それとも，今井氏と金子氏が主張するような，「市場と組織という概念を超越した（アメーバ的な？）ネットワーク多様体[26]」なのか。いずれにしても達成困難な組織形態であることには変わりはない。

　事業組織もしくは経営組織の組織構造あるいは組織管理の研究は，主に経営学の研究領域であることは，言うまでもないことであり，マーケティングの研究者が，少なからずその分野に関しては疎いことも，ことさら述べるまでもないことである。事業組織の組織形態は，官僚制組織，職能制組織，事業部制組織，マトリックス組織などが代表的であるが，事業組織が生産性の向上や外部環境への適応を目指して採り得る形態はさまざまである。これら官僚制組織，職能制組織，事業部制組織，マトリックス組織もそれぞれ，長所も短所も持ち合わせてはいるが，いずれにしろ，生産性の向上あるいは外部環境への適応を目的として考え出された組織形態であると言うことができよう。これら組織に

代表される諸形態は，人間の集団である組織の拡大・成長の過程において，各個人が十分に能力を発揮できるように，人と職能の配置を考えた結果である。比較的少人数の組織であれば，それぞれが，その組織の成長・存続に関わるすべての作業を別々に行っていても，それほど不効率であるとは感じないが，組織が拡大・成長するにつれて，そのような行動を個々が採っていたのでは不効率が生じる。この時点で，「分業」「協働」といった概念が生まれてくる。このように，組織が成長・拡大していく上で，「分業」「協働」という概念を基にして，取り入れられたのが「部門化」「階層性」「調整」といった組織構造の基本的概念であり，このような基本概念を基に組織構造が必要となるのは手段的理由と経済的理由によるものである[27]。すなわち，これら組織構造は，手段的・経済的理由により，「部門化」あるいは「階層性」を必要としているわけであり，それらは組織の発展過程において必然であると言える。無論，R. K. Merton や P. Selznick，A. W. Gouldner らの「官僚制組織批判」や[28] R. Rumelt の多角化研究などが示すように，それぞれの組織形態が，すべての面で，手段的・経済的要件を満たすものではない。このような手段的・経済的要件によって形成された，すなわち，合理性の規範の下にある組織が，不確実性の問題に対処するために必要なのが，「自由裁量」である[29]。

　しかしながら，J. D. Thompson が「十分に組織化された組織は，合理性の規範の下で，多くの不整合を是正している。個人が少ない自由裁量で仕事を処理する能力を示した後で，より大きな自由裁量を必要とする職務が付与されるといったように，通常，裁量的職務は，キャリア・パターンにしたがって順番に配列されるものである[30]」と述べているように，組織における個人の自由裁量は，そのキャリア・パターンに従うもので，第一線の従業員が多くの自由裁量を持ち合わせるといったことは，通常，組織の性質上あまりないことであり，組織の下位階層にある第一線の従業員が多くの自由裁量を持ち合わせるということは，その組織の命令系統や権限関係がバラバラになり，コミュニケーションが取れないといった不効率を招く原因にもなり得るのである。

　以上のように，組織に「部門」が存在し，「階層性」が必要であることも基本的な要件であることに加えて，第一線の従業員が多くの「自由裁量」を持ち

合わせるということは，組織の性質上できにくく，組織の合理性の規範を崩すことにもなりかねないのである。したがって，先のリレーションシップ・マーケティングの実施上の前提条件の１つとされる「平らで分権的で，第一線の従業員に多くの自由裁量の余地がある組織」というものは，現実としてできにくく，ともすれば，事業組織がシステマティックな組織体として成り立たなくなってしまう危険性を孕んでいるのである。無論，「市場と組織を超越した（アメーバのような？）ネットワーク多様体」なるものができれば話は別であるが。

　もう１つのインターナル・マーケティングの実施についてであるが，インターナル・マーケティングは基本的に，「顧客を満足させるためには，社内の顧客である自社の第一線の社員を満足させる」ということであり，その方法として①社員に対して十分な教育・訓練を行うこと，②社員との相互作用的コミュニケーションをはかること，③社員に自社の経営戦略やマーケティング戦略を理解させ，情報支援を十分に行うことが挙げられている。しかしながら，社員教育や組織成員に対するインセンティブ・システム，社員間の相互作用に関しては，経営学，そのなかでもとりわけ，労務管理や経営組織論，経営社会学といった研究分野において詳細に，かつ綿密に研究されており，マーケティングにおいても，人的販売の研究において，かなり深遠で，高度な研究が成されている。また，そのような問題に関する研究には，「組織文化」あるいは「企業文化」の研究があり，企業組織内部のみでなく，企業組織内外での企業のイメージの高揚もしくは自社の社員および顧客との良好なコミュニケーションの達成を目的とする方向性が研究されている。加えて，実際の実務社会においても，自社の社員に自社の使命や自社の経営戦略を浸透させ，まずはじめに，「自社の経営理念や自社製品のファンになってもらう」というのは企業の新入社員教育はもとよりリクルートの現場において旧くから，そして"当たり前に"行われていることである。

　このように，リレーションシップ・マーケティングで取り上げられている企業組織および企業戦略行動に関する問題については，マーケティングや経営学の過去の各研究分野ですでに深く，そして十分に研究されており，特別に新しい研究視角ではないことがわかる。しかしながら，経済諸現象を眺めて見ても

わかるように，マーケティング現象や企業行動は，一連の行動の相互関係から成り立っているのであり，現在のように，企業の戦略行動やそれに伴う組織構造あるいはマーケティング行動を細分化して研究することが，本当の問題解決になるのであろうかという疑問も浮かび上がって来る。実際のマーケティング活動は，ただ単に，マーケティングや営業部門だけで遂行されることはまずなく，消費者・顧客・パブリックスさらには競争相手，そして企業のその他の部門や企業のさまざまな階層を巻き込んだ形で成り立っているのである。また，リレーションシップ・マーケティングで論じられているように，第一線の営業社員が，企業のマーケティング戦略に沿った活動をしていて，特定の顧客に求められたサービスが提供できず，顧客の不満がその部門の管理者のところへ直接届けられ，管理者はその顧客の要求を即座に受け入れてしまった結果，その営業社員は，担当市場での信頼を失ってしまうこととなり，その後の活動に支障を来してしまったなどということは営業活動の現場では少なからず出会う問題である。その場合，問題解決において重要なことは，その第一線の社員にどの程度自由裁量を認めるか，あるいは第一線の営業社員と管理者とのコミュニケーションの離齬をどのようにして解決するかといったことである。そのような意味から，製品もしくはサービスの生産から販売そして消費に関する問題を一連の流れとしてトータルな視点で研究・分析することが必要となるだろう。

　しかしながら，このようなトータルな視点でマーケティング活動を分析・マネジメントするには，これまでのような4Ps中心に専門分化した研究枠組でなく，現実のマーケティング活動に沿って，捉えることが非常に重要であり，現代のようにテクノロジーの進化によって，情報処理のモードも速度も変化し，産業や社会自体もボーダレスな状況にあっては，とりわけそのような視角から事業活動を理解・研究することが求められるだろう。

（首藤 禎史）

【注】

13) 高橋秀雄 (1993)「リレーションシップ・マーケティングについての検討：その内容と問題点」『中京商学論集』第 39 巻第 2 号，77 ～ 100 頁.

14) Alderson, W. (1957), *MARKETING BEHAVIOR AND EXEUTIVE ACTION*, Irwin

Inc. 石原武政・風呂勉・光澤滋朗・田村正紀訳（1984）『マーケティング行動と経営者行為』千倉書房，Alderson, W. (1965), *DYNAMIC MARKETING BEHAVIOR*, Irwin Inc. 池尾恭一・小島健司・堀田一善・田村正紀訳（1984）『動態的マーケティング行動』千倉書房.

15) Shaw, A. W. (1912), "Some Problems in Market Distribution" *Quarterly Journal of Economics*, August.

16) Borden, N. H. (1964), "The Concept of Marketing Mix" *Journal of Advertising Research* (June, 1964), pp.2-7.

17) MacCarthy, E. J. (1975), *Basic Marketing: A Managerial Approach 5th-ed*, Irwin Inc. 粟屋義純 監訳『ベーシック・マーケティング』東京教学社，3 ～ 37, 131 ～ 148, 200 ～ 238 頁.

18) W. Alderson, L. W. Stern & El- Ansary や M. Etger, S. D. Hunt らの研究は言うまでもないが，わが国においても荒川祐吉氏の『商学原理』（中央経済社，1983 年）や石井淳蔵氏の『流通におけるパワーと対立』（千倉書房，1983 年）に代表されるように，"取引（transaction）"に関する相互作用的アプローチは大変多く，むしろチャネル研究の主流である。

19) Alderson, W., 石原・風呂・光澤・田村 訳，前掲書，151-153 頁.

20) Grönroos, C., *op. cit.*, pp.147-148.

21) *Ibid.*, p.148.

22) 例えば, Shapiro, B. P. (1977), "Can Marketing and Manufacturing Coexist?" *Harvard Business Review*, Sept.- Oct., 1977, pp.104-114.

23) *Ibid.*, p.113-114.

24) Grönroos, C. (1990), *Service Management and Marketing the Moment of the Truth in Service Competition*, Lexington Books, p.148.

25) Arndt, J. (1979), "Toward a Concept of Domesticated Markets" *Journal of Marketing*, No.43 (Fall), 1979, pp.69-75.

26) 今井賢一・金子郁容（1998）『ネットワーク組織論』岩波書店.

27) Thompson, J. D. (1967), *ORGANIZATION IN ACTION*, McGraw-Hill. 高宮晋監訳（1987）『オーガニゼーション・イン・アクション』同文舘出版，66 ～ 68 頁.

28) March, J. G., Simon, H. S. (1958), *ORGANIZATIONS*, John- Wiley & Sons, pp.55-66. 土屋守章訳（1977）『オーガニゼーションズ』ダイヤモンド社，58 ～ 73 頁.

29) Rumelt, R. (1974), *Strategy, Structure and Economic Performance*, Boston Division of Research, Harvard Business School. 鳥羽・山田・川辺・熊沢訳（1977）『多角化戦略と経済成果』東洋経済新報社.

30) Thompson, J. D., 高宮晋監訳，前掲書，49 頁.

5 テクノロジーの進化による現代市場の見直し

　急速に進化するテクノロジーにより，市場の変化もまた，急速かつ大きくなっている。たとえば，生産工程では，製造技術や生産用ロボットの進化・活用により，範囲の経済性の拡大や経験曲線効果との組み合わせによって生産現場も大きく変貌している。工場の1つの生産プラットフォームで複数の製品がかつてないほどの短時間で生産できるようになっている一方で，別の生産現場では分業的プラットフォームではない，セル型生産方式を採用して高い生産効率や高い歩留まり率を達成している。流通セクションにおいても，ITの進化を背景にPOSやEOSがさらなる進化を遂げ，omniチャネルやSNSを活用した新しい販売・物流網が出現してきているのである。生産工程が異なれば，製品が異なるのは当然であり，製品が異なれば，チャネルや販売方法も異なってくることは当然である。これらのカテゴリーや工程が異なれば，もちろん市場も変化・進化，または拡大するのも必然である。

　それにもかかわらず，伝統的な（これまで使用されてきた）マーケティングのテキストの製品開発の手順やプロセスの記述，および市場対応に関する記述に進化がないのはどうしてなのか。もちろん，科学として普遍的な法則あるいはモデルを考案・構築し，それを教科書としてまとめて教育することは重要なことではあるが，いわゆるマーケティングといった変化して止まない環境や市場を対象とした研究分野において，その理論やモデルがどこまでこの変化に対応できているのであろうか。マーケティングの研究者はどれぐらい生産現場や流通プロセス（現場）の変化を認識しているのであろうか。言い換えると，「マーケティングを大学で教えている先生たちは，本当に企業の生産や流通の現場をどこまで知っているのか」という問題以前に，「彼らは自分たちで本当に"買い物"に行っているのであろうか」という疑問がいつも頭をよぎる。

　上述したように，現代の生産現場では，産業アーキテクチャーの進化による新しいプラットフォームの形成とそれに基づくモジュール化の進展で，1つの生産ラインで，そのプログラムの組み換え，あるいは別のプログラムをセット，

もしくは指令を入力するだけで，そのロボットは複数の製品を製造することが可能になっているだけでなく，AIによって生産数量や異なったロボットとの連携も調整できるようになっている。これにより，範囲の経済はこれまで以上に拡大し，マス・カスタマイゼーションもその適用範囲を大きく広げているのである。

このマス・カスタマイゼーションの典型的な例として，ファッション・ビジネスを挙げることができる。スーツをテイラー・メイドで新調する場合，本来ならば，仕立て屋さんを訪れて身体を採寸し，生地を選び，仕立て屋さんが生地を注文し，仕入れ，それに合わせた型紙を作成する（これに約1か月以上）。その後，生地と型紙を確認するために来店し，本格的な仕立て・仮縫いが始まり，これが終了するのにやはり1か月以上かかる。再度，試着・調整に来店し，本縫製が行われ，納品というプロセスをたどるのである。ところが，現代では最も早いオーダー・スーツは，店頭で採寸したスーツの型紙情報がその場で入力され，オンラインで工場に伝達され，工場ではその情報を基に自動でロボットが型紙を即座に作成し，次の工程ではその型紙に合わせて自動で生地を裁断する。この裁断された生地を縫製することで，1週間以内にオーダー・スーツが出来上がるようになったのである。ファッション業界だけでなくPC事業においても，Dell社のコンピューターなどは，Dell社のホームページを訪れて，ほんの十数分操作するだけで，自分用にカスタマイズされたPCが数週間以内に自宅に届くようになっている。

また，プラットフォーム・ビジネスに関してはさらなる進化を遂げている。インターネット上で展開されるAmazonやGoogleなどのプラットフォームは「取引プラットフォーム」（メルカリやFacebookなど）だけでなく，他の「イノベーション・プラットフォーム」（AppleやUberなど）を巻き込み，「ハイブリッド・プラットフォーム」を形成し，さらなる変化を遂げ，それによって，市場はB to C，B to B，C to C，そしてC to Bへと複雑かつ多様な取引を可能にし，新しいビジネス（UberやLiftのライド・シェア・ビジネスやAirbnbなどのバケーション・レンタル・ビジネスなど）を生み出しているのである。

生産・製品が変化すれば市場は変化し，テクノロジーが変化すれば，市場も

それに伴って変化することは言うまでもないことであり，マーケティングのテキストもそれに応じて，その根本である規模の経済性や範囲の経済性といった原理的考え方が，新しいテクノロジーとどのように結びついているかを理論的に説明したり，何がそのイノベーションの根源であるかといった議論をするべきであろう。

　このようなテクノロジーの進化や市場の急速かつ継続的な変化のため，新製品開発も従来のように［アイデア創出 → アイデア・スクリーニング → 製品開発 → 市場テスト → 商品化］などといったプロセスを経ている企業は現代ではほとんど存在しない。市場テストの時間とコストがあるぐらいならば，競争企業に先駆けて製品を市場に導入し，それが売れなければ，市場から引き揚げて製品改良したり他の製品を製造したほうが競争市場では有効なのである。

　「ブランド構築の方法」や「サービス・ドミナント・ロジックの理解と展開方法」などと，マーケティング学者が，“こねくり回した理論モデル”を唱えて悠長なことを言っているうちに，テクノロジーは急速かつ複雑に進化し，市場はそれと呼応するように変化を遂げているということを（もっと市場に敏感にならなければならないということを）マーケティング学者と呼ばれる人たちも，改めて認識する必要があるのではないだろうか。

（首藤　禎史）

<Word>
マス・カスタマイゼーション…顧客の欲求に応じた製品を大量生産方式を用いて可能にした生産様式。
アーキテクチャー…建築・設計様式。
モジュール…半自律的なサブシステムで，他の同様のサブシステムと一定のルールに基づいて互いに連結することにより，より複雑なシステムまたはプロセスを構成するもの。
プラットフォーム…共通の目的や同じ資源を共有するために，個人や組織を統合するもの。

参考資料
　青木正彦・安藤晴彦編著（2002）『モジュール化―新しい産業アーキテクチャの本質―』東洋経済新報社.

マイケル A. クスマノ・A. ガワー・デヴィット, B. ヨッフィー著, 青島矢一監訳 (2020)『プラットフォームビジネス―デジタル時代を支配する力と陥穽―』有斐閣.

6　消費者教育概念の生成と発展およびその現代的捉え方に関する若干の議論

　わが国において「消費者教育」に関する議論が注目を浴びるのは，1950 年代後半から 1960 年代に掛けてのことである[31]。それら議論は主に 2 つの方向からであった。1 つは，マーケティング（企業）の立場からプロモーションの一環として，広告などによって“消費者を製品購入に向かわせるため”の方策であり，それらには「①品質等の説明をする，②表示・取扱説明書の充実，③工場見学，④ショールームの充実，⑤小冊子・パンフレットの配布，⑥料理等の講習・講演会，資料・教材の提供[32]」などがあったとされている。そしてもう一方も，やはりマーケティング論におけるコンシューマーリズムの台頭によるソーシャル・マーケティングのアプローチからの議論であった。それは，1962 年に J. F. Kennedy によって提唱されるかの有名な「4 つの権利[33]」から始まるアメリカでのコンシューマーリズムに端を発し，わが国では 1960 年代の後半に大きな盛り上がりを見せることになる。

　当時のわが国のコンシューマーリズムの高まりの要因は，消費者教育の研究者である安部文彦氏によると「①マーケティング力の過度な発達，②消費者大衆の高学歴化，③製造技術の発展と競争の結果もたらされた商品の多様化および多種多様な新製品の出現，④産業の高度化および高度の分業化につれて，生産者と消費者の分離の極端なまでの進展，⑤人口の都市集中化，都市の巨大化に伴なう生産地と消費地の分離，⑥公害・環境破壊，⑦ラルフ・ネーダーなどの米国における英雄アクティヴィスト出現の影響，⑧ケネディー（John F. Kennedy, 1962），ジョンソン（Lyndon Johnson, 1964, 1966, 1967, 1968），ニクソン（Richard Nixon, 1969, 1971）によって，議会へ提出された消費者問題に関する「特別教書」による影響，⑨消費者大衆の経済的ゆとりの増大，⑩高度産業社会生成における特徴としてのサービス分野物価高関連問題，⑪歴史的必然性」であるとしている[34]。

　その後，1968 年に「消費者保護基本法」（昭和 43 年法律第 78 号）が制定されるが，それは，基本的には商品，サービスの買い手としての消費者の立場を保

護するものであり，その目的は，「消費者の利益の擁護および増進に関する対策の総合的推進を図り，もって国民の消費生活の安定および向上を確保するもの」であった[35]。この法律には消費者の保護に関する施策の実施等を国の責務とする中で，啓発活動の推進や消費生活に関する教育の充実等を国が講ずる旨が明記された。また，同時期に改訂された学習指導要領には中・高等学校の社会科に「消費者保護」の理念が導入され，消費者教育の主体は，1981年の「生涯教育としての消費者教育の確立」を趣意とした消費者教育学会の設立も相まって，経済企画庁関係，公正取引委員会，通商産業省，農林水産省，厚生労働省などの政府の行政関係機関，および消費者行政窓口，消費生活センターなどの地方自治体などの公的機関や主婦連合会，関西主婦連合会，新日本婦人の会，地域婦人会や消費者協会，生活協同組合といった消費者団体や小・中・高等学校などの教育機関へと移っていくのである。

　現在の消費者教育は，2009年に内閣府の外局として消費者庁が設立され，2012年に「消費者教育の推進に関する法律」が成立することで，企業あるいはマーケティングからは大きく切り離され，政府・行政主導となっている。図表2−6−1に示すのが消費者庁が提示している「消費者教育に関する法律の概要」である。

　このように，当初は，マーケティングもしくは企業側の問題として議論が始まった消費者教育であるが，現代では政府や行政が主導となり，小中学校や高等学校などでその教育が義務付けられ実施されているのである。

　しかしながら，翻って考えてみると，消費は文字通り生産に対する対概念であり，消費者であるということは，生産者もしくは生産・流通活動に携わる組織または個人から財を購入して自己の便益のために消費することである。そのような消費活動に係る行為・行動は学校で教育される問題として位置づけられるべきなのであろうか，という疑問が頭をよぎるのである。

　加えて，セクションで6でも議論されるSDGsや現代の進化系マーケティング活動もしくは新しいテクノロジーを取り入れたマーケティング活動において新たに発生している（発生してくる）諸問題（ステルス・マーケティングやインフルエンサーを利用した詐欺的販売）に対して消費者となる生徒を学校で教育する

図表２－６－１　消費者教育の推進に関する法律の概要

目的(第1条)
・消費者教育の総合的・一体的な推進
・国民の消費生活の安定・向上に寄与

定義(第2条)

『消費者教育』
消費者の自立を支援するために行われる消費生活に関する教育及びこれに準ずる啓発活動
(消費者が主体的に消費者市民社会の形成に参画することを含む。)

『消費者市民社会』
・個々の消費者の特性及び消費生活の多様性の相互尊重
・自らの消費生活に関する行動が将来にわたって内外の社会経済情勢及び地球環境に影響を及ぼし得ることの自覚
・公正かつ持続可能な社会の形成に積極的に参画

基本理念(第3条)
・消費生活に関する知識を習得し、適切な行動に結びつける実践的な能力の育成
・主体的に消費者市民社会の形成に参画し、発展に寄与できるよう積極的に支援

体系的な推進
・幼児期から高齢期までの段階特性に配慮

効果的な推進
・場(学校、地域、家庭、職場)の特性に対応
・多様な主体間の連携

・消費者市民社会の形成に関し、多角的な情報を提供
・非常時(災害等)の合理的行動のための知識・理解
・環境教育、食育、国際理解教育等との有機的な連携

消費者団体(第6条)
～自主的活動・協力
事業者・事業者団体(努力義務(第7条))
～施策への協力・自主的行動(第7条)
～消費者市民社会の形成、従業員の研修の提供、資金の提供等(第14条)

国と地方の責務と実施事項

国	地方公共団体
責務(第4条) 消費者教育の推進に関する総合的な施策の策定・実施	**責務(第5条)** 団体の区域の社会的経済的状況に応じた施策の策定・実施(消費生活センター、教育委員会その他の関係機関と連携)
財政上の措置(第8条) 推進に必要な財政上の措置	推進上の措置その他の措置(地方は努力義務)
基本方針(第9条) ・消費者庁・文部科学省が案を作成・閣僚決定 ・基本的な方向 ・推進の内容等	都道府県消費者教育推進計画 市町村消費者教育推進計画 ・基本方針を踏まえ策定(努力義務)
消費者教育推進会議(第19条) 消費者庁に設置(いわゆる8条機関) ①構成員相互の情報交換・調整～総合的・体系的かつ効果的な推進 ②基本方針の作成・変更に意見 委員(内閣総理大臣任命) ～消費者、事業者、教育関係者、消費者団体、学識経験者 ※委員は20名以内、任期2年、幹事、専門委員を置く (政令で規定)	**消費者教育推進地域協議会(第20条)** 都道府県・市町村が組織(努力義務) 構成 ～消費者、消費者団体、事業者、事業者関係者、教育関係者、消費生活センター等
義務付け(国・地方) ○学校における消費者教育の推進(第11条) 発達段階に応じた教育機会の確保、研修の充実、人材の活用 ○大学等における消費者教育の推進(第12条) 学生等の被害防止のための啓発等 ○地域における消費者教育の推進(第13条) 高齢者・障害者への支援のための研修・情報提供 ○人材の育成等(第16条)	**努力義務(国および地方)** ○教材の活用等(第15条) ○調査・研究(第17条) ○情報の収集(第18条)

※施行日：平成24年12月13日(公布日：平成24年8月22日)

出所：消費者庁, kyoiku_gaiyou2, PDF (www.caa.go.jp), 2023.11.28.

ことで，どれだけ対応できるのであろうか。もちろん，政府や行政が生活者としての消費者を保護することが，そのような問題解決の一端を担っていることは確かである。しかしながら，テクノロジーやSDGsに関連した問題は一国の問題では解決できないほど特定の地域・国を超えて広範囲に，そしてグローバルに，かつ急速に展開・拡大している（する）のである。

　そのような意味からこの問題を考えると，やはり財・サービスの提供者・販売者として生産者および流通業者などの企業の社会的役割，またはマーケティングの学問としての成り立ちや，研究領域の広がり，そして，その研究者としての立場・役割からしても，改めて企業やマーケティングの関係者が積極的にこの問題に取り組むことが求められるのではないだろうか。

（首藤 禎史）

【注】

31) 安部文彦（1985）「消費者教育の理念と方法―マーケティングからのアプローチ―」『消費者教育』03巻，18頁.

32) 高橋明子・小木紀之（1983）「企業における消費者教育（Ⅰ）―企業に望まれる消費者教育―」『消費者教育』01巻，192頁.

33) J. F. Kennedyは，1962年に消費者保護のために「①安全である権利，②知らされる権利，③選択できる権利，④意見を反映させる権利」の4つの権利を提唱し，1975年にJ. R. Fordによって，それらに「⑤消費者教育を受ける権利」が加えられ，「消費者の5つの権利」と呼ばれるようになったのはとりわけ有名史実である。

34) 安部文彦，前掲論文，23～26頁.

35) 出牛正芳（1982）『マーケティング管理論〔増補版〕』白桃書房，299頁.

ブランド構築と
価値創造

1 ブランドの捉え方とブランド階層性の再考

多くのテキストにその定義が引用されているように，ブランドとは「ある販売者の製品ないしはサービスを他の販売業者のそれらとは明確に異なるように識別する名前，用語，シンボル，デザイン，またはその他の特徴である[1]」と一般的には定義されている。しかしながら，あるインターネットの企業広告では「生活者が商品やサービスの「意味ある差」に共感し，ファンになっている状態[2]」であるとか，また他のインターネット企業サイトでは「ブランドとは生活者から見て独自の役割を持ち，生活者の感情移入が伴ったモノやサービスのことを指す[3]」といった定義がなされており，果てにはフィリップ・コトラー，ケビン・レーン・ケラー，アレクサンダー・チェルネフ著，恩藏直人監訳『コトラー＆ケラー＆チェルネフ マーケティング・マネジメント 原書16版』（丸善出版，2022年）では，ブランドの設計という部分でブランドを"ブランド・マントラ（呪文）"として「ブランドの心と魂を3〜5語で表現したもので，『ブランド・エッセンス』や『コア・ブランド・プロミス』などの概念に密接に関連している。マントラの目的は，ブランドが消費者に対して根本的に何を意味しているのかについて，組織内の全従業員と外部のすべてのマーケティング・パートナーが理解し行動の指針とすることである[4]」とまでしている。

これでは，ブランドをマネジメントするのに，あるいはブランド戦略を構築するにあたって，いったいどのようにそれを理解し，位置づけるかといった基本的なスタート地点が定まらないだけでなく，何が何だか訳が解らないものになっていると言わざるを得ない。

ブランド（Brand）は（特に近代ブランド戦略においては），D. A. Aaker も自身の書 *Managing Brand Equity*（Jossey-Bass, 1991）でも述べているように，1879年に P&G 社が高品質で乳白色の自社の石鹸にそのイメージを載せた名前 Ivory（アイボリー）と名付けたことに始まる。すなわち，ブランドとは，そもそも商品に付与する名前（ネーム）である。もちろん，それ以前に自社の製品

に自社の，あるいは制作者自身の名前を付与して販売することはよくあったことであり，この場合は製品に対する品質保証がその主な役割であった。しかしながら，この時代には，それをブランドとは呼んでいなかった（メーカー銘，日本では屋号のように呼んでいた）。現代ではこのようなブランドを統一ブランド（包括 -blanket- ブランド）と呼んだりしている。

　ブランドがこれほどまでに，消費者や社会の注目を浴びるようになったのは，アメリカでは1970年代から80年代にかけての景気の停滞期に各企業はブランド拡張にその活路を見出そうとして，製品ブランドが増殖していったこと，そしてわが国では，この動きを受けて，反対にバブル景気を背景に，ブランドを拡張あるいはブランドを増殖させることで企業は消費者の購買意欲を煽り，利益を貪ったことによるものである。日本企業の多くはこのバブル時代に1つの親ブランドから，多い場合には10近くの子・孫ブランドを市場に送り出し，ブランドは無限に増殖するとさえ思われるほどであった。また，この空前の好景気時に消費者は，所得もバブルのように増加し，こぞって高価格なプレミアム・ブランドを買いあさった。この時に消費者やマスコミを通じて社会に広まった言葉が（プレミアム・ブランドを称して）“ブランドもの”という言葉であった。この“ブランドもの”が主にプレミアム・ブランド（高級ブランド）をそのように呼んだために，ブランド＝高級品というイメージがわが国の消費者や社会に植え付けられたのであった。この頃からブランド（brand）は，マーケティング研究者の用いる用語や文献中に登場する「商品名」の意味とは異なるものになっていったのである（実際，これ以前―アメリカでは1980年以前―のマーケティング論文では brand ＝製品名として扱っている）[5]。

　この問題をさらに複雑にするのが先に挙げた D. A. Aaker による *Managing Brand Equity* の出版である。株式への投資に行き詰まりを感じていた，あるいは株価の低迷に喘いでいたアメリカの投資家たちは，事業の売買（M&A）よりも手軽に投資ができて，未開拓の，そして新しい投資先を求めていた。これが，無形資産としてブランドを扱い，売買・投資の対象とすることに目を付けた Brand Equity（ブランド資産性）というコンセプトの始まりである。この考え方により，ブランドは，その知名度や規模（売上高）などを用いて格付けさ

れるようになり，売買・投資の対象になったのである。この動きを受けて，D. A. Aaker が *Managing Brand Equity*（ブランドという資産の管理）をまとめ上げ，出版したのである。しかしながら，このときにも一部の専門家からは，「名前だけを売り買いしたり，名前に投資しても，それは実体を伴わないので意味があるのか」といった疑問もささやかれていたのも事実である。

　世界経済を席巻していたアメリカ経済において新しく登場した投資対象であるブランド・エクイティ（Brand Equity）は，当然わが国でもすぐに親（シンパ）アメリカ研究者やマスコミに取り入れられ，ブランドという用語が本来の意味とは異なった（発展した？），あるいは多義性を持った言葉へと変化（成長？）していったのである。この後，アメリカでもわが国でもブランドという言葉が大きく取り上げられ，研究者（俄か？）やマスコミによってその意味やマネジメントの方法とされるものなどが論じられ，それがさらに一般消費者にまで広がり，先に議論した極めてわけのわからない（とらえどころのない）言葉として扱われるようになるのである。今や現代マスコミのニュースでは「ブランド犬（やブランド米）が盗まれました」などと報道されたりするのである（…？？？）。

　また，D. A. Aaker の見解や主張に関しても理解しがたいものがいくつかあるが，*Building Strong Brand*（The Free Press, 1996）のブランド拡張とそれによって形成されるとされる「ブランド階層性」についても現実とかなり乖離しているのではないかと疑われる見解または説明がみられる。Aaker は，その著書の中で図表にあるように企業のブランド政策には階層性が存在するとしている。この階層の中で，企業ブランドの下位のレベルに「レンジ（事業レベル）・ブランド」というのが存在するとしている。Aaker によるとこの「レンジ・ブランド」とは「製品クラスを超えて作用するアイデンティティを作り出し，顧客が製品間の関係—見逃しがちな関係—を橋渡しするシンボルということができる。（中略）消費者の頭の中にある製品分類を打ち破り，新しい方法でブランドを拡張する。（中略）レンジ・ブランドの決定においては，現在のイメージとは対立するブランドのアイデンティティやビジョンとも共存できるように製品を選択することが重要である。もちろん，事業分野を選ぶ際に，企業は製品を生産する能力，競争および価格の圧力の激しさの程度，市場のトレンドを

図表３－１－１ ブランドの階層性			
企業ブランド	ゼネラル・モーターズ	ネスレ	ヒューレット・パッカード
レンジ・ブランド	シボレー	カーネーション	HP ジェット・ブランド
製品ライン・ブランド	シボレー・ルミーナ	カーネーション・インスタント・ブレックファースト	レーザージェットⅣ
サブブランド	シボレー・ルミーナ・スポーツクーペ	カーネーション・インスタント・ブレックファースト・スイス・チョコレート	レーザージェットⅣ-SE
特徴のブランド化	ミスター・グッドレンチ	ニュートラスイート	レゾリューション・エンハンスメント
構成要素／サービス	サービス・システム		

出所：D. A. アーカー著，陶山計介・小林哲・橋本春夫・石垣智徳（2010）『ブランド優位の戦略』ダイヤモンド社，319頁.

評価しておく必要がある[6]」としている。

　しかしながら，記述についてはいくつかの疑問と矛盾が存在している。まず第1に，シボレーやネスレのカーネーションは，その歴史を辿ると，元はGMまたはネスレの単なる一ブランドであったことである。この時点で，GMやネスレは上述のような「製品クラスを超えて作用するアイデンティティ…」などと考えてこのブランドを市場で販売していたのだろうか（そうとは到底思えない）。GMの歴史を調べてみると，それはM&Aの繰り返しによって成長してきたメガ企業であり，シボレーはLouis-Joseph ChevroletがWilliam C. Durantと共に設立したシボレー社（Chevrolet Motor Company）の最初の製品（自動車）に自身の名前を冠したもので[7]，GMにシボレー社が買収された後には，低価格普及型乗用車ブランドであった[8]。それがGMの成長とともに子・孫ブランドを展開して，多品種化していくなかで事業レベルのブランドになったのである。

　トヨタのレクサスのようなブランドは，1980年代後半にレクサス・プロジェクトとしてアメリカで高級車市場を獲得するために計画的に設計・導入されたブランドであるが[9]，多くのこのレベルのブランド（「レンジ・ブランド」）を

概観すると，その企業が成長・多品種化した結果として，そのブランドが事業レベル・ブランドとして包括的なブランドとなっているのである。

（首藤 禎史）

【注】

1） https://www.ama.org/topics/branding, 2023/04/04.

2） https://www.bd-lab.jp/about_brand/, 2023/04/04.

3） https://www.missiondrivenbrand.jp/entry/kaitai_branding, 2023/04/04.

4） フィリップ・コトラー，ケビン・レーン・ケラー，アレクサンダー・チェルネフ著，恩蔵直人監訳（2022）『コトラー＆ケラー＆チェルネフ マーケティング・マネジメント 原書16版』丸善出版，356頁.

5） 事実，Bucklin, L. P. (1963), "Retail Strategy and the Classification of Consumer goods" *Journal of Marketing* (January, 1963), American Marketing Association. においても商品＝brand として小売業の品揃えについて議論をしている.

6） D. A. アーカー著，陶山計介・小林哲・橋本春夫・石垣智徳訳（2010）『ブランド優位の戦略』ダイヤモンド社，385〜386頁.

7） Alfred. P. Sloan. Jr. (1990), *My Years with General Motors*, Harold Matson Company, 有賀裕子訳（2016）『GMとともに』ダイヤモンド社，13頁.

8） https://ja.wikipedia.org/wiki/ シボレー，2023/04/06.

9） https://ja.wikipedia.org/wiki/ レクサス，2023/04/06.

2 ブランド拡張とライセンシングおよび OEM に係わる問題のアジャスティング

　ブランド拡張戦略に関しては，多くの研究者がそれぞれの立場からさまざまな研究を基に，さまざまな見解を提示しているが，それらの中でも最も広範かつ高い頻度で引用または使用されているのが，P. Kotler らによる *Marketing Management* と D. A. Aaker の *Building Strong Brand*（The Free Press, 1996）であろう。

　その Philip Kotler and Kevin Lane Keller, Alexander Chernev, *Marketing Management 16th Edition*,［Pearson Education Ltd. 2021］（恩蔵直人 監訳『コトラー&ケラー&チェルネフ マーケティング・マネジメント 原書16版』丸善出版, 2022年）によると，「"ブランド拡張"とは，確立されたブランドを使用して，異なるカテゴリーや価格帯の新製品を導入する場合，ブランド拡張による提供物と呼ばれる。ホンダは自動車，オートバイ，除雪機，芝刈り機，マリンエンジン，スノーモビルなど，さまざまな製品にホンダという社名を使ってきた…[10]」としている。

　一方の D. A. Aaker は，*Managing Brand Equity*［Jossey-Bass, 1991］（D. A. アーカー著，陶山計介・中田善啓・尾崎久仁博・小林哲 訳『ブランド・エクイティ戦略』ダイヤモンド社, 1994年）では「ブランド拡張，すなわちある製品クラスにおいて確立されたブランド・ネームを他の製品クラスに参入するために使用すること」としており，*Building Strong Brand*［The Free Press, 1996］（アーカー著，陶山計介・小林哲・橋本春夫・石垣智徳 訳『ブランド優位の戦略』ダイヤモンド社, 2010年）では，「ブランドのレバレッジ効果」という章の中で，ブランドのレバレッジ効果を活用するための1つの方法として"ブランド拡張"を説明している。この項で，Aaker はブランド拡張の決定に伴う影響を以下の4つにまとめている[11]。

　良い影響：ブランドの連想，知覚品質，認知や存在の拡張を助ける。

　より良い影響：拡張がブランドの連想と認知を補強する。

　悪い影響：名前が拡張に価値を加えない，あるいは否定的な連想を起こさせる。

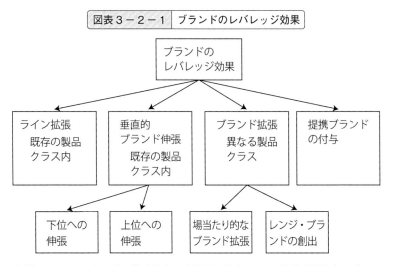

図表３−２−１ ブランドのレバレッジ効果

出所：D. A. アーカー著，陶山計介・小林哲・橋本春夫・石垣智徳訳（2010）
『ブランド優位の戦略』ダイヤモンド社，361頁.

　厄介な影響：拡張によってコア・ブランドの名前が損なわれる，あるいは弱
　　　　　　　められる。またはブランドと結びついた顧客基盤がカニバリ
　　　　　　　ゼーションを起こす。
　より厄介な影響：別のブランド・ネームを開発する機会が失われる。

　このブランド拡張に伴う問題を解決するために，Aaker は本書で，レンジ・
ブランド戦略なるものを提案しており，それは「ブランドが所有するであろう
究極のアイデンティティのビジョンと，そのブランドがエンドーサー・ブラン
ド，あるいはドライバー・ブランドとして支援するであろう一群の製品ライン
を拡張することにある，（中略）レンジ・ブランドの決定においては，現在の
イメージとは対立するブランドのアイデンティティやビジョンとも共存できる
ような製品を選択することが重要である。…[12]」などと説明している。

　ここで両者にいくつかの食い違い，もしくは認識の違いが存在することは
明らかである。*Marketing Management 16th Edition*，[Pearson Education Ltd.,
2021] では，ホンダの例を用いてホンダが，自動車やオートバイ，除雪機，芝
刈り機，マリンエンジン，スノーモビルなど，さまざまな製品分野にホンダと

いう社名で参入したことを "ブランド拡張" と説明しているが，ある企業が異なった製品分野に参入するのは，製品多角化と呼ぶのが通例である。このような場合，この製品多角化とブランド拡張は同次元で捉えてよいのであろうか。かつて，GE が家電や音響機器から原子力発電や医療機器，さらには金融ビジネスに参入したのはブランド拡張という枠組みで捉えることなのであろうか。この点に関しては，Aaker は，それをあくまで製品分野という枠組みで捉えようとしていることから，彼の捉えるブランド拡張という概念枠組みは，理解可能である。しかしながら，既述したように，ブランド拡張の負の影響を解決する方法としてレンジ・ブランド戦略の展開を提唱しているが，このレンジ・ブランド（事業ブランド）は，多くの企業にとって当初から計画したレンジ・ブランド戦略なのであろうか。またさらには，同書で，「ホンダはその製品が著しく広い範囲に拡大された興味深いレンジ・ブランドである [13]」と述べており，ホンダを社名でなく，事業ブランドとして取り扱っているのである。

　これでは，まったくと言っていいほど何が何だか解らなくなってしまっているといっても過言ではない。食い違いというよりも，矛盾だらけの分類・分析であると言わざるを得ない。

　このようなことはこの両者の書籍だけでなく，これらのグローバルな教科書を使用・転用している世界の，そして数多くの教科書にも見受けられることである。また，この両者の著書またはテキストにおいては，ブランド・マネジメントの項だけでなく製品計画や製品マネジメントの項を読んでみても，成分ブランド（ingredient brand）やコ・ブランド（co-brand）に関する説明はあるが [14]，ブランド・ライセンシング（licensing）や OEM（Original Equipment Manufacturing）に関する説明・記述を見出すことはまずない。ライセンシングや OEM は，ブランドを供与する側，される側にとっても，また製造を委託する側の企業にとっても，される側の企業にとっても，さらにはそれらをチャネル成員として販売する企業にとっても，ブランド展開に関する重要な決定でもあり，ブランド・イメージを異なった製品分野で確立したり（まさに，ブランド拡張政策と言える），または異なった地理的市場を確立したりするばかりでなく，それに関与した企業の大きな収益拡大にもつながるブランディング活動として

非常に重要な位置を占める戦略的決定である。

　実際の企業は，これらの書籍やテキストを実務の現場でどのように活用または使用しているのであろうか。それとも，このようなマーケティングのテキストなど"読む"に足らないものであるとして，目もくれていないのであろうか。

（首藤 禎史）

【注】

10）恩蔵直人監訳（2022）『コトラー＆ケラー＆チェルネフ マーケティング・マネジメント 原書16版』丸善出版，373頁.

11）アーカー著，陶山計介・小林哲・橋本春夫・石垣智徳訳（2010）『ブランド優位の戦略』ダイヤモンド社，384頁.

12）同上書，319〜320頁.

13）同上書，390頁.

14）フィリップ・コトラー，ケビン・レーン・ケラー，アレクサンダー・チェルネフ著，恩蔵直人監訳（2022）『コトラー＆ケラー＆チェルネフ マーケティング・マネジメント 原書16版』丸善出版によると（367頁）：

　　コブランディング（デュアル・ブランディングとも呼ばれる）：「2つ以上のブランドを一緒に販売すること」とされ（これは，通常—今まで—複数ブランド政策と呼ばれてきた），そのすぐ後の"コブランディングの本質"という項では，ゼネラル・ミルズの複数ブランド政策の事例紹介に加えて，「ゼネラル・エレクトリックと日立が日本で販売した電球や，3つの異なる企業が参加するクレジットカード（Citi Platinum Select AAdvantage Visa Signature）のように，ジョイントベンチャー型コブランディングもある」（これらは通常，共同ブランドと呼ばれるものであろう）がその例として紹介されている。

　　また，"成分ブランディング"という項では（同書，368頁），「成分ブランディングは，コブランディングの特殊なケースである。これは，他のブランドの製品の中に含まれている素材，コンポーネント，部品のブランド・エクイティを利用するものである」として，ドルビー・ノイズリダクションテクノロジー，ゴアテックス防水繊維，スコッチガード加工生地などを，その例として挙げている。

3 マーケティングにおける「サービス」という言葉に関する取り扱い方についてのいくつかの疑問

(1)「物理的証拠 (physical evidence)」の理解について

　Christopher Lovelock と Lauren Wright の『サービス・マーケティング原理』において,「統合的サービス・マネジメントの8要素」として提示されている要素に「物理的証拠 (physical evidence)」というのがあり, それは,「サービス・クオリティの証拠となる資格または他の感覚で感知できる手がかり」とされていて「店舗や社屋などの建物, 植栽など建物の周り, 用いられている乗り物, インテリア, 設備・備品, 働いている従業員, 看板, 印刷物, これらの見た目やその他の視覚上の手がかりが, サービス組織の提供するサービスのクオリティについて感知可能な証拠を与える。(中略) 保険など有形要素のほとんどないサービスにおいては, 広告は, 意味深いシンボルを用いることが多い。例えば,『傘のマーク』は, 防護, 守りの砦, 安全を象徴する[15]」と説明されている。

　しかしながら, サービス (無形財とされるもの) それ自体が有形財すなわち何らかの物理的な製品と結びつかなければ提供されることがないことに加え, 提供される際に結びついている有形の製品によって提供されるサービスの品質が決まってしまうことがよくある (例えば, 飲食店の外装や内装, 提供される食物の見た目や盛り付けられる食器など)。これらは, すでにその物的提供物と"味"や"接客"といったサービスを含めた1つの製品 (product) であり, このような提供物をサービスとして, またはサービスに付随する物理的証拠 (physical evidence) として説明することで解決するのであろうか。さらには, 広告の『傘のマーク』といったものとそれらを同じ枠組みで捉えて説明することは妥当なのであろうか。

(2)「サービスとは何か」という根本的疑問

　後述するテーマでもあるが, Robert F. Lusch と Stephen L. Vargo の唱える『サービス・ドミナント・ロジック』の出現でマーケティングの世界には"新しい潮流？"あるいは"大きな動揺"が生まれた。彼らの唱えるサービス・

ドミナント・ロジックでは，この世に提供されるすべての価値はサービスである。それは，「サービスとサービスの交換および資源統合を通じた価値共創[16]」であり「アクターが他のアクターのために何かを行うプロセスを暗示させる[17]」と説明され，商品を購入する際にも私たち消費者は，商品を通じて交換により，その交換から得られるサービスという価値を獲得しているとされるのである。

　この考え方は，マーケティング研究者たちを席巻し，前述のごとくある種の潮流となった。しかしながら，筆者は，このサービス・ドミナント・ロジックにおけるサービスの捉え方は，60年ほど前にTheodore Levitt がその著である『マーケティング発想法』の中で「1/4インチのドリルを買うのは，1/4インチの穴を買う」「人は製品を購入するのではなく，製品がもたらすベネフィットを購入しているのである（8頁）[18]」とした“ベネフィット”と同じ考え方ではないかと，本ロジックを研究した際に即座に感じた。そうであるなら，小難しいサービス・ドミナント・ロジックをこねくり回すよりも，レビットの言うように，私たち消費者は商品やサービスを通じてそれから得られるベネフィットを購買していると考えるほうが理解しやすいのではないだろうか。この数十年，マーケティングの理論やロジックは，“行き詰って”いるとされてきたが，小難しいロジックを打ち立てるのが学者の仕事であるかのようなところも見かけることが少なくないように思われる。

（首藤 禎史）

【注】

15) クリストファー・ラブロック，ローレン・ライト著，小宮路雅博監訳（2004）『サービス・マーケティング原理』白桃書房，26頁.

16) ロバート F.ラッシュ・スティーブン L.バーゴ著，井上崇通監訳，庄司真人・田口尚史訳（2016）『サービス・ドミナント・ロジックの発想と応用』同文舘出版，11頁.

17) 同上書，14頁.

18) セオドア・レビット著，土岐 坤＋ハーバード・ビジネス・レビュー編集部訳（2002）『レビットのマーケティング思考法』ダイヤモンド社，8頁.

4 サービスと商品の捉え方に関する整理

(1)「サービス」という用語の多義性：世の中はテキストで説明されるような
　　サービスばかりではない

　サービス・ドミナント・ロジック（S-Dロジック）が登場したことにより，商品（ここでは，製品とサービスを包含するものとして用語使用している）に対する捉え方が変化するようになってきた。S-Dロジックという考え方が生まれた背景は，サービス・マーケティングで捉えられてきたような「サービス」自体に限界が生まれていることにある。すなわち，サービスの特徴として長らく指摘されてきた，①無形性，②非貯蔵性／消滅性，③生産と消費の同時発生性／不可分性，④異質性，といった4つの特性でサービスを捉えることが難しくなってきている，という現実である。もちろん，このような問題認識は過去よりされてきたが，S-Dロジックの登場によって，いよいよ有形財に対する比較論としてサービスを捉えることへの限界が解決されるのでは，という期待を込めた見方がされている向きもあるであろう。

　確かに世の中を見渡してみても，"サービス"と言っておきながら，本来的なサービスの特徴である無形財を生み出すことを目的としたサービスばかりではないことは，もはや常識的ですらある。すなわち，無形財を完成させていくまでの「共創プロセス行為」自体をやり取りする（売買対象とする），という性格を有したサービスばかりではないのが現実である。たとえば，教育サービスの現場においては，ただ単に無形財としての知識の授受を口頭で行っている訳ではなく，講義資料や教材，映像機器などの有形財を効果的に利活用しながら教育活動をしていることが一般的である。そして，できるだけ教育内容に格差が生まれないように講義内容を映像ライブラリー化する，といった取組みは古くから大手予備校を中心に行われており，講師間の教授能力格差や地域間の教育水準格差が生まれないよう，均質的な教育学習機会の提供を目指す努力が長らく行われてきた。

　その他にも，たとえば，銀行ATMやネットバンキング，インターネット・

ショッピングなどを代表に，いつでも・どこでも利用できることを"サービス"と捉えて，それを実現するためのプラットフォームを提供することで，"サービスを提供した／している"とするものも増えている。当然これらは，利用者がATMやアプリ，ECサイトを操作するだけで取引が完結することから，実質的には，サービス提供者と利用者とが同時空間において「共創プロセス行為」を行うことなどない。ファストフード・チェーン型の飲食店では，提供する飲食物について，従業員スタッフが，均質化すべくマニュアル化された方法に則って専従的に製造しているに過ぎず，注文した品物の受け取り，飲食後の片付け行為などは，すべて顧客の側で行う有り様である。このような「食の工業化」について冷静に考えてみると，顧客の側は，飲食物の製造を代行してもらっている以外はただ飲食空間を提供されているに過ぎず，果たして飲食"サービス"という名に相応しいビジネスなのか，疑問を呈したくなるのも確かである。ファストフード店で外食することと，中食を買いに行くことやテイクアウトすることとの間で，一体どのような本質的な違いがあるのか，極めて境界の線引きが難しくなってきていると言えるであろう。

　このような現実的な実態に目を向けると，「サービス」という言葉に込められている意味や特性は，文脈や状況によって実にさまざまな様相を呈していることがわかる。何しろ日常的な会話で使う「サービス」とは，「タダ，おまけ」の意味に他ならない。同じ「サービス」という用語を用いることで，日常会話からビジネス現象まで広く取り扱うことが可能な意味を持たせようとしたことに，そもそもの限界があったのかもしれないのである。

　そこで，このような現実的な実態と状況を踏まえた時，一般的なマーケティングのテキストにおいては，次の点を見落としていることが理解される。すなわち，実にさまざまな意味で捉えられてしまうサービスの実態について，首尾よく整理しているものが見られない，という根本的な問題である。かつて刀根（1984）は，先に挙げたような，日常用語で使用する「サービス」とビジネスの脈絡で使用する「サービス」との違いについて認識しながら，ビジネス実務の観点からサービス活動を体系化することに着手していた（図表3－4－1参照）。この図表のうち「精神的サービス（無償形態）」に該当するものが，「サー

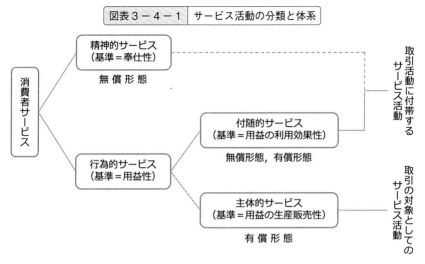

図表３－４－１　サービス活動の分類と体系

出所：刀根武晴（1984）「マーケティングと消費者サービス」『マーケティングジャーナル』第４巻第１号，34頁を一部修正。

ビス」という用語の由来となるラテン語の servus（奴隷）の意味が色濃く残されているものである。「サービス」の元来の意味は，日本語で言うところの「奉仕」と「役務」，すなわち，「他者のために行う"形に表すことのできない"労務行為」ということである。

(2)　製品比較論の域を出ない「サービス」認識の限界

　ところが，一般的なマーケティング・テキストを見渡すと，上述したような用語法的・体系的な整理なくして，さらには"サービスは無形財のみ"であると信じて，サービスを取り上げようとしているものばかりであることに気が付かされる。そこでは，製品（有形財）に対する比較論の域を出ずに説明を始めていることが一般的である。代表的には，先に冒頭で触れたサービスの特徴として知られる４つの特性であったり，あるいは，プロダクト・マーケティングでの4Ps要素に対して，いかに操作変数を付け加えたらサービス・マーケティング固有の体系になるか，といった形で説明を行ったりするものである。後者は具体的には，プロダクト・マーケティングでの4Psに加えて，「ヒト

(People)」,「物的証拠 (Physical evidence)」,「提供過程 (Process)」を追加することで, 7Ps として体系化させるものである [19]。サービスの 4 つの特性についての指摘はすでに前節で行ったことから, ここでは 7Ps 体系について問題提起をすると, 以下のような指摘をすることができる。すなわち,「ヒト (People)」および「物的証拠 (Physical evidence)」とは, 一体何を意図して取り上げようとしたのか, ということである。

「ヒト」をマーケティング活動の操作変数にするとは, 一体全体どのようなことを意味するのであろうか。この「ヒト」については, 多くの場合, 行為提供者となるサービス提供側の組織やスタッフを意味していると言える。4Ps を想起すればわかる通り, 操作変数として提示するということは, すなわち, 行為提供者が主体的に検討したり, 働きかけたりすることが可能なモノごと (客体としての対象) を変数として設定している, ということに他ならない。したがって, マーケティング上の操作変数として「ヒト」を明示するということは, 行為主体者が行為主体者自らのことを変数として操作するという, 不可思議な現象を引き起こすことにならないであろうか。

視点を変えて, 今度は操作変数の「ヒト」が, もしもサービスの受け手側を想定しているとすればどうなるであろうか。サービス行為提供者・主体者が, サービスの受け手を操作可能対象として見做すという解釈もできなくはない。それは 4 つの特性が色濃くなるようなサービス展開において, たとえば, 医療サービスを受ける (医療機関で診察をしてもらう) といった場合や, 美容院で理想的なヘアスタイルを創り上げてもらうといった場合において, サービス行為の提供者・主体者が積極的に受け手へアプローチすることで, サービスの受け手側が抱える状況や問題, 要望等をより詳細に引き出せるようになること, すなわち, そのような意味において"操作する"ということが見込まれる。しかし, この場合においても, その理解と解釈に違和感が生まれるのではないだろうか。それは, サービスの提供と享受は, 受益者・利用者側の一方的な操作によって完結するものや, 非同時空間で展開されるものでない限り, そもそも「共創プロセス行為」として展開される性質を持つからである。

サービスとは, いずれのサービスであれ, 提供者と受益者双方による明示

的・暗示的な同意をもとに，その同意された目的の達成に向けて相互制御をしながら協働行為を展開していく，という特徴が見出せるであろう。したがって，「共創プロセス行為」が発生するサービスにおいては，当然のごとく，提供者と受益者双方による目的達成に向けた関与が必須となるのであり，むしろ，そのような双方の関与と意思疎通なくして，サービス行為が展開され完成（目的達成）へ向かうことなどないのである。それゆえに，サービスが「共創プロセス行為」を伴うものとして展開・遂行されるという限りにおいて，そもそも，サービスの提供者が受け手に対して“操作する”という発想など生まれない性質を有していると言えるのである。

　したがって，上述してきたことを踏まえると，「ヒト」を操作変数として明示することは，その「ヒト」が行為提供者・主体者を想定しているとすれば，不可思議な矛盾を引き起こすことになるのであり，もしもその「ヒト」が受益者・利用者を想定しているとすれば，それは共創に向けた協働行為者として，「提供過程（Process）」という操作変数の中に必然的に取り込まれることが予定されている概念となってしまうのである。それゆえに，わざわざ「ヒト（People）」という操作変数として独立させることなど，無意味と化してしまうのではないだろうか。

　今度は，「物的証拠（Physical evidence）」という変数に目を向けてみることにしよう。これに関しては，2つの点を指摘することができる。1つめは，“証拠（evidence）”という一般的に当てられる訳語の問題である。辞書的な意味における「証拠」とは，「事実を裏付ける上で確実な証明になると判断される材料」（山田他 2012 p.715）という意味である。要するに，「根拠」を表す用語と解して差し支えないであろう。そうした場合，サービスという特性と照合するとすれば，「証拠」という訳語を当てることに無理が生じるのではないだろうか。

　サービスが有している特性を前提に，この操作変数「物的証拠」において本来意図したかったであろうことは，提供者と受益者双方で明示的・暗示的に同意された目的達成（サービスの完成）に向けて，提供者側で用意することが要求される有形財の存在や，物的施設（サービス・スケープ）のことである。たとえばそれは，医療サービスにおいては，医療行為に必要な検査機器や器具，薬剤

等であろうし，教育サービスにおいては，学習効果を高めるために使用する映像音響機器備品やタブレット端末等が該当するであろう。ホテル宿泊サービスにおいては，テレビ，トイレと洗面所，シャワーとバスタブ，といった基本設備をはじめ，ベッド，テーブルとソファー，といった家具調度品，アメニティグッズ等が該当する。したがって，これら有形財は，「物理的証拠」というよりも，むしろ，サービスの提供・完成を確実なものにするために必要な「物理的実体」もしくは「物理的環境」と表現する方が，日本語訳として的を射ていると言えるのではないだろうか。

　次に，2つめの指摘である。これは先の操作変数「ヒト」での指摘と同様になるが，そもそも「物的証拠」という変数を独立させる必要があったのか，という問題提起である。たとえばこの変数が意図する1つの視点として，知覚品質の観点，すなわち，これから相互行為（共創プロセス行為）展開が予定されるサービスに対して，「まだ実体（実態）のないものは，可視化されている部分から品質推定される」という知覚品質上の問題を取り上げたかったとしよう。そうするとこの問題は，まだ実体（実態）のないモノゴト（サービス）をどう認識してもらうのかという，受け手や利用者の認識に関する問題，あるいは，受け手や利用者に向けた意味認識の創出に関する問題として，「プロモーション（Promotion）」という変数の領域問題となるのではないだろうか。他方で，この「物的証拠」という変数が，先述した1つめの指摘に則る形で，サービスの提供・完成を確実なものにするために必要な「物理的実体」や「物理的環境」を意味したかったとしよう。そうするとこれは，「提供過程（Process）」という時間軸の中で，サービスの完成に向けて必要に応じて現出する事象となってしまうのであり，また「提供過程」という操作変数の中で必然的に取り込まれることが予定されている概念となってしまうのである。すなわち，あえて「物的証拠」と言ったところで，すでに「提供過程」の一要素として取り込まれていることを再掲するに過ぎず，内容重複を引き起こしてしまうのではないだろうか。

　このように考えると，「物的証拠」（物理的実体／物理的環境）という操作変数は，「プロモーション」や「提供過程」に集約させることができる可能性が高く，

わざわざ操作変数として独立させることなど無意味化すると言えることになるであろう。

(3) テキスト的分類に基づく「サービス」の問題：現実のサービスはテキスト通りには分類できない

　かつて，Lovelock と Wirtz（2008）は，次の図表3－4－2のようなサービス分類を試みた。すなわち，サービスを通じて変化を与える対象が「ヒト」か「モノ（所有物）」か，そして，サービスを生み出す行為の性質が「有形の行為」か「無形の行為」か，という2つの観点から捉える方法である。これは，マーケティング・テキストではよく紹介される，お馴染みの分類枠組みである。

　しかし，少し考えてみればわかる通り，現実は，このような分類において概念的整合性を保てるようなサービス提供，あるいはサービス享受のされ方ばかりでないことは，言を俟たないであろう。物事の見方・捉え方，あるいは整理の視点としては有効であるものの，今日のサービス提供は，渾然一体となった

図表3－4－2｜サービスの4つのカテゴリー

サービス行為の性質はどのようなものか	サービスを提供されるのは誰／何か	
	人	物
有形の行為	**人に作用する**（人の身体を対象とするサービス）：旅客輸送　医療　宿泊サービス　美容院　理学療法　フィットネス・センター　レストランやバー　理髪店　葬儀サービス	**物に作用する**（有形資産を対象とするサービス）：貨物輸送　修理やメンテナンス　倉庫業　清掃　小売　クリーニング　給油　園芸　廃棄物処理やリサイクル
無形の行為	**人の心に作用する**（人の心を対象とするサービス）：広告や宣言　テレビ放送　芸術やエンターテインメント　経営コンサルティング　教育　情報サービス　音楽コンサート　心理療法　宗教活動　電話サービス	**情報に作用する**（無形資産を対象とするサービス）：会計サービス　銀行　データ処理　データ伝送　保険　法律サービス　プログラミング　調査　投資顧問　ソフトウェア・コンサルティング

出所：クリストファー・ラブロック，ヨッヘン・ウィルツ著，白井義男監修（2008）『ラブロック＆ウィルツのサービス・マーケティング』ピアソン・エデュケーション，42頁を一部修正。

提供をされることが多いと言えるのである。

　われわれは，「サービス」を購買する，あるいは「サービス」の提供を受ける，と言いながらも，実際のところ"何を購買しているのか"あるいは"サービスの何を消費しているのか"について明言できない状況が，実に増えている。たとえば，飲食サービスであるカフェに行きひと時の時間を過ごすとしても，実際に「コーヒー」という有形財を購買する一方で，他方では，BGMやオシャレな空間での居心地の良さを購買していることも大いにあり得るであろう。また，そのようなオシャレなカフェ空間に身を置くことで，自分自身に対するオシャレ感や高揚感，ステータス感が上がり，店舗外から羨望の眼差しを向けられることに優越感や自己満足感を得ている人もいるのかもしれない。いやそもそも，本来の購買対象であるコーヒーなどそっちのけで，むしろ優越感や自己満足感に浸ること自体を得るために（購買するために），あるいはまた，映える写真を撮るためだけに，カフェへと足を運んでいるかもしれないのである。

　もしもそのような優越感等を購買しに，その目的達成のための手段としてカフェという飲食サービスを利用しているとすれば，当該カフェのサービス提供に関する問題を超え，社会やコミュニティ，集団が有する価値認識（社会的価値認識）の問題が関係してくることは言うまでもない。その他にも，"サービス"提供を受けると言いながらも，提供されるものはコーヒーという"有形財ありき"で飲食サービスを語ることになるという不可思議な矛盾をはじめ，一体全体サービスとは何か，サービスに含めるべき範囲はどこまでか，議論を呼び起こすことになるであろう。これが，サービスに携わるビジネスの現実であり，学問的領域として捉えようとした時の射程範囲の広がりだと言えるのである。

　このような問題は，先の第1項で取り上げたような教育サービスを例にとってみても，理解することが可能である。教育サービスを受けるということから，知識という「無形財」を購買することを大原則にしていることは間違いない。しかし，そのような無形財としての知識の授受の一方で，知識が体系的にまとめられている「有形財」としてのテキストや教材資料，知識定着に向けた問題集やアプリを購入し，自らの理解促進に役立てているといったこともあるのではないだろうか。さらには，そういった知識というのは"情報"そのものであ

り，教育サービスを受けた人間における無形資産の形成に役立っていると考えるとすれば，「教育」は，Lovelock と Wirtz（2008）が言うところの「人の心を対象とするサービス」に分類されるのではなく，「無形資産を対象とするサービス」行為として認識することも可能になるのである。また，知識定着のための問題集やアプリが，定期的に収録コンテンツがバージョンアップされるようメンテナンスされるとすれば，それらはそれぞれ「有形資産を対象とするサービス」と「無形資産を対象とするサービス」に該当することとなるのである。

　このように，現実的な側面からすると，ある特定のサービスを受けるということにおいては，無形財を購入しているのか，有形財を購入しているのか，あるいは，有形的所有物（有形資産）が対象とされているのか，無形的所有物（無形資産）が対象とされているのか，さらには，サービスの受益者（購買者・利用者）自らが行為対象とされているのか，受益者（購買者・利用者）自身を取り巻く環境が行為対象とされているのか，といったことについて，一義的に取り扱うことなどもはや不可能となっているのである。マーケティングのテキストにおいて，このような現実的な問題に踏み込まずにいたところで，果たして，世の中リアルに見られるサービス・マーケティングあるいはサービス・ビジネスについて，どこまで迫っていくことができるのであろうか。これらの指摘は，古くは P. Kotler（1983）が「価値のパッケージ（value package）」や「便益の束（benefit bundle）」と表現したことのリフレーズになるかもしれないが，分類概念では説明できなくなっているサービス展開の現実をどう認識すべきか，サービス・マーケティング研究が岐路に立たされていることは間違いない。

（河内　俊樹）

【注】

19）ここでは，サービス・マーケティングについて代表的な 7Ps を取り上げているが，ここでの操作変数については，研究者によってさまざまな主張が行われていることを付記しておく。たとえば，Lovelock と Wirtz（2008）は，8P（s）を取り上げている。すなわち，①サービス・プロダクト（product elements），②場所と時間（place and time），③価格とその他のコスト（price and other user outlets），④プロモーションと教育（promotion and educations），⑤サービス・プロセス（process），⑥物理的環境（physical environment），⑦人（people），⑧生産性とサービス品質（productivity and quality)，である。

引用・参考文献

大江宏（1997）「サービス」大江宏・村松幸廣・首藤禎史『商品戦略と診断』（現代商業診断基礎講座⑦）同友館，227 ～ 244 頁.

刀根武晴（1984）「マーケティングと消費者サービス」『マーケティングジャーナル』第 4 巻第 1 号，29 ～ 39 頁.

山田忠雄ほか編（2013）『新明解国語辞典　第 7 版』三省堂.

Kotler, P.（1980）*Principle of Marketing*, Prentice-Hall, Inc.：P. コトラー著，村田昭治監修，和田充夫・上原征彦訳（1983）『マーケティング原理―戦略的アプローチ』ダイヤモンド社.

Lovelock, C. and J. Wirtz（2007），*Services Marketing: People, Technology, Strategy*, 6th ed., Pearson Education, Inc.：クリストファー・ラブロック，ヨッヘン・ウィルツ著，白井義男監修（2008）『ラブロック＆ウィルツのサービス・マーケティング』ピアソン・エデュケーション.

5 知覚品質および情報の非対称性と価格との関係整理

　マーケティングの価格に関係する理論もしくは「価格戦略（政策）」と題されているマーケティングの教科書の章やセクションを概観すると，それらは大きく分けて，経済学の理論を基礎としている伝統的な価格設定理論（価格と限界費用の一致，独占市場の価格設定，寡占市場の価格設定，コスト・プラス法，損益分岐点分析，競争価格，プライス・リーダーシップなど）と，小売業を中心にした販売の現場から生成・発展してきたもの（端数価格設定，価格バンドリング，価格シグナリング，キャプティブ価格，ロス・リーダー，エブリデイ・ロー・プライシング，ハイ・ロー・プライシング，プライス・ライン，ダイナミック・プライシングなど），そしてマーケティング調査研究や消費者行動研究などの調査研究によって提示されてたもの（知覚価値価格設定，内的参照価格理論など）の３つのカテゴリーが主流であることがわかる。

　その中でも近年よく利用されている価格設定に関する顧客の品質と価格の知覚価値に基づいた調査研究に PSM（price sensitivity meter）分析を応用した価格感度分析（Price Sensitivity Measurement）がある。これは，消費者（顧客）の，商品に対する価格の，いわゆる“値頃感”と呼ばれるものを探るための手法で，商品価格について「高いと思う」価格，「安いと思う」価格，「高すぎて買えない」価格，「安すぎて品質が不安」になる価格はどれぐらいかということを尋ねる４つの質問から，「上限価格」「下限価格」「妥協価格」「理想価格」を割り出そうとするものである。これにより，小売業者や製造業者といった商品の提供主体が，市場で提供する商品に設定する妥当な価格を見いだせるとされる。

　しかしながら，これにもいくつかの問題が存在する。すなわち，①「この調査をいつ誰にした場合有効であるか」；小売業者であったなら自店に商品を購買しに来ている顧客，またはその商圏とされる地域に居住している顧客であるか，製造業者であったなら，その製品およびその競合製品（類似した製品）の購入経験のある顧客に訊かなければ，意味がないこと。②「商品に対する価値をどのようにして測定するのか」；商品に対する価値は個々人で違い，価格感

| 図表３－５－１ | 価格感度分析（The Price Sensitivity Measurement（PSM）） |

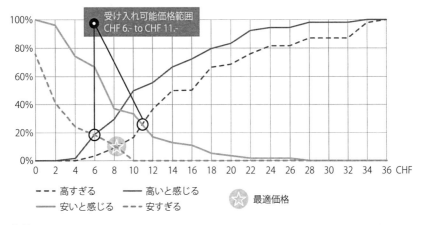

出所：https://www.intervista.ch/en/research-guide-market-research/price-sensitivity-
measurement, 2023/04/03.

度や値頃感も異なるので，商品に設定する価格そのものが価値となってしまう（価格は価値のバロメーターである）。③住宅や土地などの高価格で変動性の高い商品や，新製品（画期的な）のように消費者に値頃感が身についていないものなどには活用できない。この他にも，調査にあたっては市場調査上の基本的な問題点も数多く存在する。

　一方，前述のごとく，多くのマーケティングの教科書で示されている価格理論または価格戦略においてほとんど説明されていないのが，相互行為理論に基づく価格の決定，あるいは取引モデルである。これは，その取引もしくは交換活動における当事者間の情報の非対称性にその原理を置いている考え方である。情報の非対称性とは，「市場で取引される商品やサービスに関して，ある経済主体が他の経済主体よりも情報を多く持っている状態。たとえば，商品を販売する企業は消費者よりも詳細な情報を持ち，有利な立場にあること。情報の非対称性が大きくなると，消費者は製品の購入を控えるようになり，市場の取引が円滑に行われなくなることがある[20]」とされるが，基本的に言って，取引における売り手と買い手の関係では，商品に係わる情報（専門的情報）は商品の開発者またはチャネルの上位に位置する売り手のほうが多く所有してい

ることが多い。

　たとえば，売り手当事者を製造業者（メーカー）A，買い手を消費者Bとした場合，取引の対象である商品Xは，その製造業者が原材料や部品・半製品など入手し，その会社の設備（その会社の工場の製造機械，人員など，生産に必要な要素）を用いて（投入して）製造したものである。これに対して，買い手である消費者は，それらの原材料や半製品を製造業者がどれぐらいの価格で入手して，それらの設備などの生産要素にどれぐらい費用を費やしていて，どれぐらいの付加価値が付与されているか，さらに消費者の手に渡るまでにどれぐらいのコストを売り手であるメーカーが費やしているかを知りようがない（知ろうとも考えていないかもしれない）。ここに売り手と買い手の間には，商品Xに対する製造や販売に関わる expense や added values などの情報に大きな格差が生まれる。この情報の格差を取引上の資源（優位性）として，売り手は売り手の極大利益を追求した価格（独占的市場価格）で取引を管理することができるのである。

　しかしながら，この情報の非対称性が，競合製品の出現・増大（競争他社の市場参入・競争の激化），あるいは広告や消費者の口コミなどの市場情報によって埋められる（小さくなる）と，買い手の価格交渉力が強まり，いわゆる市場価格（競争的価格）になっていくのである。このような原理から，売り手側は取引を優位に展開するために，できるかぎりこの情報の非対称性を大きくする行為として，新しいテクノロジーや新製品を開発したり，取引相手が情報を持ちえない商品を品揃えするといったことを行うのである。

　さらには，現代社会においてはテクノロジーの進化により，新製品が新製品として市場で他社や買い手が持ちえない情報格差を生み出す取引対象物である期間は極めて短い。競争他社は，当該売り手の製造業者が開発するテクノロジーと同等のテクノロジーをすでに持っているか，所有していなくても短期間で獲得することができ，間もなく市場に参入してくることが可能になっている。また，買い手側もこれらの競争状況に加え，マス媒体やインターネット・SNSなどの情報源の発達により，かつての買い手よりもはるかに迅速に，かつ大量の情報を入手することが可能になっているのである。かくて，現代市場

はかつてのそれよりもはるかに競争的になっているために，必然的に価格も競争的な設定にならざるを得なくなっているのである。

　一方で，売り手である企業は，インプット（input）の多様化，プロセス（process）の進化・効率化を図ることでこの情報格差を獲得し，取引を優位に管理することを追求し続けているのである。

（首藤 禎史）

【注】
20）　https://www.weblio.jp/content/2023.04.03.

6 新製品価格設定理論の問題点について

　一般的なマーケティング・テキストにおいて，新製品に対する価格設定は，次の２種類存在することが紹介されている。１つは，新製品を市場導入して以降，早い段階で利益を確保することを目指す「上層吸収価格政策／上澄み吸収価格政策」（skimming price policy）であり，いま１つは，新製品を市場導入して以降，速やかに市場普及させることを目指す「市場浸透価格政策」（market penetration price policy）である。これらは，市場導入時点での価格設定の観点等から，前者は「初期高価格政策」（policy of high initial prices）や「経時的ディスカウンティング政策」，後者は「初期低価格政策」（early low-price policy）と呼ばれることもある。以下では，前者は「上澄み吸収価格政策」に，後者は「市場浸透価格政策」に，それぞれ集約して表記していくことにする。それではまず，それぞれの価格政策の特徴について確認していくことにしよう。

　「上澄み吸収価格政策」は，上述したように，新製品を市場導入して以降，できるだけ早く利益を確保することを目指すために，市場導入当初から販売価格を高めに設定することになる。そして，経時的に製品ライフ・サイクルのフェーズが移行していき，競争企業による後発製品（同類代替製品）の登場を待つことで徐々に価格を下げていき，競争状況に見合った価格設定へと変更していくことを目指すのである（図表３−６−１左図を参照）。この価格政策を採用するに当たっては，当然，ただ単に高価格で販売するだけでは消費者からの反応は得られないために，高価格設定に耐え得るだけの製品上の特徴，すなわち競争優位性を兼ね備えている必要があることは確かである。したがって，当該企業の製品が他社のそれとは異なる技術や特許，あるいは物理的有用性を持っていることが，この上澄み吸収価格政策を採用するための条件ということになる。このような上澄み吸収価格政策が功を奏すれば，比較的短期間での投資コストの回収が見込まれ，さらには，次なる新製品開発費や販売促進費の財源確保などが可能になる，と考えられるのである（徳永，1966，366頁）。

　他方の「市場浸透価格政策」は，上述したように，新製品を市場導入して以

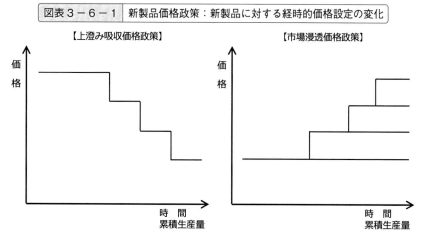

図表３－６－１　新製品価格政策：新製品に対する経時的価格設定の変化

【上澄み吸収価格政策】　　　　　　【市場浸透価格政策】

出所：筆者作成。

降できるだけ早く市場普及を目指すために，市場導入当初から販売価格を低め
に設定することになる（図表３－６－１右図を参照）。この市場浸透価格政策では，
とにかく低価格という価格の魅力性によって顧客を惹きつけることで，一刻も
早く市場シェアの確保と拡大を目指していくことになる。したがって，市場導
入当初から“コスト割れ”状態が続いてしまう場合も起こり得る。しかし，そ
のような“コスト割れ”状態が続いたとしても，それを良しとするだけの理由
があることも確かである。その理由とは，市場シェアの確保と拡大に成功しさ
えすれば，累積生産量が増加することになり，その結果「経験曲線」効果が発
揮されることで，単位当たりの生産コストの低下が実現できるためである。し
たがって，市場シェアの確保と拡大に成功し，経時的に製品ライフ・サイクル
のフェーズが順調に移行してくれさえすれば，十分な利益確保が見込めるので
ある。さらには，そのようなプロセスの結果として，競合他社との比較におい
てコスト・リーダーシップをとることができた際には，価格競争力を確保する
ことができ，競合他社の類似製品（同類代替製品）に対して，参入障壁を築き
上げることも可能になるのである。

　ところで，これまで見てきたような新製品価格設定政策は，確かに論理展開
としては説明力があるものの，しかし実現性の観点において，いくつかの問題

を指摘することができる。少し考えてみると，そもそも，上澄み吸収価格政策のように，販売価格を徐々に下げていくような製品など見当たらないのではないだろうか。モデル・チェンジや終売に際して在庫処分価格をつける小売店はあるものの，顧客が高価格で売買してくれていたような製品を，わざわざ製造業者自ら価格を徐々に下げて売る必要など，どこにもないのである。

　他方の市場浸透価格政策においても，価格情報が持つ「品質推定機能」に目を向けると，安易に低価格をつけることは，ブランド・イメージの低下に直結することになる。したがって，通常は，当該製品カテゴリーが有する「値ごろ価格帯」の幅の中での低価格を検討せざるを得ないのであり，競合他社による類似製品が似通った価格設定をしてくるのは，そのためである，と考えることができる。すなわち，同一製品カテゴリー内に存在する同等品質の製品間においては，競合他社との相対的価格差が明示的に認識できるような価格設定をすることなどほとんど見られない，ということである。

　以下では，これら新製品価格政策の現実に迫って考察してみることにしたい。

(1) 市場の受容性問題の欠如：需要予測は困難である

　新製品価格政策の２つのパターンのいずれにおいても指摘できることは，市場の受容性を考慮していない，ということである。つまり，ロンチ（市場導入）してみなければ，市場がどのような反応を示すかわからないにも関わらず，"売れる"ことを前提にモデルが練られ，コスト計算がなされている，ということである。

　上澄み吸収価格政策において想定されているような製品特性上秀でた特徴とは，そもそもその製品特性があるからと言って，それが根拠で市場に受容される保証などどこにもないのである。場合によっては，市場普及が，技術的な目新しさに惹かれた「イノベータ（innovators）」（Rogers, 2007）による採用に留まってしまうこともあるであろうし，ハイテク製品であれば「キャズム」として知られているような現象が発生することも大いにあるであろう。これらは，技術先行型企業にありがちな問題として，新開発技術を搭載した製品を上市（市場導入）しても販売数量が伸びなかったなど，現実的にはよく見られること

だと言える。したがって，計画通りに販売数量が伸びることなど見込めない現実が，"市場は不確実性に満ち溢れている"と称される所以なのである。またそうであればこそ，PDCAサイクルの実施は欠かせず，上方修正や下方修正などの計画修正，目標達成に向けたアクション・プランの追加実施などが行われている，と考えることもできるのである。

　他方の市場浸透価格政策においては，徳永（1966）が，「急激な需要を望み得ない場合でしかも相当大きな抵抗を伴うことが予想される場合」（365頁）に，この市場浸透価格政策を採ることができる，と述べている。これを解釈すると，この市場浸透価格政策を採ることができる製品とは，そもそも"低価格で勝負をかける"という発想からして，すでにコモディティ化してしまっている製品カテゴリーでチャレンジする新製品，あるいは，市場シェアの序列関係が安定化しているような製品カテゴリーで市場シェアの奪取にチャレンジする新製品，ということになるであろう。ここで言うコモディティ化している製品カテゴリーとは，「消費者から見た時に，当該製品と競合他社製品との違いが見出しにくい状態であるため，当該製品に対する積極的な指名買いがなされることなどなく，購買意思決定の基準が，どれほど低価格を提示しているのか，という点に定められてしまう」（大友・河内，2020，82〜83頁）ような「同類代替集合」のことを言う。しかし，コモディティ化している製品カテゴリーの多くは，そもそも消費者の側に，価格以外の情報を収集するだけの積極的な理由が生まれないことから，当該製品カテゴリーにおいて品質保証が明示的に認められる有名・定番ブランド，あるいは，多くの消費者が購買していることを根拠として，購買への失敗確率（製品使用・消費時でのトラブルやリスク発生の程度）を下げられるような有名・定番ブランド，といったものを選択する確率が高い状態にあると言えよう。要するに，コモディティ化している製品カテゴリーほど，知名度のある定番ブランドが選択されやすく，いくつかの特定ブランドへ需要が集中しやすい状況が生まれる，ということである（大友・河内，2020，82〜83頁）。

　そうであるとすれば，この市場浸透価格政策において，コストリーダーシップをとることができ，延いては競合他社による類似製品（同類代替製品）が入り込む余地を極小化させてしまうということの真意は，原則，市場シェアの序

列においてリーダーとなれる企業，あるいはすでにリーダーとなっている企業こそが採用することのできる価格政策だ，ということになる。このことは，模倣戦略を展開する知名度の低いブランド（企業・製品）がいくら低価格を採用したところで，大きな販売数量を獲得することがない，という現実からも理解することができる（河内，2020）。何しろ，模倣戦略による低価格製品は，累積生産量に基づくコストリーダーシップがとれない分，たとえば，原材料品質の低下等によるコスト削減努力によって低価格を実現せざるを得ないのである[21]。したがって，製品品質を問わない価格最重視の消費者や，"お試し買い"に留まるような消費者を相手に販売するしかない，ということになってしまうのである。要するに，模倣戦略を採用する低価格製品が，自力で市場の序列関係を覆すような奇跡を起こせる確率は低い，ということである。

　このように考えると，本節の冒頭で述べたように，上澄み吸収価格政策であれ市場浸透価格政策であれ，市場の現実的な動きを念頭に置くとすれば，この新製品価格に対する理屈の根拠は不確かであることが理解できるであろう。特に，両モデルが価格提示の根拠としているのが，"計画通りに売れる"ことを前提としている点は見逃すことはできない。需要予測については，どこまでも確定させることなど不可能であり，消費者が行う今日的な SNS の情報拡散行為や CGC（Consumer Generated Contents）によって，需要動向の浮き沈みなどいとも簡単に作られてしまうのが今日の市場特質である。また，自らの企業が実施するプロモーション活動によって，想定以上の市場需要の増大（市場の伸張）が現実化することもあれば，その他方で，競合他社が展開するプロモーション・キャンペーンの動向によって，いとも簡単に自社の販売計画が崩されてしまうこともあるのである。いずれにしても，過去のデータは参考に過ぎず，上市（市場導入）して実行してみなければ"何が正解かわからない"という現実からすれば，当然，上澄み吸収価格政策であれ市場浸透価格政策であれ，モデルとしての現実的説明には限界を抱えており，あくまで「傾向の法則」や「経験法則」（徳永，1966，343頁）として利活用するに留めるのが適切かもしれないのである。そうであるにも関わらず，一般的なテキストにおいては，価格政策においては「需要を予測する」ことが重要であると述べ，需要弾力性概念に

基づき，価格によって需要量を決めることができるかのような説明がなされている。具体的には，1%価格を下げると2.62%販売量が増加する，といったリサーチ結果が紹介されていたりするのである（Kotler, Keller and Chernev, 2022, p.271）。言うまでもなく，これはあくまで，過去の市場において偶然的に得られた市場傾向の"一動向結果"に過ぎないにも関わらず，である。そもそも，需要予測など困難で，需要量を確定させることなど不可能であるのに，果たしてマーケティング・テキストの説明は，旧態依然としたままで良いのであろうか。

(2) 新製品の不明瞭さと上澄み吸収価格政策の限界

　次に指摘することができるものとして，新製品導入価格設定として想定されている「新製品」について，一体何を「新製品」と捉えているのか不明瞭である，という点を指摘することができる。そもそも，今日消費者が小売店頭で「新製品」として接するものは，基本的に，製品アイテムナンバー（JANコード）が新たに振り出されたものを指している。それには，世の中にまったく新しく登場する画期的製品もある一方で，容量変更しただけの製品（容量サイズの多様化による製品アイテムの豊富化や，容量のダウンサイジングによる実質値上げ製品，など）や，包装パッケージ・デザインの一部が変更されただけの瑣末なリニューアル製品まで見られ，実にさまざまなものが小売店頭では一様に「新製品」と表現されて，消費者・購買者の目を惹こうとしているのである。このように，「新製品」とはさまざまな種類のものが存在するであろうことは確認できるが，古くはJohnson and Jones（1957）が市場対応の観点から，図表3－6－2のような新製品の分類を試みていた。

　このような図表を参考にしつつ，今日的な製品競争の姿を考慮するのであれば，そもそも「新製品」として堂々と「上澄み吸収価格政策」を採れる製品などかなり稀である，と考えられるのではないだろうか。それはすなわち，市場的にもテクノロジー的にも，慣行軌道に則らない"真のイノベーション"として登場した新製品などほとんど存在しないとすら思えてくる有り様である。われわれが知る限り，近年では，縦型洗濯機に変わる存在として登場したドラム式洗濯機や，アナログ放送の終了に伴って発売されたデジタル・テレビ，フ

図表３－６－２ 製品の目的による新製品の分類

製品の目的	技術的変化なし	改良技術　企業が持つ現在の科学的なナレッジと生産スキルを，より一層十分に活用すること	新技術　企業にとって新しい科学的なナレッジと生産スキルを獲得すること
市場変化なし		**再定義化**　現在企業が持っている製品の定義において，コスト，品質，入手可能性，に関する最適なバランスを維持すること	**代替置換**　企業によって現在採用されていない技術という観点で，現在企業が有している製品に対して，新しくてより良い原材料を探すか，再定義を求めること
市場拡張　現在企業が有している製品の既存市場に対して，より完全に市場開拓をすること	**リ・マーチャンダイジング**　企業によって現在対象とされているタイプの消費者に対して，売上高を増加すること	**改良製品**　消費者にとって現在の製品が，より効用が大きくなるように，そして商品化可能性(merchandisability)が高まるように改良すること	**製品ラインの拡張**　現在消費者に提供されている製品ラインを，新技術を通じて拡げること
新市場　企業によって対象とされる消費者タイプの数を増やすこと	**新用途**　現在の企業が有している製品を利用することができる消費者の新たな分類を探すこと	**市場拡張**　現在の製品を修正することによって，消費者の新たな分類へ届けること	**多様化**　新たな技術ナレッジを開発することによって，対象とされる消費者の分類を増やすこと

出所：Johnson, S. C. and C. Jones（1957），"How to Organize for New Products," *Harvard Business Review*, Vol.35, No.3, p.52 を一部割愛。

ィーチャーフォンに変わるものとして登場したスマートフォン，ガソリン自動車に変わるゼロ・エミッション自動車（電気自動車，水素エンジン自動車など）の登場くらいであろうか。

　とは言え，これらは一見すると，新たな製品カテゴリー（新市場の創出）を伴う形で新技術を搭載した新製品であるように見えるものの，新市場創出の元となった発想は既存市場にあったのであり，既存市場の「代替置換」や「再定義化」として登場したに過ぎないことが理解できる。しかも，これらいずれの製品であれ，たとえ画期的新製品として世に登場したとしても，上澄み吸収価格政策として先行者利益の恩恵に与れるのは，わずかな期間しか存在しないことも確かである。そして，たとえ先発優位性を発揮することができるような新製品であったとしても，後発製品が必ずや市場に登場するのであり，今日のテクノロジー進歩からすると，その速度は年々加速していると言っても過言ではないのである。したがって，いわゆる「先行型市場志向」の発想の元に上市された製品（新製品）などごく少数に留まるのであり，世の中に登場する圧倒的

大多数の製品（新製品）は，「反応型市場志向」の結果として生まれる既存製品の改良や，すでに確立された市場・製品への追随として現れる模倣製品であることが一般的なのである。果たして，今日ではどれほどの製品（新製品）が，真の意味での「上澄み吸収価格政策」を採用することができているのであろうか。

(3) 市場浸透価格政策の現実的活用の実際

　このように，新市場や新製品カテゴリーの創出を伴う本来的な新製品（"真のイノベーション"として登場する新製品）の登場が見出し難い状況，さらには，技術や先発優位性に対する時限的有限性の問題からすると，そのわずかに生まれる実質的新製品について，いかに市場で存続することを認められ，シェアを安定的に維持させることができるのかが戦略的焦点となるのは，言うまでもないであろう。何しろ，どのようなテクノロジーであれ，今や後発企業が模倣・追随するような現象などいくらでも見られるのが，今日の技術開発競争の姿なのである。たとえば，SHARP が「プラズマクラスター」技術を開発して製品搭載をしたとて，その後には類似技術として，パナソニックが「ナノイー」技術，ダイキンが「ストリーマ」技術を製品実装するし，パイロットが，こすると消える「フリクションインキ」を開発し製品化に成功したとて，三菱鉛筆が「ユニボール R:E」を登場させるのである。したがって，このような市場環境及び技術開発競争の状況からすると，市場戦略の焦点が，自社が生み出したわずかな実質的新製品について，いかに市場シェアを安定化させ，その地位を守ることができるのか，ということにシフトしていくことは理の当然となる。

　そのような市場競争環境下では，たとえば市場浸透価格政策において，現実的なビジネスではテキスト的な考え方のもとで遂行するのではなく，自社製品等がデ・ファクト・スタンダードとなるための手段として利活用する現象が見られたりする。すなわち，ネットワークの外部性への効果が見られる業界や製品においては，市場シェアの奪取を企図したデ・ファクト・スタンダード獲得のために，市場浸透価格政策を利用するのである。自社製品等に対するデ・ファクト・スタンダードの獲得が叶えば，ネットワークの外部性からますます利用価値が高まることになり，より一層当該製品からの離脱を防ぐこと（スイッ

チング・コストを高めること）も可能になるのである。そうであればこそ，現実のビジネスでは，単に低価格で販売することで市場シェアを高めるといった戦術としてこの市場浸透価格政策を採用するのではなく，規格競争の制覇やデ・ファクト・スタンダードの獲得によって得られるさまざまな波及効果に注目した中長期的な戦略の一環として，あるいはその戦略達成手段と位置付けて，この価格政策を利活用するのである。

　近年では，たとえば次世代 DVD の規格を巡り，ブルーレイディスク（BD）と HD-DVD との間でデ・ファクト・スタンダードの獲得に向けた規格競争があった。現在 BD が世の中に広く流通していることからして，この規格競争は BD が勝利を納めた訳だが，このデ・ファクト・スタンダードの獲得に向けては，当時の SONY がタイミング良く「PlayStation 4（PS4）」を「キャプティブ・プライス戦略」と関連させて，戦略的に市場に打って出たことが知られている[22]。ここでの「キャプティブ・プライス戦略」とは，ハード製品（PS4 の本体）は比較的低価格として据え置きながら，ソフトウェア製品（たとえば，ゲームソフト，映画ソフト，音楽ソフトなど）を高価格に設定することで，そのソフトウェア製品に対する買い替えや追加購入から利益の創出を目指す，という考え方である。PS4 はこのキャプティブ・プライス戦略を念頭に置きながら，PS4 本体に，BD プレイヤーとしての機能や，インターネット動画配信サービスを利用できる機能を持たせたことで，ゲームを楽しむためのハード製品（ゲーム機としての本体）以外の用途を実装させたのである。そうすることで，新たに BD プレイヤーを購入したり，動画配信サービスを利用するために必要なハードウェアを購入したりする必要もなく，家族で同じ PS4 が使用できる状況（製品用途の拡張）を生み出したことで，PS4 の市場普及は一気に加速することになったのである。さらには，PlayStation 自体の技術革新（グラフィック性能の向上）に加えて，有名なゲームタイトルが相次いで PS4 版を提供し始めたことが相乗し，ゲーム機能面でもますます話題をさらうことになったという（『販促会議』2016 年 2 月号，96 頁）。

　この PS4 のケースが教えてくれるのは，企業が市場浸透価格政策を採用するとき，テキストが想定しているように製品単独で収益構造を見ている訳では

決してない，ということである。すなわち，市場でのデ・ファクト・スタンダードの獲得やキャプティブ・プライス戦略等との観点から総じて，戦略的観点からビジネス・モデルを描き，個別製品に対する役割やミッションを位置付けていることがわかるのである。そのような現実的なビジネス戦略からすると，テキストが説明するように，新製品を“単体”のものと捉えて，とにかく低価格の魅力によって顧客を惹きつけ，市場シェアの確保と拡大を目指すこと，そして，たとえコスト割れが続いたとしても，その後の累積生産量の増加に伴う「経験曲線」効果の発揮から，単位当たりの生産コストの低下が実現できる，と説明する方法は，現実的にはかなり稀なケースとなってしまっているのではないだろうか。

　ビジネスにおいては，ただでさえ初期投資の回収やその回収期間が問題となるため，低価格政策を採用することは，なおさら勝算のあるビジネス・モデルや収益モデルを描くことが必須となる。そのような現実的なビジネス問題を考慮せずに市場浸透価格政策を説明しているテキストは，いよいよ説明を改める時が来ているのではないだろうか。

（河内　俊樹）

【注】

21)　模倣戦略に関して，本質的に低価格戦略を採らざるを得ないことの原理については，河内（2020, 36 ～ 38 頁）にて，またコスト削減の考え方については，河内（2020 脚注（9））にて説明されているので，それらを参照されたい。

22)　ここでは価格設定に焦点を当てて記述をしているが，以下の資料では，価格以外にも，コアユーザーのみならずライトユーザーを取り込むために，ゲーム業界としては画期的であった「シェア機能」を搭載したことなどが紹介されている。その資料では，ゲーム内容の「ネタバレ」や情報拡散を抑止してきたゲーム業界の常識に対して，SONY が PS4 で常識を打破したことが紹介されている。
Business Journal［連載］安倍徹也『MBA 的ビジネス実践塾』第 7 回　ソニー PS4，ゲーム業界の常識覆す「Share」で「溝」乗り越え爆発的ヒットなるか？」(2014.3.20 公開）https://biz-journal.jp/2014/03/post_4424.html（2023.3.28 アクセス）

〔引用・参考文献〕
　大友純（2015）「企業の規模拡大志向とその問題点」碓氷悟史・大友純『賢い企業は

拡大主義より永続主義―マーケティング論と会計学が同じ結論に達した―』同文舘出版，25 ～ 45 頁.

大友純・河内俊樹（2020）「製品コンセプト創造の重要性とブランド化の論理」大友純・河内俊樹『ビジネスのためのマーケティング戦略論―企業の永続化を目指す実践的考え方―』同文舘出版，71 ～ 106 頁.

河内俊樹（2020）「マーケティングの視点から再考する企業・事業拡大志向の問題点」大友純・河内俊樹『ビジネスのためのマーケティング戦略論―企業の永続化を目指す実践的考え方―』同文舘出版，19 ～ 48 頁.

徳永豊（1966）『マーケティング戦略論』同文舘出版.

徳永豊（1980）『戦略的商品管理〔改訂版〕』同文舘出版.

「ヒットの仕掛け人に聞く！ Vol.97：実売台数 3000 万台突破　加速するする PS4 の普及戦略：ソニー・コンピュータエンタテインメント『プレイステーション 4』」『販促会議』（2016 年 2 月号）通巻第 214 号，95 ～ 98 頁.

Johnson, S. C., and C. Jones（1957），"How to Organize for New Products," *Harvard Business Review*, Vol.35, No.3, pp.49-62.

Kotler, P., K. L. Keller, A. Chernev（2022），*Marketing Management, 16th ed., Global ed.*, Pearson Education.

Rogers, E. M.（2003）*Diffusion of Innovations*, 5th ed., Free Press, a division of Simon & Shuster, Inc., エヴェレット・ロジャーズ著，三藤利雄訳（2007）『イノベーションの普及』翔泳社.

Business Journal ［連載］安倍徹也「『MBA 的ビジネス実践塾』第 7 回　ソニー PS4, ゲーム業界の常識覆す「Share」で「溝」乗り越え爆発的ヒットなるか？」（2014.3.20 公開）https://biz-journal.jp/2014/03/post_4424.html（2023.3.28 アクセス）

Section4

マーケティング・コミュニケーションと価値（製品）の送達

1 マーケティング・ミックスにおけるマーケティング・コミュニケーションと営業・人的販売の問題に関するインサイト

マーケティングの定義は，その概念（AMA の設立による）が成立して間もない 1930 年代の AMA による定義から 1960 年の「マーケティングとは，生産者から消費者または，使用者にいたる商品およびサービスの流れを指揮する事業活動の遂行である」とするマネジリアル・マーケティングの時代を経て，1960 年代後半から 1970 年代のマーケティングの概念拡張後には「マーケティングとは，個人目標および組織の目標を満たす交換を創造するためにアイデア，商品およびサービスのコンセプト，価格設定，プロモーションそして流通の計画の執行のプロセスである―1985 年，AMA ―」と大きくその適用範囲や捉え方が変化した。そしてさらなる概念拡張が行われた 2004 年の「マーケティングとは，顧客に対する価値を創造し，コミュニケートし，送達するための，および組織やその利害関係者に便益を与えるような方法で顧客との関係を管理するための組織的機能および一連のプロセスである」に続く 2007 年の改定で，その定義はさらに範囲を広げ，現代では「マーケティングとは，顧客，依頼人，パートナー，社会全体にとって価値のある提供物を創造・伝達・配達・交換するための活動であり，一連の制度，そしてプロセスである」（2017 年，AMA）となっている。

これらの定義を概観すると，マーケティングの適用範囲ないしはビジネスにおいて果たす役割は，テクノロジーの進化に伴う社会・経済の発展，そしてビジネスのコンセプトや適用範囲の広がりに対応して拡張し続けてきているということができる。

しかしながら，ここで事業活動（ビジネス）について翻って考えてみると，それらは社会・経済活動の一端であり，それらは人間の営み，あるいは人間の生活と人間どうしの係わりによって成り立っている活動である（社会・経済，それ自体が人間の営みである）。

すなわち，言い換えれば，マーケティングは，人と人とのコミュニケーションとそれを基にした企業の営業活動がその多くの部分を占めているのであ

る。それにもかかわらず，現代出版・使用されているマーケティングのテキストまたは教科書において，そのような記述は少なく，マーケティング活動が人と人との相互関係から生まれる活動というよりも，無機質的な？管理活動と記述されているように見受けられる部分も少なくないのである。多くのテキストにおいて，人間によるコミュニケーションや営業に関係する活動は，4Ps のプロモーションにおけるセールスマン活動または人的販売活動として記述・説明され，それに割かれている紙面・内容もかなり僅少である。たとえば，先に挙げた『コトラー，アームストロング，恩蔵のマーケティング原理：*Principles of Marketing 14th Edition*』丸善出版，2014 年では，人的販売に関して割かれているページは 412 頁中 12 頁で，その内容は「人的販売の本質，セールス・フォースの役割，マーケティングとセールスの調整，セールス・フォースの組織，セールス・パーソンの募集・選抜・訓練，セールス・パーソンの報酬，セールス・パーソンの管理と評価，販売プロセス・ステップ，プレゼンテーションとデモンストレーション」といったものであるが，それらがすべてこのわずか

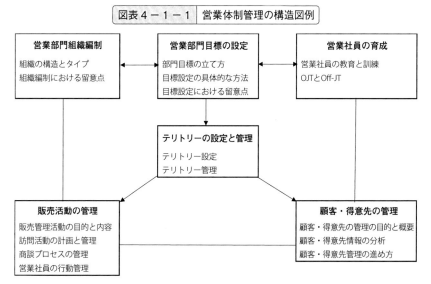

図表４－１－１　営業体制管理の構造図例

出所：徳永豊 監修，首藤禎史（1995）『ビジネス・キャリア制度認定通信講座 営業管理・営業体制（中級）』日本経営通信学院 編，NEC クリエイティブ 発行・制作，3 頁．

12 頁で解説されているのである。それどころか，わが国の著者による出版物では約 450 頁中わずか 8 頁ほどであったり，人的販売の説明に紙面が割かれていないものも見受けられる。

　IT やその他のテクノロジーの発展により SNS や Word of Mouth が影響力を持ち，パーソナルなコミュニケーションがいつでもどこでも可能になってきている現代において，直接的な人間の言葉や行動によるマーケティング・コミュニケーションはますます重要になってきている。そのような意味からいっても，マーケティングのトータルな視点からの人的コミュニケーションや人と人のつながりによる営業活動を見直す，または再認識し，それを基に事業戦略を構築していくことが必要となっていると言えるだろう。文字通り，組織は人と人が結びついて形成されており，ビジネスは人と人との係わりによる営みから成り立っていて，マーケティングは人と人を介した事業活動であり，営業活動なのである。

（首藤　禎史）

2 マーケティング・コストと人件費に関する疑問

　マーケティング・コストと人的販売に関係する費用においても，前項で議論したマーケティング・コミュニケーションにおける人的販売に関する問題と同様の問題が浮上する。

　マーケティング・コストに関しては，現代的な情報源として，インターネットで調べると「マーケティング活動に必要な経費。広告費，販売促進費，販売人件費，販売管理費，輸送・保管費などから構成される[1]」などと説明されているが，多くのマーケティングのテキストには，マーケティング・コストに関係する記述がほとんどといっていいほど見当たらない（先ほどから幾度となく例に挙げている『コトラー，アームストロング，恩蔵のマーケティング原理：*Principles of Marketing 14th Edition*』丸善出版，2014 年．においても同様である）。さらには，少々古い文献ではあるが，*Dictionary of Marketing Terms 2nd ed*, by AMA, 1995. という American Marketing Association の出版している辞書にも Marking Cost という項目は見当たらないのである。マーケティングが企業全体のもしくはある事業の核となる機能・活動であるならば，それに関わるコストを算出できなければ，その事業（ビジネス）の費用対効果，すなわち，あるビジネスのマーケティング活動に係る生産性やその効果が測定できないことになる。それにもかかわらず，マーケティング・コストに関する定義やその算定基準が明確に示されていないのである。そうでなければ，いくつかの文献ではマーケティング・コストというとそのビジネスもしくは事業セグメントの費用に占める広告費の割合をマーケティング・コストとして説明しているのである。これには，ある製品または事業分野におけるマーケティングの機能・活動が，広告費や販売管理費，輸送・保管費などといった多くの企業の機能概念に跨っているからであると考えられる。

　マーケティング・コストが市場調査費・広告費や物流費といった項目によって算定されるもう１つの理由としては，一般的に企業の会計報告が「広告・販売管理費」「物流費」などとして計上されるためにそれを利用することが適当

である，もしくは利用しやすいといったことが考えられる。しかしながら，前項で議論したように，マーケティング活動の主体は営業社員によるものである。一般的に言って，営業社員に係るコストは，会計の処理上は，人件費として計上されることになっているとされていたが，それは現在の会計処理上では「販売費および一般管理費」として計上・処理されることになっている。これにより，マーケティングに係るコスト，または費用対効果の計算は，算定することが非常に難しくなり，そのため，"マーケティング・コスト"と言った場合は，市場調査費や広告費および物流費のコストだけによるものになってしまうのである。

　さらに物流費に関しては，とある文献を見ると，「企業の財務諸表で物流コストに該当する勘定科目は，荷造り・保管費，運賃など社外に支払う物流費だけであります。しかし，これらが物流コストのすべてを表しているかというと，実際には少なくともこの2倍，多い場合には4～5倍もあります。では物流コストとは何を指すのでしょうか。物流には，①荷造り・包装，②荷役，③保管，④輸配送の4つの機能があります。具体的に製造業ならば，原材料・部品を調達し，加工・組み立てして製品に。卸売業では，仕入先から商品を仕入れ，保管し，お得意先への出荷，返品，不良品の処分。小売業の場合は，発注，入荷・検品，お客様への配達など，モノの動きにかかわる活動を『物流』といい，そのためにかかる経費を『物流コスト』といいます。企業の物流活動には，社外に支払われる『社外物流費』のほかに，自社の経営資源（人・機材・施設など）を使った『自家物流費』があります。ところがこの自家物流費は人件費，車両費，減価償却費，水道光熱費，支払金利などで決算書に一括表示されており，物流コストマネジメントの側面からもコストを正確に把握する必要があります。物流コストを計算する場合は，自社の業務のうちどれが物流にあたるかをまずハッキリさせた上で，物流コストデータを収集しましょう。通常，物流コストには，①物流人件費，②配送費（支払運賃，センターフィ，車両費，車両維持費など），③保管費（支払保管料，支払作業費，包装材料費，自家倉庫費，倉庫内機器費，在庫金利など），④情報処理費（情報機器費，消耗品費，通信費など）・・・などがあります[2]」となっているように，それ自体の算定がかなり困難である。

これで実際のマーケティング活動に関係したコストや，その費用対効果は算定できるのであろうか。どのようにして，マーケティング活動の効果，企業の投下資本に対するマーケティング活動の寄与率を算定・理解し，事業マーケティング活動に係る予算を算定すればよいのであろうか。

　戦略を立案・実行する上において，予算管理，ないしは予算配分は最も重要な課業の１つである。予算が決まらなければ，あるいはその事業・製品分野に適切に予算が配分されなければ，事業戦略を立案・実行することは困難である。これまでのマーケティングのテキスト，あるいはマーケティング計画・立案の手引書とされるものは，この問題について，極めてあいまいにしたまま（なおざりにしたまま）議論をしてきたのである。

（首藤 禎史）

【注】
1） https://dictionary.goo.ne.jp/word/2023/04/03.
2） https://digioka.libnet.pref.okayama.jp/detailen/id/ref/M2007101016191561318#:~:
　　text=『デジタル岡山大百科』2023/04/01.

3 ダイレクト・マーケティングの概念と捉え方に関する再検討

　近年，amazon.com やメルカリなどのデジタル通信販売業者や SNS を用い
た C to C の取引の台頭により，もともと不明確であったダイレクト・マーケ
ティング（direct marketing）や通信販売に関する捉え方や概念がきわめて不明
確，というよりもあまりにも曖昧かつ，どのように整理し，捉えればよいか解
らない状況になっていると痛感している。

　既揚の『コトラー，アームストロング，恩蔵のマーケティング原理：
Principles of Marketing 14th Edition』（丸善出版）によると，それらについて以下
のように説明されている[3]。

　「ダイレクト・マーケティングとは，ターゲットとする消費者と直接的に関
わることであり，1対1の双方向を基本とする。企業は詳細なデータベースを
利用し，限定した購買者のニーズに合わせて，市場提供物やコミュニケーショ
ンを考える。一般的にダイレクト・マーケティングではブランドやリレーショ
ンシップを構築することで，顧客からの直接的な反応を求める」。

　そしてダイレクト・マーケティングの形態として以下の図のような体系を示
してそれを説明している。

　これによると，人的販売はダイレクト・マーケティングの1つのようだが，
製造業者のそれと（製造業者によっても人的販売方法はさまざまである），小売業者
のそれとは販売方法も販売相手も異なるであろう。たとえば製造業者のダイレ
クト・マーケティングであれば，配置された得意先を中心に訪問販売を行うな
どすることが多いが，小売業者の人的販売は不特定多数の消費者に販売するこ
とを前提としている。また，カタログ販売もダイレクト・マーケティングに分
類され，説明されているが，周知のとおり，小売業者もカタログ販売や通信販
売は古くから採用している。ダイレクト・メール販売についても同様に，古く
から小売業者の販売チャネル（販売方法）の1つである。さらには，キオスク・
マーケティングがダイレクト・マーケティングに分類されているが，キオスク
は小売業者もしくは卸売業者の主催するチェーン小売方式であるとされてき

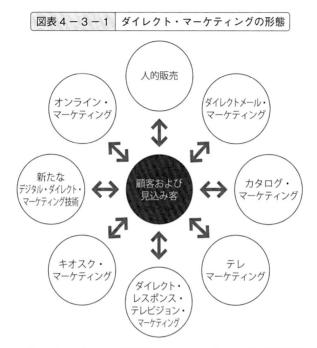

図表４－３－１　ダイレクト・マーケティングの形態

出所：フィリップ・コトラー，ゲイリー・アームストロング，恩蔵直人（2014）
『コトラー，アームストロング，恩蔵のマーケティング原理：*Principles of Marketing 14th Edition*』丸善出版，355頁.

た。しかしながら，本書では，「空港やホテル，大学のキャンパスに情報と注文を取り扱う機械，すなわちキオスク端末（進化した自動販売機）を設置するようになってきた[4)]」としている。確かにキオスクは通常の小売チェーンとは異なる形態で，鉄道事業者や新聞販売店などが運営する小型の販売スタンドであるとされ，一般の小売チェーン店とは区別されていたが，実態は特定の事業者が経営する小売チェーンである。このキオスクがなぜダイレクト・マーケティングに分類されるのか。また，当該書の記述をそのまま理解したならば，それは自動販売機による販売ではないのか。なぜキオスクという分類なのであろうか。テレ・マーケティングやダイレクト・レスポンス・マーケティングにも同様の疑問が生じるのである。さらには，同書の説明にもそうあるが，これらのビジネス方式はどれを採っても one to one（1対1）の取引を前提としているも

のではないのである。

　そもそもダイレクト・マーケティング（direct marketing）とは，*Dictionary of MARKETING TERMS*, Peter D. Bennet-ed, American Marketing Association, 1988，では，「販売業者が購買者との商品やサービスの交換を遂行することにおいて，電話や郵便，人的な触接訪問によって，得意先または顧客からある反応を請い求める目的のために，１つないし２つのメディア（ダイレクト・セリング（直接販売），ダイレクト・メール，テレマーケティング，直接反応広告，カタログ販売，ケーブル（テレビ）販売など）を利用して標的のオーディエンスに対して努力を差し向ける活動のすべてである」とされていた。これが，*Dictionary of MARKETING TERMS second edition*, Peter D. Bennet-ed, American Marketing Association, 1995，になると「1.（小売業の定義）顧客が非人的な方法を通じて商品に晒され，電話または郵便によって商品を購買する非店舗型小売業の一形態である。2.（流通チャネル上の定義）…上掲の 1988 年の定義に同じ」とされており，ダイレクト・セリング（direct selling）の項では「1.（販売の定義）人的な説明またはデモンストレーション（しばしばそれは彼らの家庭や職場で行われる），および顧客に対する商品またはサービスの直接的販売を含むマーケティング・アプローチである。2.（小売業の定義）企業がそれによって中間業者の介在なしに使用者，最終消費者，あるいは小売業者に対する商品の販売に対して責任を負うプロセスである（nonstore retailing を参照）」となっている。

　これらのインターネットを介したダイレクト・マーケティング，あるいはオンライン・マーケティング以前の定義においても，その捉え方は不十分であると言わざるを得ないばかりか，どちらの Dictionary にも mail order（通信販売）に関する記述もないのである。

　一方，オンライン・マーケティングという言葉は比較的新しい言葉であることから，インターネットを利用してその意味・内容を調べてみると，それは概ね，インターネット・マーケティングや e ビジネスとほぼ同じ意味であることが示されている。すなわち，インターネットを用いた通信販売のことを時代や立場の違いからその場その場で用いやすい言葉で表現しているうちの１つがオンライン・マーケティングであるようである。このようなこととなると，話は

| 図表4－3－2 | オンライン・マーケティングの領域 |

	消費者を標的	企業を標的
企業が主導	B to C （企業から消費者へ）	B to B （企業から企業へ）
消費者が主導	C to C （消費者から消費者へ）	C to B （消費者から企業へ）

出所：フィリップ・コトラー，ゲイリー・アームストロング，恩蔵直人（2014）
『コトラー，アームストロング，恩蔵のマーケティング原理：*Principles of Marketing 14th Edition*』丸善出版，363頁.

さらに複雑かつ，どう捉えたらよいのかわからない状況になっていく。

　たとえば上掲の『コトラー，アームストロング，恩蔵のマーケティング原理：*Principles of Marketing 14th Edition*』（丸善出版）によると，オンライン・マーケティングの領域は図表のごとく，4つの領域に分かれるとされている。

　ここでは，オンライン・マーケティングの基本的な形態として企業が消費者ないしは顧客である企業または組織に販売するB to CとB to Bがあり（図の上段），近年のSNSや取引プラットフォームなどの発展により下段の消費者どうしの取引であるC to C，さらには消費者から企業または組織に商品・サービスを販売するC to Bもますますその取引量が増えている状況にあるとしている。

　しかしながら，ここで改めてマーケティングの定義もしくはそのコンセプトを考えなおしてみると，確かに直近の定義にも「顧客，依頼人，パートナー，社会全体にとって価値のある提供物を創造・伝達・配達・交換するための活動であり，一連の制度，そしてプロセスである（2017）」となっており，その対象・適用範囲はかなり拡張されたものになってはいるが，消費者どうしが提供物を交換したり，消費者が企業に何かを提供するといった活動を果たしてマーケティングと呼ぶのかと言うと，いささかの疑念が生じてくる。

　おそらく，かつて製造業者が直接その資源を用いて消費者に製品を販売する行為をダイレクト・マーケティングと呼んだのは，生産と消費の関係に中間業者が介在するのが一般的な商品送達形態であると考えた研究者またはビジネ

ス統制者が，そう呼んだと考えられる。しかしながら，既述のごとく，カタログ販売や通信販売（mail order）は，小売業者の発展過程において出現・活用された販売形態でもあり（Sears や Montgomery Ward など），製造業者が直接，消費者と取引をする手段であるとは必ずしも言えない（確かに，古くはシンガー（Singer Corporation）や GM（General Motors）は営業社員による消費者の自宅訪問販売を行っていたという記述は残されている）。

　また，既述のように，テクノロジーの進化により Amazon や Alibaba は，その事業形態は以前のマーケティングの考え方では捉えられないような発展・拡大を遂げてはいるが，その原型であるインターネット・マーケティング，あるいは e コマースはインターネットを利用した通信販売であると言及できる。

　このように考えたならば，現代においてはダイレクト・マーケティングという言葉の取り扱い方を「製造業者のその資源を用いた消費者への訪問販売方式によるもの」，通信販売を mail order の邦訳とするのではなく，日本語で用いる「通信手段（郵便，テレビ・ラジオ，インターネット）を用いたマーケティング・販売方式」などとしたほうが現実的であり，そのような枠組みを基本としながら，変化の著しいこれらの言葉あるいは活動を捉えなおすことが必要であると提言する。

（首藤　禎史）

【注】
3）フィリップ・コトラー，ゲイリー・アームストロング，恩蔵直人（2014）『コトラー，アームストロング，恩蔵のマーケティング原理：*Principles of Marketing 14th Edition*』丸善出版，353 頁.
4）同上書，358 頁.

4-1 マーケティング・チャネルと4PsのPlaceに関する議論について

　現代マーケティングの基礎とされるマーケティング・ミックスの代表的変数であるE. J. McCarthyの4Ps（4つのP；Product, Price, Place, Promotion）において，"場所"と日本語に訳されるPは，PlaceのPである。Placeは，McCarthyの *Basic Marketing 4th Edition*（*Richard D. IRWIN, INC. 1971*）では，Marketing management and strategy planning, 2の章のDeveloping marketing mixesの節のPlace – reaching the targetの項目のところで「製品サービスは，もしそれが顧客がそれを欲する時や場所を知り得なければ，顧客にとって十分な（喜ばしい）ものではない。私たちは，その商品およびサービスがどこで，いつ，誰によって販売のために提供されるかを考えなければいけない。例えば，複雑な流通チャネルを必要とする場合もあれば，一方で極めて単純な方法が効果的な時もある。卸売，小売，輸送，そして貯蔵は，ほとんどの商品やサービスの流通においてある役割を果たしている[5]」と述べられており，そして，Place – introductionの章の冒頭では，「私たちはPlaceという用語を標的顧客を充足するために必要とされる時間，場所，そして所有の効用を提供するのにつぎ込む活動のすべてと言及するために用いる。（中略）Placeに関する決定は，マーケティング施設の立地やその選定，輸送，保管（倉庫）業者，卸売業者，そして小売業者を含むマーケティング・スペシャリストの利用に関係しているのである[6]」と言及されている（初版本を探索したが，第4版しか手に入らなかった。初版本では異なった記述がなされていた可能性は拭いきれないことを明記しておく）。

　しかしながら，わが国の多くのテキスト，あるいは幾度か取り上げている『コトラー，アームストロング，恩蔵のマーケティング原理：*Principles of Marketing 14th Edition*』（丸善出版）などは，このPを「流通経路（Channel）」の設計もしくはそれに係わる意思決定の変数として説明している[7]。そうであるなら，このマーケティング・ミックス変数は3P＋Cと説明するべきではないだろうか。

| 図表4－1－1 | マーケティング・ミックスにおける4つのP |

```
        製品                              価格
        品種                              表示価格
        品質                              割引
        デザイン                          アロウワンス
        特徴                              支払期限
        ブランド名          標的顧客       信用取引条件
        パッケージ
        サービス          意図する
                        ポジショニング

        プロモーション                    流通
        広告                              チャネル
        人的販売                          流通範囲
        販売促進                          立地
        パブリック・                      在庫
        リレーションズ                    輸送
                                        ロジスティクス
```

出所：フィリップ・コトラー，ゲイリー・アームストロング，恩蔵直人（2014）『コトラー，アームストロング，恩蔵のマーケティング原理：*Principles of Marketing 14th Edition*』丸善出版，51 頁.

【注】

5） McCarthy, E. J. (1971), *Basic Marketing 4th Edition*, Richard D. IRWIN, INC. p.45.

6） *Ibid*, p.371.

7） フィリップ・コトラー，ゲイリー・アームストロング，恩蔵直人（2014）『コトラー，アームストロング，恩蔵のマーケティング原理：*Principles of Marketing 14th Edition*』丸善出版，51 頁.

4-2 マーケティング・チャネルと4PsのPlaceに関する議論について―流通システムの観点から―

　4PsにおいてPlaceとして表現されるマーケティング・チャネル政策とは，製造業者が製品の消費者に到達するまでの流通プロセス全体をどのように決定するかを設計する領域である。しかし，多くのテキストのマーケティング・チャネル政策の内容は現代の流通システムを正確に反映したものとなっていないことも多い。それは，マーケティング・チャネル政策について言及する際に流通システムをめぐるパラダイムの歴史的・構造的な理解や言及が不十分であることに起因している。この課題も，Placeとマーケティング・チャネル政策の分断を作り出しているといえよう。

　マーケティング・チャネルの初期の研究では，流通機構を前提としたマーケティング・チャネル研究が展開されていた。マーケティング研究の嚆矢となるShawの研究からもわかるように1900年代初頭の大量生産体制によって出現した市場問題に対するアプローチとして，マーケティング・チャネル研究は初期マーケティングの中心的な役割を担っていた[8]。初期のマーケティング・チャネルの研究では，財の社会的移転プロセスについて焦点が当てられており，製造業者が自身の製品がどのような継起的段階を経て消費者に至るのかを主な研究対象としていた。マーケティング・チャネルの研究が芽生えた1910年代当時には産業革命によって大規模生産が確立したことで，製造業者は巨大化しつつあったものの，流通の継起的段階を担う流通業者（商業者）の自立性を脅かすほどの影響力を有していなかった[9]。そのため，製造業者にとって流通業者は統制不可能な環境として，マーケティング・チャネル政策を講じる必要があったのである。Howardは統制不可能な環境の1つとして流通を諸機関（製造業者・流通業者）の全体像として扱い，マーケティング・チャネルを製造業者による自身の製品を流通させるための諸機関の組み合わせとして判別している[10]。また，このような流通構造を前提としていたことからマーケティング・チャネル政策の研究は最寄品・買回品・専門品といった商品の分類，消費行動を基礎に分類した種類別のチャネル選択，販売窓口の広狭を考慮したチャ

ネル・カバレッジ，チャネルの段階数を考慮したチャネルの長短選択などがある。このように初期のマーケティング・チャネルの研究では，流通業者（特に小売業者）との共生を前提としていたことがわかる。

　しかし，1920年代以降，小売業者との共生を前提としたマーケティング・チャネル政策の方向性は，米国において流通システムの地殻変動が起こったことから大きな転換がなされた。その地殻変動を起こすことになった第1の現象として，米国ではチェーン・システムを基盤に置く小売業者の組織化（チェーン・ストア，スーパーマーケットなどの出現と発展）が急速に進んだことが挙げられる。組織化された小売業者は，店舗数の拡大に伴う仕入れ数の増加によってバイイング・パワーを獲得し，卸売機能を統合することで販売力を巨大化したことで，製造業者にとって大きな脅威となった。第2の現象として，大量生産体制の成熟化により流通段階における過重在庫問題が表面化したことが挙げられる。この過剰在庫問題は，小売業者による乱売を引き起こすこととなり，商品のブランド価値を維持したい製造業者は流通業者との対立を深めることになった。そのため，製造業者は圧力を増す大規模化した小売業者への対抗策として，中小小売業者を自身の販売組織に組み込み自身のマーケティングを遂行していく垂直的マーケティング・システム（Vertical Marketing System）を導入した。

　このような大規模化した小売業者による圧力への対抗策として導入された製造業者による垂直的マーケティング・システムの出現から，1950年代−1960年代にはRidgewayらによってマーケティング・チャネル政策のパラダイムは，統制不可能な流通システムを前提にチャネルをいかに選択するのかから，チャネルの組織化へと移ったのである[11]。また，製造業者による中小流通業への販売組織化の動きは，チャネル・リーダーとなる製造業者が他チャネル・メンバーをいかに主導しうるのかの論点を有することから1970年代−1980年代にはEtgarやSternらにより社会経済的システムの視点を基礎にしたマーケティング・チャネル政策を展開した[12]。

　製造業者による中小小売業者の販売組織化の動きは，これまでの流通業との共生という流通システムへの受容的な姿勢から，流通システムへの積極的な介入といった能動的な姿勢への変化を意味する。つまり，製造業者によるマーケテ

ィング・チャネル政策は流通業者との共生から離脱し，自身の販売経路をいかにコントロールするのかに変化していったのである。

　しかし，1980年代以降，市場の成熟化による寡占化に伴う製造業者間の競争の激化，競争法の強化等の流通システムをめぐる大きな環境変化により，製造業者による流通システムへの積極的な介入を志向するマーケティング・チャネル政策は有効に作用しなくなってきた。製造業者は大規模化した小売業者との共存を選択せざるを得なかったことから，マーケティング・チャネル政策の論点は，取引コストの抑制を基礎とするチャネル・メンバーとの関係を重視する協調関係の構築（関係性アプローチ）にそのパラダイムを移していくことになったのである[13]。

　2000年代以降，ICTの発展によって消費者は情報の非対称性から解放され，自ら市場にアクセスすることが可能となった。また，流通システムにおいても，デジタル空間で重要な役割を担うプラットフォーマーにより運営・管理されるECモールや，一部の製造業者が自身のオンライン・サイトにおいて直接消費者と取引をするD2C（Direct to Consumer）といったこれまでにない新たな流通システムとなるEコマースが出現した。デジタル化した社会における流通システムでは，流通業者は以前ほど中心的な役割を果たさないかもしれない。そのため，今後はこのデジタル化した社会における流通システムを含意した新たなパラダイムに基づくマーケティング・チャネル政策へと議論が展開されていく必要がある。

　マーケティング・チャネル政策は，流通システムのその都度の変化に大きく影響を受けそのパラダイムを移してきた。しかし，多くのテキストでは，流通システムの変化とマーケティング・チャネル政策のパラダイムの変化の繋がりへの言及が欠如していることから，マーケティング・チャネル政策とPlaceの揺らぎを結果的に生み出したのではなかろうか。本来のPlaceの意味するところは，製造業者は，常に自身の価値（製品）を消費者に到達させるための最適なプロセスとなる"場（Place）"の形成・選択といえよう。しかし，その"場"の基盤となる流通システムは常に変化を続けている。Placeとしてのマーケティング・チャネル政策を展開していくには流通システムへの視角を融合させて

いく必要がある。

（首藤 禎史・野木村 忠度）

【注】

8) Shaw, A. W. (1915), *Some Problems in Market Distribution*, Harvard University Press. 丹下博文訳 (1992)『市場流通に関する諸問題』白桃書房.

9) 米国では 1904 年に商業の自立性を大きく制限する行為となる再販売価格維持行為が最高裁判決で原則違法 (per se illegal) として扱われたことも大きく影響している。Dr. Miles Medical Co. v. John D. Park & Sons, 220 U.S. 373 (1911).

10) Howard, J. A. (1957), *Marketing Management: Analysis and Decision*, Richard D. Irwin, pp.6-7 and p.179.

11) Ridgeway, V. F. (1957), "Administration of manufacturer-dealer systems" *Administrative Science Quarterly*, 1(4), 464-483. 他に Mallen, B. (1963), "A theory of retailer-supplier conflict, control, and cooperation" *Journal of Retailing*, 39(2), pp.24-33. などがある。

12) Stem, L. W. (1969), *Distribution channels: Behavioral dimensions*. Boston: Houghton Mifflin. 他に Etgar, M. (1977), "Channel Environment and Channel Leadership" *Journal of Marketing Research*, 15 (February), 1977, pp.69-76. などがある。

13) Arndt, J. (1979), "Toward a Concept of Domesticated Markets," *Journal of Marketing*, 43 (Fall), 1979.

5 オムニ・チャネルと垂直的マーケティング・システムとの関係

　多くのテキストではICTの発展によって出現した小売システムの現象であるオムニ・チャネルや製造業者の新たなチャネル戦略となるD2C（Direct to Consumerの略）について概観を述べるのに留まっており，デジタル化した社会における流通システムを前提としたマーケティング・チャネル政策について整理・言及がなされていない。ここでは，まずICTの発展によって出現した新たな小売システムにおける動態について整理していく。

　ICTの発展は消費者に市場情報へのアクセスを容易にし，またEコマースという新たな流通システムを生み出した。Eコマースは大きく3つに分類することができる。まず第1にプラットフォーマーと呼ばれる事業者が，取引の場となるプラットフォームを運営・管理するデジタル空間上のショッピングモールとなるECモール（Amazonのように出店事業者にプラットフォームを提供するが，自身が管理する商品も自身のプラットフォームで販売することでプラットフォーマー兼小売業者の役割を担う形態もあれば，楽天が運営する楽天市場のようにプラットフォームの運営に専念する形態，ヨドバシカメラのように小売業者がリアル店舗の利便性を武器に運営されるプラットフォーム等もある。また，近年ではInstagramやTikTokなどのSNSプラットフォームを利用したECモールもある）。第2に製造業者が消費者とオンライン上での取引を可能にするD2C（Direct to Consumer），第3にプラットフォームを介した消費者間（Consumer to Consumer）取引，がある。これらEコマースは2000年代以降，急激に成長したが，既存の大規模小売業者もまたデジタル化した流通システムへの対応を図ろうとした。

　ICTの発展により情報へアクセスが容易になった消費者と，先述のECモールの急激な成長は，バイイング・パワーを背景にこれまでの流通システムに大きな力を有していた大規模小売業者に対してデジタル化への対応を迫った。大規模小売業者のデジタル化への対応として代表的なものがオムニ・チャネル（Omni Channel）である。1990年代半ば以降のインターネットの普及によって出現したECモールに対抗するために，大規模小売業者は自社のオンライン・

ストアを設立し，リアル店舗との連動による優位性を構築しようと試みるクリック＆モルタル（Click & Mortar：デジタル店舗×リアル店舗）戦略を導入した。このクリック＆モルタル戦略は大規模小売業者のデジタル化への対応の第一歩となったが，大きな課題も有していた。デジタル化に迅速に対応した合理的な消費者は同じ小売業者が運営するオンライン店舗とリアル店舗を自身の状況に合わせて効果的に販売選択を試みようとするが，オンライン店舗とリアル店舗が別々に設計・管理されていることもあり，小売業者は，適切に対応することが困難であった点である。

　そのため，大規模小売業者はデジタル化時代における合理的な購買行動を採る消費者に対応した新たな試みとして複数の販売経路をデジタル空間上で統合するオムニ・チャネル（Omni Channel：販売チャネルの統合）戦略を導入した。オムニ・チャネルでは，デジタル社会における消費者の視点から，流通業者が事業の観点から設計・管理している複数の販売チャネルを統合することでシームレスな購買機会の提供を追求している。そこでは，オンライン店舗の利点である場所的・時間的制約からの解放や商品情報の入手容易性などの利点と，実店舗の利点である買い物体験の提供や従業員によるサービス等の利点との融合を志向している。オムニ・チャネル戦略が最初に出現した米国では，2010 年の Macy's（デパートメント・ストア）を皮切りに，Wal-Mart（スーパーセンター）や Walgreens（ドラッグ・ストア）などでオムニ・チャネルが展開されていった。Macy's では，デジタル店舗と実店舗の効果的な横断を計画していた。同社では，消費者のデジタル社会における洋服の検索行動に着目し，①商品の在庫とその店舗をデジタル情報で開示，②撮影した洋服と同じ洋服と在庫店・在庫数を開示，③実店舗でのスタイリスト・サービスの提供，を行うことでリアル店舗への誘導を行うとともに，商品在庫が近隣の店舗にない場合には消費者に直接配送される仕組みを導入することで，オンライン店舗とリアル店舗との効果的な横断化に成功し，2010 年から 2011 年には売上を 40％も増大させた。2023年には小売業界の最大手の Wal-mart はオムニ・チャネル・リテーラーと自社の事業を表現している[14]。

　しかし，大規模小売業によるオムニ・チャネルは成功していると言い難い状

況にある。Macy's のオムニ・チャネル戦略の成功は長続きせず，2016 年以降低迷が続いている[15]。日本では 2023 年 1 月，わが国のオムニ・チャネル戦略の先駆者であったセブン & iHD の Omni7 のサービスが終了した[16]。これらオムニ・チャネル戦略の苦境の要因の 1 つには，大規模 EC モールによるリアル店舗への進出がある。米国において Amazon 社は 2017 年に高級食品スーパーマーケットの Whole Foods を買収し[17]，日本においても 2018 年に楽天が総合スーパーマーケットの西友と提携した楽天西友ネットスーパーのサービスを開始し順調な成功を収めている。このような EC モールがリアル店舗に参入・提携する背景には，リアル店舗を EC モールへの導入口にすることでネットワーク効果（ネットワーク外部性）を増大させることを意図している。

　第 2 の要因として，オムニ・チャネルではリアル店舗およびオンライン店舗で販売される商品は基本的に同一の価格が求められ，品揃えの観点からは同一グループ内の取扱い商品しかないことから商品の幅や深さは EC モールと比べ限定的となってしまい，消費者からの積極的な支持を得られなかったからである。

　一方で，EC モールに基盤を置くオムニ・チャネル戦略（EC に基礎を置いた実店舗への進出）では，オンライン店舗とリアル店舗で扱う商品を棲み分け，オンライン店舗の利点（商品の幅・深さ）とリアル店舗の利点（消費者との接合）を生かすことで，シナジー効果を創出している。今後，大規模小売業主導のオムニ・チャネル戦略は，店舗における特別な購買体験や物流面での優位性を構築することができなければ，EC モールによるオムニ・チャネル戦略に対抗することは困難となろう。

　また，ICT の発展は流通システムの環境を変えたことから，それに付随して製造業者のマーケティング・チャネル政策にも大きな変化が生じた。ICTの発展は，流通業者を介さず製造業者と広範囲の消費者との取引を可能にする新たなチャネルとなる，D2C（Direct to Consumer）の可能性を大幅に広げた。D2C はデジタル空間を通して，製造業者と消費者を直接的に結びつけるものであり，直接流通ともいえる。直接流通はこれまでも存在していたが，その範囲や効果は限定的なものであった。しかし，すでに強いブランドを確立してい

る製造業者は流通業者を介さず，自身のオンライン・ショップを通じて消費者との取引が可能となった。流通業者を介在しないことで，製造業者は自身の扱う商品について価格の決定権を常時持つことでブランドのコントロールが可能となり，製品差別化をより効果的に行うことができる。D2C は強いブランドを構築している製造業者にとって理想的な垂直的マーケティング・システムの1つだといえよう。

　今後，大量販売・低価格政策を追求する大規模流通業者とデジタル空間で大量・低価格販売を追求していく E コマースといった流通システムの中で，マーケティング・チャネル政策を通じてどのように価値を創るか，が重要になってくる。

（野木村 忠度）

【注】

14）Walmart（2023），"Walmart Outlines Growth Strategy, Unveils Next Generation Supply Chain at 2023 Investment CommunityMeeting," https://corporate.walmart.com/news/2023/04/04/walmart-outlines-growth-strategy-unveils-next-generation-supply-chain-at-2023-investment-community-meeting（2023 年 9 月 20 日参照）

15）2020 年から 2023 年にかけて 125 店舗を閉鎖し，2,000 人の人員整理を計画している。

16）「セブン＆アイ　総合通販サイト「オムニ 7」23 年 1 月終了」『日本経済新聞』（https://www.nikkei.com/article/DGXZQOUC161R60W2A111C2000000/）2023 年 8 月 17 日閲覧。

17）「アマゾンが 1.5 兆円買収　米高級スーパー「ホールフーズ」」『日本経済新聞』（https://www.nikkei.com/article/DGKKZO17798620X10C17A6EA6000/）2023 年 8 月 17 日閲覧。

6 水平的拡大（多角化）およびブランド拡張と企業成長に関するインサイト

　先の「ブランド拡張とライセンシングおよび OEM に関する問題」でも触れたが，企業は，基本的には売り上げを伸ばすため，あるいは成長するために商品の数を増やしたり，他の事業分野に参入したりすると考えるのが最も定石的である。

　幾度となく引用しているフィリップ・コトラー，ゲイリー・アームストロング，恩蔵直人（2014）『コトラー，アームストロング，恩蔵のマーケティング原理』丸善出版の 39 〜 41 頁にもあるように，多くのマーケティングの教科書はこの問題については，H. I. Ansoff が提唱した成長ベクトル・マトリックスによってこれを説明している。改めてそれを，製品（product）と市場（market）の 2 つの次元によって構成される 2 行 2 列のマトリックス図で説明すると（図表 4 − 6 − 1；図表では訳者は mission（市場と通常されている）を「使命」としている），その各々のセルは企業もしくは事業の既存ポジションと新規ポジションによって示されている。これらは 4 つの基本戦略，すなわち，既存市場—既存製品（製品を変更することなく売り上げを伸ばす）であれば市場浸透戦略を採用し，既存製品—新市場（現在の製品に対して新しい市場を見つけ，開拓していく）であれば市場開拓戦略を，そして既存市場—新製品（製品改良あるいは新製品を既存市場に提供する）の場合は，製品開発戦略を選択し，新製品—新市場（既存製品の事業とは明らかに異なった市場で事業を開始したり，他の事業を買収したりする）戦略を採用

図表 4 − 6 − 1　アンソフの成長ベクトル

使命　　製品	現　在	新　規
現　在	市　場　浸　透	製　品　開　発
新　規	市　場　開　発	多　角　化

出所：H. I. アンソフ，中村元一・黒田哲彦訳（1996）『最新・戦略経営』産能大学出版部，147 頁.

する場合には多角化戦略と定位づけたものである。

　また，H. I. Ansoff は多角化について製品（商品）と市場におけるシナジー効果を基礎に，水平的多角化，垂直的統合，集中型多角化，集成（コングロマリット）型多角化の４つのパターンを挙げている[18]。

図表４－６－２	多角化における成長ベクトル

	製品　　顧客	新製品	
		関連しているテクノロジー	テクノロジーの関連なし
新市場	同じタイプ	水平的多角化	
	自社内顧客	垂直的統合	
	類似したタイプ	（1）	（2）
		集中型多角化	
	新しいタイプ	（3）	コングロマリット型多角化

（1）マーケティングとテクノロジーが関係している
（2）関連したマーケティング
（3）関連したテクノロジー

出所：Ansoff, H. I. (1965), *CORPORATE STRATEGY*, McGraw-Hill, p.132.

水平的多角化：多角化する企業の経済的環境以内での動きから構成される。そのため，水平的なオポチュニティーを偶然に得られる産業は通常，低い柔軟性に位置付けられ，安定的な事業改善に進むことはほとんどない。このタイプの多角化には，その企業が継続的に既存のマーケティング・チャネルを通じて販売を続けるために，そのシナジーに強い脅威が存在し続ける。

垂直的統合：この動きは，不安定性に対してより敏感であり，柔軟性においてもかなり低い。垂直的統合は，実際，より多くの製品を同じ流通プロセスに投入し続けることで，経済需要の特定のセグメントへの依存度を高めることになる。

集中型多角化：この動きは，類似した技術またはマーケティング分野に事業拡大を図るもの，または新しい技術で既存製品と新製品との間で新たな市場に進出する方法であるが，多くの企業は，この方法よりも次のコングロマリット型の多角化の道をたどっている。

コングロマリット型多角化：既存の事業領域とは全く異なる分野や新製品ま
たは新サービスを開発し，新市場への進出を図る動きであると紹介されて
いる。しかしながら，Ansoff 本人は，企業が戦略を持つよりも利益を優先
した結果，または他の事業とのシナジーを得るために高度に専門化，あるい
は技術を陳腐化した結果としてこの方向が生まれることがよく見られると
CORPORATE STRATEGY (1965) では述べている。

　また，この集中型とコングロマリット型の２つの動きは，上述の両タイプよ
りもシナジーが働くためにリスクは少なく，収益は高いとしている。

　しかしながら，周知のごとく，この成長ベクトルは小売業には当てはまらな
い。なぜなら，小売ビジネスは品揃え（複数の商品の組み合わせ：assortment）と
購買活動に関係するベネフィットまたは「購買の楽しさ（shopping enjoyment）」
を販売するビジネスであるために，製品―市場概念では説明できないからであ
り，小売業での多角化と言った場合は，明らかに異なったサービス・ビジネス
に参入する，つまり明らかに異なったサービスを提供する場合（小売業と一緒
に映画館を経営する，小売業者がフィットネス・クラブを運営するなど）でないと多
角化とは考えにくいからである（垂直的レベルを含む）。

　その一方で，製造業（メーカー）においては，先のブランド拡張の問題の項
でも取り上げたように，どこからどこまでがライン拡張でどこからどこまでが
カテゴリー拡張であり，それは多角化なのか市場開拓なのかといった問題と関
係した，いったいどこからが製品改良で，どこからが新製品と定義するかとい
った問題が常に付きまとうのである。

　これに加え，企業成長に関連する戦略と組織構造の展開に関する問題は，
マーケティングのテキストではほとんど議論されることはなく，既述のよう
に，専らブランドの拡張ないしは，それらの異種市場での展開に関する問題と
して取り扱われているのである。しかしながら，Ansoff の成長ベクトルにも
示されているように，ブランドの拡張とは製品の多品種化・多角化と同じ事業
アクションであり，それはまた，水平的または垂直的な異分野への事業拡張と
して実際には実行されることが多いと言えるのである。これに関しては，A.
D. Chandler, Jr. によると，事業の成長・拡大はまずは量的拡大から同業他社

| 図表４－６－３ | 企業の視点から見たブランドと製品カテゴリーに関係した新しい成長機会 |

製品カテゴリー

	新規	既存	
	新製品	側面（改良）ブランド (Flanker Brand)	新規
			ブランド名
	フランチャイズ 拡張	ライン 拡張	既存

出所：Tauber, E. M. (1981), "Brand franchise extension: New product benefits from existing Brand Names" *Business Horizons*, 24(2), p.37.

との結びつきを強める地理的拡大（水平的統合）へと進み，市場が急拡大を進めてからは，その供給先を求め，かつコスト削減と販売先や仕入先への依存度（リスク）を低減するために垂直的統合へと展開していくとされる[19]。

　つまり，ある事業組織が事業の拡大もしくは市場での地位，あるいは市場それ自体の拡大を目指す場合は，初期のデュポンやGMのように，まずは同業他社を買収または事業傘下に取り込むという水平的拡大（ブランド拡張）を行い，次に取引コストの低減も視野に卸売業や小売業を手掛けるというような垂直的な拡大へと展開を図るといったことが20世紀の初頭には多く見受けられた。この後さらなる成長・拡大を目指す事業組織は，買収した，あるいは異種市場で展開した事業を事業部として管理するという事業部制組織編成へとさらなる組織的な拡大とより効率的な資源の獲得と展開を目指したのである。

　一方，チャネル政策からこの問題を考察した場合，一般的な教科書におけるチャネル政策を概観してみると，まず製造業者が，自身が扱う商品ごとのマーケティング・チャネル政策を計画することになっている。チャネルのタイプは，大きく分けると消費者へ直接販売を行う直接流通と，流通業者（卸売業者・小売業者，または小売業者のみ）を経由して商品が販売される間接流通に分けられる。間接流通において展開されるマーケティング・チャネルは，開放的チャネル，選択的チャネル，排他的チャネルの３つに分類される。製造業者は自社の商品の特性に合わせてこれら３つのタイプからマーケティング・チャネルを

検討することになる。

　しかしながら，“いわゆる教科書的な”このような製造業者がその主体である
マーケティング・チャネルの策定において，流通業者のバイイング・パワーの
増大によるチャネル展開や多角化によるチャネルの変化，または新しいタイプ
のチャネルの出現あるいはマネジメントが取り上げられることはほとんどない。

　そのような教科書には，流通業者の中にはチェーン・システムを導入するこ
とで結果的にバイイング・パワーを獲得し，製造業者に対し仕入れ価格につい
ての値引き要求を行う大規模流通業者の存在のみが指摘されている。ところ
が，現実の大規模流通業者は単一の事業形態のチェーン化によるバイイング・
パワーの増大だけに留まらず，さまざまな分野への事業の多角化を進めてい
る。たとえば，イオン・グループは，総合スーパーマーケット以外の流通業態
としてディスカウント・ストア，食品スーパー，コンビニエンス・ストア，ド
ラッグ・ストアを有している（その他にも金融，不動産などにも進出している）。こ
のような大規模流通業者による事業の多角化が進むと，かつてのように製造業
者によるチャネルの計画・統制はより困難になるであろう。このため，流通業
者の事業あるいは顧客への接近方法の多角化を想定したマーケティング・チャ
ネル政策を考える必要が求められるのである。

　ここで流通業者の多角化および事業の多角化について議論するにあたっ
て，改めて多角化あるいは企業成長の基本ともいえる研究を紐解くと，まずは
E. Penrose の「余剰資源の有効活用」が挙げられ，そして H. I. Ansoff の「成長
マトリックス」，Richard Rumelt の「多角化による経済効果」などがある[20]。

　Ansoff の成長ベクトルについては，上述の通りであるが，Rumelt は，多角
化を事業間の関連やその程度・形態によって専業型，本業型・関連型・非関連
型の４タイプ（細部化すると９タイプ）に分類し，その中で本業集約型企業（主
力事業を基礎にした関連分野への多角化を行った企業）と関連集約型企業（大きな事
業グループに加えて，関連した技術などを用いて多角化を行った企業）が好業績であ
ったことを指摘している。

　わが国の小売業者を例にこの問題について整理・検討してみると，その多角
化行動には政府による流通政策が影響を及ぼしていることは否めないが，概ね

以下のような展開がみられる。

　（例1）ダイエー[21]：1957年に兵庫県神戸市で創業したダイエーは，「価格破壊」をスローガンとする拡張路線を進め，1960年代後半から1970年代にかけて大きく発展し，日本全国にまで拡大した。この間，家電製品などのプライベート・ブランドを開発する傍ら，80年代にかけて，いわゆる総合スーパーの「ダイエー」の他「トポス」（ディスカウント・ストア）「ビッグ・エー」（ボックス・ストア）「Dマート」（ディスカウント・デパートメントストア）「グルメシティ」（スーパーマーケット）「Kou's」（会員制ホールセール・クラブ）「プランタン」（百貨店）「ローソン」（コンビニエンス・ストア）などの小売業において複数の事業形態を展開した。小売業以外にもホテル，大学，プロ野球，出版，金融などの事業分野への多角化に乗り出し，特に，創業者の故郷である神戸市内と所属球団である福岡ダイエーホークスの本拠地に定めた福岡市内で，グループ子会社とともに事業を数多く手がけたのであった。

　（例2）イオン[22]：1969年に「岡田屋」から「ジャスコ株式会社」に改組と同時に社名変更し，スーパーマーケット・チェーンに本格参入する。その後，合併・買収・再編などを繰り返しながら2001年にジャスコ株式会社が「イオン株式会社」へ商号変更。グループ呼称も「イオン・グループ」から「イオン」に改称する。現在では「イオン・グループ」としてスーパーマーケット，総合スーパー，ディスカウント・ストア，コンビニエンス・ストアといった小売ビジネスの他，ヘルス＆ウエルネス事業，銀行・保険などの総合金融事業，映画館や警備会社・ペット事業などのその他サービス事業に加えデベロッパー事業も展開している（2014年にダイエーを完全子会社化）。

　先述のごとく，わが国ではいわゆる総合スーパーは，1973年に制定された大規模小売店舗法により，その拡大に大きな制約が加えられていた背景がある。そのため，総合スーパーはコンビニエンス・ストアの開発，小規模な食品スーパーマーケット，ディスカウント・ストアといった水平的な多角化を行うことでその成長の活路を見出していった。つまり，商品の最終的な販路は非常に多様化（多角化）するとともに，チェーン展開することで大規模流通業者は製造業者に対しより強いバイイング・パワーを手に入れるようになったといえよ

う。その後，Rumelt の言う「非関連型」の多角化展開に着手し，グループ化・コングロマリット化に至るのである。

このように考えていくと，多角化とブランド拡張，水平的統合として説明される企業の事業展開（成長）もしくは戦略展開は，製造業の場合は，その製品もしくはテクノロジーの獲得・展開，それを目的とした事業買収によって行われることが多いが，それは必ずしも他の事業，とくに流通業には当てはまらないことが解る。

しかしながら，多くのマーケティングのテキストや教科書と呼ばれる書籍，あるいは論文でも，これらの問題についてはほとんど触れられていない。上述のように，そのような事業（体）は（とくに小売業からの後方統合としてコングロマリット化した場合は），すべてのビジネスを複合的に包含しながらグループ化していくために，Ansoff やマーケティングのテキストのような事業展開もしくは多角化のプロセスを辿ることはないのである。とりわけ現代では，オムニ・チャネルなど小売業者もしくは流通業者の進化は激しく，イノベーションも流通段階の下位レベルから発生・進化する現象が増えてきている。マーケティングのテキストもこのような問題について，しっかりと議論をして，説明を加えるべきではないのだろうか。

（首藤 禎史・野木村 忠度）

【注】

18）　Ansoff, H. I.（1965）, *CORPORATE STRATEGY,* McGraw-Hill, pp.132-138.

19）　A. D. チャンドラー，Jr. 著，有賀裕子訳（2004）『組織は戦略に従う』ダイヤモンド社，36 ～ 45 頁.

20）　Penrose, E. T.（1959）, *The Theory of the Growth of the Firm, 3rd ed,* Oxford, Oxford University Press. 末松玄六監訳（1962）『会社成長の理論』ダイヤモンド社. Ansoff, H. I.（1965）, *Corporate strategy.* New York, NY: McGraw-Hill. 広田寿亮訳（1962）『企業戦略論』産業能率短期大学出版部. Rumelt, R. P.（1974）, *Strategy, structure, and economic performance.* Boston, MA: Harvard Business School Press. 鳥羽欽一郎他訳（1977）『多角化戦略と経済成果』東洋経済新報社. などがある。

21）　https://ja.wikipedia.org/wiki/ ダイエー（店舗ブランド），2023/11/18.

22）　https://ja.wikipedia.org/wiki/ イオン，https://ja.wikipedia.org/wiki/ イオングループ，2023/11/18.

7 小売チェーンと垂直的マーケティング・システムとの関係について

　多くのテキストでは，小売業者によるチェーン組織の形成と垂直的マーケティング・システムの関係についてほとんど言及されていない。この2つは別個に扱われているが，小売業者と製造業者による流通システムをめぐる覇権争いから生じるものといえる。4-4-2でも言及したようにマーケティング・チャネル政策において流通システムをめぐる動態についての言及はほとんどされず，それがマーケティング・チャネル政策の理解を妨げているといえる。

　流通システムへ最初に恣意的な介入を試みたのは，小売業者サイドであった。1900年代初頭には，都市部における消費の増大に対応する形で出現した百貨店，農村部の消費に対する対応として通信販売業といった小売業が出現した。新しく出現したこれらの小売業は革新的であったものの，工業化によってもたらされた大量生産に対応した販路とはならず，また商業の存立基盤ともいえる品揃え形成（仕分け・集積・配分・取り揃え）を十分に提供するものではなかった。

　これらの大量生産体制に本格的に対応すべく出現したものがチェーン・システム（連鎖店方式）を採用したチェーン・ストアである。チェーン・システムは，同一資本の下で多店舗経営されるレギュラー・チェーン，同様の効果の獲得を試みる契約によってチェーン・システムを展開するフランチャイズ・チェーン，独立した小売業者同士が組織化するボランタリー・チェーンの3つに分類される[23]。チェーン・システムは，その後に続くスーパーマーケット，GMS，スーパーセンター（総合スーパー），コンビニエンス・ストアにおいてもその基盤を提供することとなった。

　このような小売業の成長の基盤となったチェーン・システムの主な特徴として，①規模の経済性によって生じる価格交渉力（バイイング・パワー），②卸売機能の統合による効率化，を挙げることができる。①規模の経済性によって生じる価格交渉力（バイイング・パワー）とは，チェーンシステムを採用し仕入れ量・販売量を増大させた小売業者（以下，小売チェーン）が製造業者に対し，価

格交渉力を有することを意味する。②卸売機能の統合による効率化とは，チェーン・システム内において小売機能だけでなく卸売機能を内部化することで効率化を達成している。すなわち，小売チェーンはシステムを拡張し，効率化を図ることで流通システムにおける覇権を獲得しようとしたのである。小売チェーンは大量仕入れによって達成された低価格販売を志向し，他小売業者との競争を優位に進めることを志向している。

　大量生産体制に対応する販路を提供することとなったチェーン・システムではあるが，仕入価格の値引きによる利潤の低下や乱売によるブランドの低下などが表面化し，製造業にとって大きな脅威となっていった。小売チェーンによる低価格販売の追求は製造業者のマーケティングを危険に晒すことになり，4－4－2で言及したように，製造業はそれまでの流通業者との共生を前提としたマーケティング・チャネル政策から脱却し，中小小売業者を販売組織化し自身のマーケティングの強化に乗り出したのである。

　このような中小小売業者を販売組織化しマーケティングの効率の向上を目的とする方法を垂直的マーケティング・システム（Vertical Marketing System：VMS）という。垂直的マーケティング・システムは図表4－7－1のような形態がある。垂直的マーケティング・システムは小売チェーンが展開される以前も存在し，1800年代後半には独占化が進行していた商品分野で製造業者による卸売業に対する販売活動への介入が行われていた[24]。そのため1920年代には卸売業者の業務を製造業者が担い，小売業者に商品を直接販売する形式が採られるようになっていた。この背景には独立した卸売業者を自身のチャネル・システムの構成員とすることで自身のマーケティングの競争力を増加しようとする製造業者の意図があった。そして，先述の小売チェーンによる価格圧力の増大により，製造業者は小売段階への介入を行う必要性に直面したのである[25]。

　ここで重要なことは，製造業者の垂直的マーケティング・システム構築の意図は，卸売業者・小売業者の支配にない点である。小売段階における価格競争が展開されることで製造業者の商品は低価格化が進み，ブランドを維持することが困難になり利潤は低下した。そのため，製造業者は自身の商品の販売価格

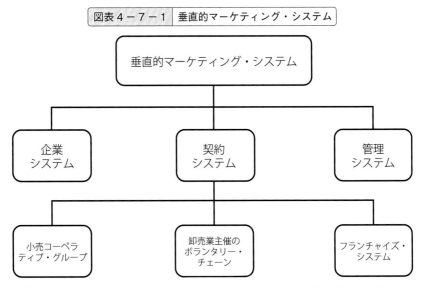

図表 4 - 7 - 1　垂直的マーケティング・システム

出所：Rosenbloom, B.（1987）, *Marketing Channles: Amanagement View*, 3rd ed., The
　　　TheDryden Press, p.364.

のコントロールを目的とするマーケティングを優位に進める垂直的マーケティ
ング・システムの構築を志向したのであった。

　しかし，製造業者による垂直的マーケティング・システムの構築・維持は頓
挫することになる。それは，垂直的マーケティング・システムが展開されるこ
とで店舗間（ブランド内）の競争が減少し，末端価格の硬直化が生じることか
ら消費者利益が減少するという側面を有しているため，競争政策の規制の対象
とされてきたためである[26]。長期にわたり垂直的マーケティング・システム
は規制の監視下に置かれていたが，近年では垂直的マーケティング・システム
を展開することで生じる製造業者間（ブランド間）の競争の展開が，市場にお
ける競争を活発化し消費者利益に貢献する可能性があることが一部認められ
た。今日では米国をはじめ EU や日本においても垂直的マーケティング・シス
テムに対する規制が緩和されつつある[27]。

　また，小売チェーンと製造業者による流通システムをめぐる覇権争いは新た
な局面に入っている。成長を続けた小売チェーンは自身の売り上げを拡大する

ために，近年ではブランド力を有する製造業者を小売業者が系列化する動きがみられている。2018 年，大手家電小売チェーンのヤマダ電機は，同グループ内における船井電機が製造した TV の独占販売契約を結んだ[28]。ヤマダ電機による系列化の目的は，他社 TV を扱いつつも，ブランドにおける力を有する船井電機と共同開発した TV を販売することで顧客の選択肢を増やすことによる家電小売間競争力の増大にある。一方，強いブランドを有する製造業者も ICT の発展により流通業者を経由しない流通システムである D2C（Direct to Consumer）を主軸としたチャネルの構築を展開しつつある。大手スポーツメーカーである NIKE は，米国内で 2019 年に大手 EC サイト amazon.com に対する商品供給を停止し[29]，2021 年には大手スポーツ用品店チェーンの Foot Locker に対する商品供給を縮小する旨を計画し[30]，自身のブランドを直接的にコントロールすることが可能な自社 EC サイトの強化を近年強めている。小売チェーンと製造業者による流通システムをめぐる覇権争いは，形態を変えながらも現在においても激しい対立が続いているのである。

　テキストには，小売チェーンの展開とその志向には言及せず，垂直的マーケティング・システムを製造業者による一方的な流通システムへの介入と捉えているものが多い。そのことからチャネルのタイプなどに留まり，マーケティング・チャネル政策の内容の曖昧さを生み出している。

　製造業者と小売業者の展開志向を整理していくことで，デジタル社会以降の新たな流通システムを舞台とするマーケティング・チャネル政策について初めて正確に言及することができるのではなかろうか。

（野木村　忠度）

【注】

23）　竹林祐吉（1967）「現代商業の形態」森下二次也編『商業概論』有斐閣双書.

24）　Clark, F. E. (1922), *Principles of Marketing*, Macmillan.

25）　風呂勉（1967）「マーケティングと商業」森下二次也編『商業概論』有斐閣双書.

26）　野田実編著（1980）『流通系列化と独占禁止法─独占禁止法研究会報告』大蔵省印刷局.

27）　米国では，垂直的マーケティング・システム自体を規制の対象としていないが，その最終目的である再販売価格維持行為については 1907 年から原則違法の判決が採用

されてきた。しかし，2007 年 Leegin 事件最高裁判決において，垂直的マーケティング・システムによる競争促進効果が認められ，個別の状況によって判断される合理の原則（Rule of reason）に変更された。その後，EU や日本においても垂直的マーケティング・システムに対する一部ではあるが規制緩和が進んでいる。Leegin Creative Leather Products, Inc. v. PSKS, Inc., 551U.S 877（2007）．

28）「ヤマダ電機グループ独占販売『FUNAI ブランド』のラインアップを幅広く充実「日本の有機 EL テレビに新しい選択」，薄型テレビ 6 シリーズ全 14 機種，ブルーレイディスクレコーダー 3 シリーズ全 6 機種を 7 月 14 日（土）発売」ヤマダ電機，2018 年 7 月 4 日，（https://www.yamada-denki.jp/topics/download.t.pdf/1448）2023 年 8 月 25 日閲覧

29）「有力ブランド　アマゾン離れも　ナイキが供給打ち切り」『日本経済新聞』2019 年 11 月 14 日（https://www.nikkei.com/article/DGXMZO52159220U9A111C1TJ1000/）2023 年 8 月 25 日閲覧。

30）「［訂正］小売業界に激震　ナイキが靴販売チェーンから撤退か」『Forbes JAPAN』2022 年 3 月 8 日（https://forbesjapan.com/articles/detail/46243）2023 年 8 月 25 日閲覧。

8 広告効果測定に関する現代的研究の問題点

　今日のマーケティング・テキストにおいて，広告効果測定に関する議論は，それほど進展していない現実がある。それは，広告効果測定に関する手法や考え方が，多くの場合，広告代理店や PR 会社等から生み出されるものであり，実務的に普及したものをテキストで取り上げる，という特徴があるからである。広告やプロモーションに関する全般的なことは，マーケティング学者よりも，今や実務界が主導している傾向が強く，広告効果測定のみならずプロモーション手法自体についても，仮説と検証を繰り返すようにトライ＆エラーが繰り広げられている。マーケティング学者の行うことは，ある特定の行為や現象について効果が有意に見られたのか否かというような，追跡的に確認を求める実証研究が中心となっている感が否めない。広告効果等に対するモデル開発や概念的研究，より具体的には，実務的に説明力の高い理論構築・論理構築というものは，特に日本の研究においては，もはや希薄化してしまったと言っても過言ではない。

　「広告効果」という点が注目されるようになったのは，広告投入コストや広告費というものが無尽蔵に湧き出るようなものではないという，いわば当然の事情があるからに他ならない。したがって，広告を出稿する際には，広告計画の策定による「広告管理」が問われることになる。すなわち，明確な広告目標を設定し，その目標を達成するために必要なメディア選定と広告投入量を検討した上で，広告予算を算定・計画するという，合理的プロセスが重視されるのである。特に，世の中の経済が不況に向かえば向かうほど，コストカットの対象として“3K（交通費，交際費，広告費）”が標的とされることから，限られた予算の中で確実かつ効果的な広告展開をすることが，マーケティング成果やプロモーション成果を上げるためにも重要課題として設定されることになる。つまり，費用対効果が厳しく問われることになるのである。

　ところで，「広告効果」については，従来より，次のような 2 つの点から広告効果（測定）モデルが考案されてきた（嶋村，2006；石崎，2012：2019）。1 つは，

「広告効果ブラックボックス・モデル」というものであり，「広告刺激（Input）に対するターゲット・オーディエンスの反応（Output）という関係で広告効果を捉えようとする立場」(石崎, 2019, 118頁) を採るものである。もう1つは，「広告コミュニケーション効果モデル」というものであり，「広告刺激に対するターゲット・オーディエンスの広告情報処理の方法や心理的反応プロセスを検討しようという立場」(石崎, 2019, 118頁) を採るものである[31]。

　前者は，「売上反応モデル」として特徴づけられ，インプットとしての広告とアウトプットとしての市場反応（販売効果）との関係について，統計的数理モデルで記述することを試みるものである。したがって，具体的には，広告出稿計画時の広告投入量（広告費）と，成果としての売上高や市場シェアとの関係について，数量的変数を用いた回帰分析や重回帰分析を行うことになるのである。

　後者は，広告接触というインプットから購買に至るまでの消費者の心理変容プロセスとその効果に重点を置くものであり，「最終的な購買行動に移るまでの間のプロセスを解明しようとする」(石崎, 2019, 118頁) ものである。Lavidge and Steiner (1961) は，心理変容のプロセスを「認知的反応」，「情緒的反応」，「行動的反応」，という3次元に整理できるとした。マーケティング・テキストではお馴染みの「AIDA モデル」や，それから派生した「AIDMA モデル」(DeVoe, 1956) と「AISAS モデル」，そして「広告効果を測定するために広告目標を設定すること（目標による広告管理）」を標榜する「DAGMAR モデル」(Defining Advertising Goals for Measured Advertising Results) (Colley, 1961) は，これら広告コミュニケーション効果モデルの代表である。AIDMA は「理解の容易さゆえに広告効果の管理や広告計画立案の場面でよく利用される」(嶋村, 2006, 184頁) モデルであるし，DAGMAR は，事前設定した広告目標に対して，「事後その目標を達成したかどうかで広告活動を評価すれば良い」(石崎, 2005, 196頁) ことから，「その明快さとわかりやすさによって広告研究や実務に大きな影響を与えたモデル」(石崎, 2005, 196頁) として知られている。

　ところで，上述してきた「広告効果ブラックボックス・モデル」や「広告コミュニケーション効果モデル」は，広告に対する受け手の状況や状態について考慮されていない，といった指摘がなされてきたことも確かである。それゆえ

に，広告効果を検討・測定するにあたり，受け手の「関与（involvement）」概念を導入する，という試みが行われることになった。具体的にその関与とは，受け手（消費者）の「製品関与」（当該製品クラスに対する関与），「広告関与」（広告に対する関与），「購買関与」（購買意思決定に対する関与）である（石崎，2019，124頁）。

　製品関与の高低を取り入れたモデルの代表としては，「FCB広告プランニング・モデル」が挙げられる。これは，縦軸を「高関与」と「低関与」に分類し，横軸を「思考型」と「感情型」に分類することで4象限のタイプを識別し，それぞれの象限でどのように「情動」「学習」「行為」の順番が現れるのかを明らかにするものである。そして，そこで明らかとなった象限タイプごとに，それぞれに適した広告戦略（広告効果，メディア・クリエイティブ）のあり方を検討するのである。その他にも同様のモデルとして，関与度の高低の観点から「認知」「情緒」「行動」がどのような順番で現れるのかによって，「学習型階層」（認知 → 情緒 → 行動），「低関与型階層」（認知 → 行動 → 情緒），「不協和・帰属型階層」（行動 → 情緒 → 認知）を分類するRayらのモデルがある（Ray et al., 1973）。いずれにしても，「関与度の相違により，『広告により変化しやすい段階に違いがある』ことを示している」（岸，2017，196頁）という特徴がある。

　次に，広告関与の高低を取り入れたモデルの代表としては，Petty and Cacioppo（1986）の「精緻化見込みモデル（ELM：Elaboration Likelihood Model）」が挙げられる。これは，広告メッセージとしての情報を精緻に処理する見込みがあるかどうか，ということに基づく，いわゆる消費者情報処理モデルである。より詳細にはこれは，消費者が広告メッセージを受け取ると，その個人の情報処理能力と情報処理への動機が高いか低いかによって，態度変容を起こすまでに情報処理を行うルート（「中枢ルート」・「周辺ルート」）が変化することを示すモデルである。

　最後に，購買関与（購買意思決定への関与）に注目したモデルとしては，「ロシター・パーシー・ベルマン・グリッド（Rossiter-Percy-Bellman Grid：RPBグリッド）」が挙げられる（Rossiter and Bellman, 2005）。これは，購買意思決定への関与の高低と，購買動機のタイプ（情報型／変換型）によって，ブランド選好・

態度の形成過程が異なることを示すものである。そこで，購買意思決定への関与の程度は，購買に繋がる確信的態度を形成するにあたり必要となる"情報源の豊富さ"によって分類することができるとした。そして，広告の基本的な枠組みとして，「情報型動機」においては，具体的な情報が重要性を増すことになり，「変換型動機」においては，感情やイメージ表現が重要性を増すことになる，ということを示しているのである。要するに，4つのタイプによって，クリエイティブ戦術が変わる，ということである[32]。

　以上，マーケティング・テキストにおいて一般的に紹介されているような広告効果測定モデルを概観してきた。しかし，上述してきたモデル等において，果たして，どれだけ広告効果が測定できるモデルになっているのであろうか，という疑問が浮かび上がるのも確かである。そのような疑問が生ずる最大の理由は，広告を取り巻くオーディエンスの環境（視聴・閲覧環境）をまったく考慮していない，という根源的問題があるからに他ならない。少し考えてみるとわかるが，先に紹介してきた広告効果測定モデル等は，いずれも1人の視聴者・閲覧者が，あたかも1つの広告作品を鑑賞するかのような状況が想定されている，と認識して差し支えないであろう。要するに，心理学で言うところの「選択的注意」が，事前にかつ固定的に向けられているような視聴・閲覧状況を想定しており，そのような"特異"な状況にあるオーディエンスに対して，広告効果を測定することが想定されているのではないだろうか。もちろん，そのような状況を想定せざるを得ないのがモデルの宿命である，という批判もあるかもしれないが。

　しかし，周知の通り，広告出稿を巡っては，あるいは逆に広告に対する消費者の視聴・閲覧環境を巡っては，多くの企業がこぞって広告枠の獲得に鎬を削っているのであり，その結果として，日夜膨大な数の広告情報がわれわれの面前に迫ってくる状況にある[33]。このような状況というのは，あまりにもモデルが想定している状況と違い過ぎると言えるのではないだろうか。ペイドメディアの代表である4大マス・メディアであれ，アーンドメディアとしてのSNSの世界であれ，いずれも企業が出稿する広告について，まるで作品鑑賞のような形で広告視聴・閲覧をする環境など，どこにも存在していないので

ある。すなわち，広告視聴者・閲覧者は，のべつ幕なしに提示される広告情報の海の中に常に身を置いているのであり，「刺激」を受けていたはずの広告情報について，その大半は「短期記憶」にすら落とし込まれていないのである。日常の暮らしにおいて，仮に広告情報だけの刺激を浴びることができたとしても，日常的に浴びる広告情報の多さから，必然的に関与度が高くなるような製品・サービスの購買がすでに予定されていない限り，あるいは，当該広告情報に関する内容が事前に関心事として持たれていない限り，「選択的注意」が起こらないのが，われわれの広告視聴・閲覧の実態なのである。特に，スマートフォンを常備し，SNS アプリ等の利用から極めて逸脱しづらい状況となっている今日からすれば，なおさら，そのような事態は加速の一途を辿るばかりであろう。

　今さら言うまでもなく，テレビ番組の視聴において CM タイムに突入した途端，視聴離脱やザッピングが始まることや，テレビ番組の録画視聴に至っては，CM タイムに突入した途端にスキップ行為が横行することなどからも，われわれがどれほど情報処理をしきれないほどの広告情報を浴びているのか，窺い知ることができる。SNS 広告においては，広告が提示されるたびに「閉じるボタン」や「スキップボタン」のありかをいち早く探す行為が横行している現実がある。これらは要するに，われわれの広告視聴・閲覧においては，モデルが想定しているような“純粋な広告視聴などまったくしていない”ことの証左に他ならないのである[34]。

　広告視聴・閲覧がそのような状況に置かれているという実態を重視するとすれば，実務的に一般的となっている，リーチ数や視聴・閲覧回数を基本とせざるを得ない広告効果測定に限界が生まれることは確かであろうし，さらには，純粋に「ある特定の広告を出稿したことが理由となって，特定の広告効果が見られた」ことを想定する因果関係モデルでは，現実的実態に迫ることなど不可能と言わざるを得ないのではないだろうか。誤解を恐れずに言うとすれば，すなわち，広告出稿量や広告出稿コストを説明変数として売上高を目的変数とすることや，あるいはその費用対効果を測定することは，広告計画の策定や修正・改善に必要な情報として，一体どこまで有益な情報をもたらしてくれるのであろうか，とすら思えてくるのである。何しろ，圧倒的多数の広告が視聴・

閲覧されていないとすれば，広告出稿量や広告出稿コストを説明変数として用いること自体，その是非が問われてもおかしくないと言えるのである。

　かつての研究では，（ここでは広告ではなくプロモーションを扱っているが）プロモーション頻度が増加すると，むしろプロモーションによる売上増加の程度が低減する（Blattberg, Briesch & Fox, 1995）といった知見や，広告ウェイトを増加させるだけでは，広告における売上げへの影響を増加させるには不十分である（Jones & Blair, 1996）といった知見，さらには，テレビ広告のウエイトを増加させるだけでは，売上げを増加させるには不十分であるといった知見（Lodish et al., 1995）が，部分的に見出されていた。実務者であれば，広告出稿量・広告露出量と売上高との関係に単純な因果関係が見られないことや，広告効果は，外部環境として存在する不確定な偶然に極めて左右されることなどは周知の事実と言えるであろう。

　そうであるにも関わらず，広告効果測定の基本は，広告ターゲットに対して何回広告が提示されたのかというKPIを基に検討するのが，一般的了解事項となっている。たとえば，テレビCM等においては，リーチ（reach：到達）とフリクエンシー（frequency：頻度）を元にしたGRP（Gross Rating Points：延べ到達量）が用いられており，また，インターネットやSNS等においても，いくら行動ターゲティングといった技術手法が高度化し，広告閲覧者の特性にマッチングするような広告情報提示が可能になったとは言え，基本的なKPIとしてまず設定されるのは，どれほどリーチしたのかという「インプレッション数」が基本となっているのである [35]。

　しかし，少し考えてみればわかる通り，"広告が到達した／表示された"という事実と，広告が何らかの"効果を生み出す"こととは，まったく別次元のものとして認識すべき事象である。何しろ，"広告が到達した／表示された"にも関わらず「選択的注意」が起こらないものが圧倒的多数，という現実が待ち構えているのである。GRPが想定している「ザイアンス効果（単純接触効果）」は，そもそもオーディエンスが広告刺激を受け止めていないのであれば始まらないのである。それにも関わらず，広告実務現場ではKPIの代表として，GRP以外にも「広告換算額」を利用していたりする。すなわち，出稿するす

べての広告がオーディエンス・ターゲットに到達し，目的とする効果が見られたと仮定して，メディアやコンテンツの種類ごとに「広告換算額」を算出することで，それらを広告目標設定や広告効果測定（成果測定）をする際の KPI 数値として利用しているのである。このような実務的現実は，果たして広告“効果”に対してどれほど現実に迫り，実態を捉えることに成功しているのであろうか。広告予算の効率的・効果的使用が発端で始まった広告管理であったものの，現実としては，むしろ広告管理など有名無実化していると言えることにならないであろうか。

　このように考えてくると，「広告効果ブラックボックス・モデル」であれ「広告コミュニケーション効果モデル」であれ，これらモデルが仮定していた状況を鵜呑みにして良いのか，そして，テキスト内容として引き続き踏襲して良いのか，という疑問を呈することになるであろう。当該製品の広告成果やプロモーション成果のみを純粋に抽出して成果測定をすることなど，まったく不可能なほど複雑化しているのが，今日の環境であり状況だと言えるのである。広告・プロモーション情報の接触においては，場合によっては，オリジナルの広告情報から受け取ることなど減少する一方かもしれなく，特に SNS においては，1 次情報としての広告ではなく，他者（友人，知人，インフルエンサー，オピニオン・リーダー）から偶然的に回遊してきた情報を受け取ったに過ぎないかもしれないのである。その他にも，純粋にある製品カテゴリーの広告を見たとしても，それが想起集合に入っていない他社製品 b の広告であり，その他社製品 b の広告がリマインドとなって，本来購入する予定であった製品 a のことを思い出す，といった経験もあるのではないだろうか。この場合，残念ながら自社ではなく他社への売上貢献になってしまったという意味で“負の広告成果”として認識できることになってしまう。ビジネス的には，どのような形や方法であれ，“自社製品に対する売上成果が見られればそれで良い”という楽観的な見方が正当化される向きも大いにあるであろうが，広告視聴者・閲覧者を取り巻くオーディエンス環境の実態に迫らない限り，広告効果とは乖離した，あるいは広告効果とは相違する“別の何かを成果測定”していることになりかねないのである。広告効果測定モデルにはこのようなミスリーディングを生み出す

危険を孕んでいるということを，常に意識しておく必要があるであろう。

（河内　俊樹）

【注】

31）ここで広告効果モデルとして取り上げている「広告効果ブラックボックス・モデル」と「広告コミュニケーション効果モデル」との関係は，いわゆる「認知革命」の流れを汲む形で研究が進展していった，と捉えるのが適切であろう。「ブラックボックス・モデル」は，心理学における 1950 年代までの主流の研究であり，それは 1900 年前後から広範に用いられてきた「内観法」の限界（人間が外界から得た情報をどのように処理するのかについては，そのすべてを言語化することは不可能である）を受け入れることで，客観的に観察不可能な“心”についてはブラックボックスとして扱い，客観的に観察可能な行動を研究対象とする，という立場を採るものとして登場した。その後，コンピューターが登場することで，直接観察できない人間の心の中で生じる過程は科学の対象にできないとしていた常識が，覆されることになった。コンピューターの登場は，実験刺激の提示や反応時間といったデータ取得が可能になったことはもちろん，さまざまな分野の研究者がこぞって，人間の心の働きをコンピューターの動作にたとえることで，ブラックボックスではなく情報処理装置として理解できると考えたのである。すなわち，人間の心を，入力（input）された情報を処理して，ある出力（output）に変換する“機械として理解”しようと考えた，ということである。このような研究立場を採ることによって，広告効果研究においても，「広告効果ブラックボックス・モデル」から「広告コミュニケーション効果モデル」へと研究の歩みを進めることになった，と理解することができる。

32）より正確には，この「ロシター・パーシー・ベルマン・グリッド」は，2 種類のブランド認知（ブランド再認とブランド再生）と，4 種類のブランド選好（低関与／情報型，低関与／変換型，高関与／情報型，高関与／変換型）という，計 6 つの象限を対象にしたクリエイティブ戦術から成る，と説明されている（ロシター，ベルマン，2009，213 ～ 248 頁）

33）広告出稿量の多さに関しては，かつてより，「広告を止めた途端，ライバル企業にシェアを奪われてしまうかもしれない」という，企業側の不安を吐露する意見が多く聞かれていた。

34）そういう現実があるからこそ，映像制作の現場においては，少しでも「選択的注意」を向けてもらうために，聴覚的刺激として BGM 等に工夫を加えたり，視覚的刺激として映像表現上のトーン＆マナーの工夫を加えたりしてきたことは確かである。視覚的な広告表現テクニックとして知られた 3B（Baby, Beauty, Beast）などは，その代表例である。

35）この「インプレッション数（IMP）」以降は，「クリックスルー・レート（CTR）」

と「コンバージョン・レート（CVR）」，あるいは，タイムラグを考慮に入れた「ビュースルー・レート（VTR）」へと進むことになり，いわゆる「パーチェス・ファネル」を念頭においた実数把握に努めることを重視するのである。

引用・参考文献

岸志津江（2017）「広告コミュニケーション過程と効果」岸志津江・田中洋・嶋村和恵『現代広告論〔第3版〕』有斐閣，176 〜 206 頁．

石崎徹（2019）「広告効果と広告効果測定」石崎徹編『わかりやすいマーケティング・コミュニケーションと広告［第2版］』八千代出版，116 〜 130 頁．

嶋村和恵監修（2006）『新しい広告』電通．

仁科貞文編（2001）『広告効果論—情報処理パラダイムからのアプローチ—』電通．

Blattberg, R. C., R. Briesch, & E. J. Fox (1995), "How Promotion Work," *Marketing Science*, Vol.14, No.3, pp.G122-G132.

Colley, R. H. (1961), *Defining Advertising Goals for Measured Advertising Results*, Assoc. of National Advertisers, Inc.

DeVoe, M. (1956), *Effective Advertising Copy*, The Macmillan Company.

Jones, J. P. & M. H. Blair (1996), "Examining "Conventional Wisdoms" about Advertising Effects with Evidence from Independent Source," *Journal of Advertising Research*, Vol.36, No.6, pp.37-59.

Lavidge, R. J. and G. A. Steiner (1961), "A Model for Predictive Measurements of Advertising Effectiveness," *Journal of Marketing*, Vol.25, No.6, pp.59-62.

Lodish, L. M., M. Abraham, S. Kalmenson, J. Livelsberger, B. Lubetikin, B. Richardson, & M. E. Stevens (1995), "How T. V. Advertising Works: A Meta-Analysis of 389 Real World Sprit Cable T. V. Advertising Experiment," *Journal of Marketing Research*, Vol.32, No.2, pp.125-139.

Petty, R. E. and J. T. Cacioppo (1986), *Communication and Persuasion: Central and Peripheral Routes to Persuasion*, Springer-Verlag.

Ray, M. et al. (1973), "Marketing Communication and Hierarchy of Effects," in P. Clarke ed., *New Model for Mass Communication Research*, Sage, pp.147-176.

Rossiter, J. R. and S. Bellman (2005), *Marketing communications: Theory and Applications*, Pearson Australia Group Pty Ltd. ジョン R. ロシター，スティーブン・ベルマン著，岸志津江監訳（2009）『戦略的マーケティング・コミュニケーション IMC の理論と実際』東急エージェンシー出版部．

パッケージングと
ロジスティクス

1 ブランド構築におけるパッケージの位置づけ

　ブランド戦略を成功させるには，目指すべきブランド・アイデンティティー（Aaker, 1996）あるいはブランド・ビジョン（Aaker, 2014）を確立することと，自社の顧客をはじめとする多くの人々の記憶の中に望ましく，ユニークで強いブランド連想を形成していくことが不可欠である（Keller, 1998）。Keller（1998）は，ブランドを識別し差別化するのに有効でかつ商標登録可能な手段をブランド要素と呼び，ブランド要素の例としてブランド・ネーム，ロゴ，シンボル，キャラクター，スローガンなどとならびパッケージを取り上げている。消費者のブランド認知度を高め，強く，ユニークなブランド連想を消費者に抱かせることで競争優位をもたらしていくための手段としてパッケージは重要な役割を果たしていくものとして位置づけられている。またパッケージはその形状や色がブランドの象徴になると考えられることもあり，人々のブランド・イメージに影響する大きな要因としてブランド戦略の重要な位置付けがされることも多い[1]。

　マーケティング戦略におけるパッケージの重要性は古くから認識されてきた。沈黙のセールスマン，マーケティング・ミックスの5番目のPなどといった指摘はその証であろう。しかし，どのようなパッケージ・デザインが消費者に望ましい効果をもたらすのかを実証的に検討した研究が増えてきたのは比較的最近のことのようである。具体的には，パッケージに記載された言語情報と非言語情報の割合（Rettie & Brewer, 2008），情報量（石井，2018），パッケージの色（Garber, Burke & Jones, 2000），製品の写真（Underwood & Klein, 2002），典型性と新規性に対する消費者反応（Kim & Pettijean, 2021），新しいパッケージ・デザインに対する消費者反応（Holms & Paswan, 2012），パッケージの中のロゴの位置（Sunder & Northworthy, 2014）などである。あるいはパッケージ・デザインをより全体的に捉え，その消費者のブランドへの印象に与える影響を検討した研究もある。Orth and Malkewits（2008）は，重厚さ，コントラスト，ナチュラル，繊細さ，特徴の差の5つに分類した。そして誠実なブランドはナ

チュラルなパッケージ・デザインを，エキサイティングなブランドは対照的な
パッケージ・デザインを，洗練されたブランドはナチュラルで繊細なパッケー
ジ・デザインを，粗削りなブランドは対照的で重厚なパッケージ・デザインを
持つべきことを明らかにしている。

　こうした実証的な研究の蓄積が，パッケージのデザインをブランド構築の際
の重要な要素としてさらに注目させることにつながっていると考えられる。こ
れらの研究は必ずしもブランド・マネジメントを意識したものばかりとは言え
ないものの，ブランド構築のツールとしてパッケージを活用しようとする際に
有力な知見をもたらすものと思われる。こうした研究動向を前提にしながらブ
ランド構築のためのパッケージ・デザインの課題を整理したい。

　パッケージのマーケティング戦略あるいはブランド戦略上の効果として多
くの人が想像するのが，主にスーパーやコンビニエンス・ストアなどのセル
フサービス店舗での店頭プロモーションおよびコミュニケーションの効果
(Underwood, 2003；Underwood & Klein, 2003) であろう。多くの製品カテゴリー
において，店舗訪問前に購入する商品を明確に決める計画購買よりも店舗内で
購入する商品を決定する非計画購買の比率の方が高いことなどが複数の調査か
ら明らかにされるにつれて，この店頭でのプロモーション手段の重要性が叫ば
れるようになっているが，パッケージ・デザインの実証研究でもこの非計画購
買の高さを示すデータをパッケージの重要性の根拠として挙げていることが多
い (Rettie & Brewer, 2000；Holms & Paswan, 2012. etc)。パッケージは「沈黙のセー
ルスマン」といった表現が用いられるのも，接客を伴わないセルフサービス店
舗において販売員に取って代わるコミュニケーションの効果を期待できること
に言及しているものと思われる。小売店頭で消費者が当該製品のパッケージを
目にするという直接的な経験をすることで (Underwood, 2003)，ブランドが再
認[2]され，多くのブランド連想事項が想起され，それが購入という行動を促
すことになることも期待できる。

　しかしブランド構築におけるパッケージの重要性はセルフサービス販売を中
心にした製品に限定されるわけではないし，店頭プロモーション手段としての
側面に限定されるわけでもない。たとえば，百貨店や直営店での接客販売を通

じて販売される化粧品や宝飾品などの高級ブランド品の箱や持ち帰り用の紙袋などの包装品は，前述したようにブランドの象徴として重要視されることがあるが，その結果，購入者の中には，しばしば「パケ買い」などと称されるように外観の美しい袋や箱が欲しいから当該ブランド品の購入を決めるような事象が話題になることがある。消費者は購入後，これらの袋を捨てずに二次利用する。消費者がパッケージを入手することに金銭的な負担を厭わないほどの価値を生み出しているというふうに理解できる。

　またセルフサービスで販売される分野においても，コカ・コーラのクリスマス・キャンペーンにおけるリボン・ボトルや牛乳の紙パックの工作を乳業メーカー自ら提案するように，パッケージに楽しさといった付加価値を加える工夫が今日ではさまざまな形で展開されている。またパッケージの原点に立ち返るのであれば，最も重要になるのは言うまでもなく製品本体の品質を保持することであり，安全に消費者の手元に本体を届けることである。この基本的機能のレベルでも昨今では進化がみられることもある。たとえば，食品分野においては，パッケージの工夫で鮮度保持および賞味期限の期間をより長くすることを差別化の焦点として，各社の競争が展開されることも少なくない。たとえば，コモディティー化の著しかった国内の醤油市場において，2010年頃より鮮度の保持を高めるための容器の開発競争が大手企業を中心に活発に行われてきた（「容器を制する者は売り場を制する」日経MJ，2013年11月20日記事）。同じパッケージが消費者に影響を与えるにしてもこのケースは，パッケージの色や形状の美しさ，斬新さといったもので購買が促されたり，ブランドが再認されたりしているというよりは，パッケージの改善によって作り出された「鮮度の維持」「鮮度の長期化」という商品本体の品質の高さに惹かれて消費者は購入をしていることが考えられる。

　こうしたパッケージの実例に目を向けた場合，パッケージのブランド構築における役割には2つのタイプがありそうである。1つは店頭プロモーション手段として既存のブランド・アイデンティティーを伝えると同時に消費者の長期記憶に蓄積されたブランドおよびブランド連想事項を再認させる役割である。すなわち記憶から思い起こさせる役割である。もう1つは，消費者により高い

金額を支払ってでもそのパッケージ自体が欲しいと思わせるという意味での新しい顧客価値を生み出すことで新たなブランド連想をつくりだしたり，ブランド・アイデンティティーをさらに強化したりすることに対する役割である。パッケージそのものが新しい価値を生み出し，さらに新しい意味の付与をさせる機能（Allen, Fournier & Miller, 2008）である。コカ・コーラのリボン・パッケージであれば，コカ・コーラとクリスマスおよびクリスマスにまつわるさまざまな連想事項とが結びつくことが考えられるであろうし，醬油の容器のケースなら，鮮度が長持ちするという機能的な便益（Keller, 1998）との強化がもたらされることが考えられるからである。マーケティングのテキストでいえば前者はプロモーションやマーケティング・コミュニケーションの領域であり，後者は製品戦略の領域に該当するだろう[3]。とりわけセルフサービスではなく接客を伴う製品におけるパッケージの役割はこの後者の役割が大きいはずであり，その点にもっと注意を傾けてもよいはずである。

　ブランド構築への貢献というふうに目的を限定して論じてもパッケージの開発には多様な目的があるのであり，重要な点は，パッケージ・デザインの在り方とその効果との関係は，それらの違いを無視して一般化することはできないであろうということである。

（伊藤　友章）

【注】

1）たとえば，Tiffany のティファニー・ブルーボックス　https://www.tiffany.co.jp/world-of-tiffany/blue-box-story/（最終アクセス　2024 年 2 月 15 日）

2）パッケージの場合，ブランド再生（brand recall）よりはむしろブランド再認（brand recognition）をもたらすブランド要素である（Keller, 1998，邦訳書，212 頁）。

3）Kotler のテキストでも，両方の章でパッケージが取り上げられているが，その内容は相当に重複しており，製品戦略として捉えた場合のパッケージの役割，プロモーションやマーケティング・コミュニケーションとして捉えた場合のパッケージの役割の違いは必ずしも明確ではない。この点についてはセクション 5 − 2 のパッケージ・デザインとロジスティクスの章で取り上げた。

引用・参考文献

Aaker, D. A. (1996), *Building Strong Brands*, The Free Press. 陶山・小林・梅本・石垣訳 (1997)『ブランド優位の戦略：顧客を創造する BI の開発と実践』ダイヤモンド社.

Aaker, D. A. (2014), *Aaker on Branding: 20 Principles That Drive Success*, SAGE Publications, 阿久津訳 (2014)『ブランド論　無形の差別化を作る 20 の基本原則』ダイヤモンド社.

Allen, C. T., S. Fournier, and F. Miller (2008), "Brands and Their Meaning Makers," in C. P. Haugtvert, P. M. Herr, and F. R. Kardes (eds.), *Handbook of Consumer Psychology*, Lawrence Erlbaum Associates, pp.781-822.

Garber, Jr. L. L., R. R. Burke and J. M. Jones (2000), "The Role of Package Color in Consumer Purchase Consideration and Choice," *Marketing Science Institute, Working Paper* Report. No.00-104.

Holms, G. R. and A. Paswon (2012), "Consumer reaction to new package design," *Journal of Product & Brand Management*, Vol.21 Iss: 2, pp.109-116.

Keller, K. L. (1998), *Strategic Brand Management: Building, Measuring, and Managing Brand Equity*, Prentice-Hall. 恩蔵・亀井監訳 (2000)『戦略的ブランド・マネジメント』東急エージェンシー.

Kim, T. J. and M. Petitjean (2021), "Atypical Package Design and Product Category Prestige," *Journal of Product Innovation Management*, Vol.38, pp.379-397.

Kotler, P., K. L. Keller and A. Chernev (2022). *Marketing Management.*, 16th-edition, Pearson.

石井裕明 (2018)「パッケージにおける最適な情報量—制御焦点と情報過剰感による影響—」マーケティング・ジャーナル, Vo.38 No.2, pp.21-38.

Rettis, R. and C. Brewer (2000), "The Verbal and Visual Components of Package Design Autobiographical Details," *Journal of Product and Brand Management*, Vol.9, No.1, pp.56-70.

Sunder, A. and T. J. Northworthy (2014), "Place the Logo High or Low? Using Conceptual Metaphors of Power in Packaging Design," *Journal of Marketing*, Vol.78 (September), pp.138-151.

Ulrich, Orth R. and K. Malkewitz (2008), "Holistic Package Design and Consumer Brand Impressions," *Journal of Marketing*, Vol.72 (May), pp.64-81.

Underwood, R. L. (2003), "The Communicative Power of Product Packaging: Creating brand identity via Lived and Mediated Experience." *Journal of Marketing Theory and Practice*; Vol.11, No.1, pp.62-76.

Underwood, R. L. and N. L. Klein (2002), "Packaging as Brand Communication: Effects of Product Pictures on Consumer Response to the Package and Brand," *Journal of Marketing Theory and Practice*, Fall 2002, Vol.10, No.4.

2 パッケージにおける自然環境保護への対応
―制約要因なのか，新しい機会なのか―

　製品をデザインしていくには人間工学，製造およびコスト，そして法律の規制などによるさまざまな制約がある[4]。本セクションの1で触れたような消費者の好意的な反応を引き出し，ブランド構築に貢献するパッケージ・デザインを明らかにしようとした実証的研究を通じてさまざまな知見が豊富に蓄積されたからといって，現場のパッケージ・デザイナーがそうした知見をベースに自由にパッケージのデザインを作り出し，商品化し，よりブランドを強化するような方向にもっていくことができるかといえば必ずしもそうとは言えない。本セクションの3で述べるように，パッケージはコスト削減の重要な手段にもなる。魅力的なパッケージのデザインであっても，それが輸送のコストを高めている場合，それを回避するためにデザイン変更を余儀なくされることも少なくないはずである。

　とりわけ今日のパッケージ戦略においては，プラスチックの削減をはじめとする自然環境への配慮が不可欠であることは周知のとおりである。パッケージは顧客にとっての価値を生み出すこともある反面，ゴミを生み出し，資源を浪費させることにもつながる。そのため個々の企業に対して自社製品を包むパッケージ自体の簡素化を促進したり，プラスチックから別の再生可能な資材に転換したりすることが求められることになるのである。たとえば，清涼飲料メーカーの多くは100パーセント再生可能なペットボトルを推進するだけでなく，ラベルを，ペットボトルを包み込むようなフル・シュリンク型から薄くて面積の狭いロール・ラベル型に変更することや，ラベル自体をなくすラベル・レス型のペットボトルといったように，ペットボトルそのものを簡素化するような展開を行っている。

　パッケージにおいて自然環境保護への対応が不十分な企業あるいは製品は，明らかにそのブランド・イメージに悪影響を及ぼすことになるだろう。またパッケージの簡素化やリサイクルの動きは，今日では各企業がSDGsの取り組みの一環として位置づけ多くの企業が数値目標を掲げ，その達成に向けて全社的

な課題として取り組まざるを得なくなってきている。こうした全社的な取り組みは，一製品のプロモーション戦略よりも優先順位として高くなることが考えられる。そこでブランド構築手段としてのパッケージングを考えるにしても，一製品のマーケティング・ミックスの中の手段として捉えるのではなく，より包括的な全社レベルの戦略におけるSDGs対応などの方針を踏まえながら考えていく必要がある。

　ここで問題になるのは，このような自然環境保護への対応の動きが，①パッケージの戦略に，売り上げの拡大，ブランド強化，さらに競争優位確保といった営利面でも新たな機会をもたらすことになり，マーケティング戦略におけるパッケージの役割をさらに高めることになるのか，それとも②こうした営利面での成果にパッケージが果たす役割を縮小させることになるのか，という点である。

　まずは①の立場で考えてみよう。この考えを促す動きとして，今日では「環境ブランド調査」[5]が多くの機関で行われていることが挙げられる。そこで高い評価を獲得した企業は多くの人々や組織から称賛されることになるであろう。率先してパッケージを簡素化することが「環境にやさしい企業」「率先して社会問題に取り組んでいる企業」として認知されることでブランド・イメージをより高めることができる。さらにコーズ・リレイテッド・マーケティングを展開する際の主要な標的顧客となる自然環境保護への積極的な協力を望んでいる消費者に対してその機会を提供し，彼／彼女らが自社製品に高い評価をし，さらに積極的に購入していくことが期待できる[6]。自然環境保護およびSDGsへの取り組みの必要性は，ブランド構築におけるパッケージの在り方に新しい視点をもたらしているといえる。こうしたことを考えると，ブランド構築におけるパッケージの役割はますます重要になってくるというふうにも考えられる。

　この見方の問題点として，業界内でも率先してパッケージの簡素化や再生可能な資源への転換によって獲得できた優位性をどこまで持続できるかという点が挙げられる。自然環境保護への対応は今日，多くの企業が取り組まざるを得ないものとなっており，環境対応を意識したパッケージ開発を率先して行って

も多くの競合企業が迅速に類似のパッケージ改善を行っていくものと考えられる。たとえばラベル・レスのペットボトルは，2018年にアサヒ飲料が「アサヒおいしい水」で業界に先駆けて導入し，3年で売り上げ9倍という成長を達成したが[7]，その後，ラベル・レスのペットボトルは競合各社に瞬く間に広がっている。今ではどの会社が最初に導入したのかを知っている人はむしろ少数なのではないだろうか。競争優位性の持続可能性は，資源や能力の移転・模倣困難性，参入順位だけでなく，競争相手が模倣できたとしても，それにより自社製品とのカニバリゼーションを起こしたり，自社の中核的な技術の衰退を引きおこしたり，既存顧客の離反を招いたりするといった懸念が生じることで（競争相手が）模倣に躊躇することで，実現することも少なくない。しかし，パッケージの簡素化は多くの企業にとって取り組まなくてはいけないものであり，競争相手が同じような取り組みをしたくてもできないものとは言い難い。

　自然環境保護の問題は企業1社で解決できる問題ではなく，業界全体で競争よりも協調して取り組むべきものとして捉えられることも多い。そもそもパッケージの簡素化等を競争優位確保の手段として考える企業は少ないかもしれない。しかし，それを強力に進めたがために，パッケージを通じて，ブランド・アイデンティティーがうまく伝わらなくなり，顧客が抱くブランド連想が希薄化していくことは避けたい事態であろう。

　以上のことを踏まえると，②のようにパッケージの簡素化が進めば，プロモーションおよびブランド構築への貢献としてのパッケージの役割は制約されることになるという見方もできるであろう。日経MJの2021年6月4日の「マーケ手法見直すとき　包装に頼らず選ばれる企業に」との見出しのついた記事では，パッケージ・デザインの現場においてもはやパッケージで売る時代ではないという声があることを紹介している。ブランド・マネジメントで重要視されるブランド・アイデンティティーあるいはブランド・ビジョンは，ブランド連想として時間をかけて徐々に消費者の記憶に浸透していくのでもあり[8]，それぞれのブランドに固有の連想として形成されていく。有力なロングセラー・ブランドは，自然環境保護の問題が広く社会に浸透するはるか以前から世の中に浸透し，消費者の記憶に好ましくユニークで強いブランド連想を形成し，その

地位を長年にわたって維持している。パッケージの簡素化は環境にやさしいという新しい属性を連想させることに成功し，一時的には成果をあげるかもしれないが，その代わりに従来からのブランド・アイデンティティーを表現する機会を制約することになるかもしれない。パッケージはサイズなどの物理的制約が大きいこと，その中で情報量を増やし過ぎると情報過剰感が生じ，製品の理解や評価にマイナスの影響を及ぼす可能性がある[9]。パッケージを通じて企業が消費者に伝えることのできる情報量には限界があるのである。さらにその限られたスペースの中に原材料の表示など表記することが義務付けられている情報も載せなければならない点も見逃してはならない[10]。

　どのような見方が適切であるか本稿では結論づけはできないが，今日の消費財メーカーは自然環境保護対応としてのパッケージと，営利面での高い効果をもたらすパッケージとの両立可能性という問題に直面し，その可能性を模索していることは確かであろう。その中には一定の成果を上げているものもある。たとえばネスレの KitKat が展開した，紙パッケージに転換すると同時にその紙で折り鶴をつくり，メッセージを書き，思いを伝えたい人に届けるキャンペーンなどは，環境対応と同時に受験のお守り以来定着していた KitKat のブランド・アイデンティティーをさらに強化させた事例といえるだろう[11]。この事例にみられるように，この課題の解決にはパッケージ・デザインの担当者に対して相当に創造的な思考が求められるものといえるだろう。

（伊藤 友章）

【注】

4 ）Bloch, P. H. (1995), "Seeking the ideal form of Product Design and Consumer Response," *Journal of Marketing*, No.59, Vol.3, pp.15-29.

5 ）たとえば，日経 BP の ESG ブランド調査 https://www.nikkeibp.co.jp/atcl/newsrelease/corp/20221006/　最終アクセス日　2023 年 12 月 3 日

6 ）環境配慮型商品の購入意欲の高い消費者の存在についてはすでにさまざまな調査機関等でも明らかにされているところである。またコーズ・リレイテッド・マーケティングの１つである寄付付き商品やフェアトレード型商品と比べて，簡素なパッケージは，商品の中身そのものへの影響が少なく，消費者にとって理解のしやすい社会問題解決への取り組みであることから，その購入は，消費者にとって抵抗を感じにくいも

のと考えられる。

7 ）https://www.asahigroup-holdings.com/pressroom/pickup/20210528/　最終アクセ
ス日　2023 年 11 月 19 日

8 ）Aaker, D. A.（2014）, *Aaker on Branding: 20 Principles That Drive Success*, SAGE
Publications，阿久津訳『ブランド論　無形の差別化を作る 20 の基本原則』ダイヤモ
ンド社，44 頁.

9 ）石井裕明（2018）「パッケージにおける最適な情報量─制御焦点と情報過剰感によ
る影響─」マーケティング・ジャーナル，Vol.8，No.2，21 ～ 38 頁.

10）加工食品や飲料では，食品表示法により表記すべきことが定められている。ラベ
ル・レスのペットボトルでもこの点が問題になる。2020 年には資源有効利用促進
法の一部改正により箱買いのような外装単位での販売に限り販売が可能になった
ほか，2023 年 7 月には，大手飲料メーカーによる自動販売機の機械に必要な表示
をすることで，ペットボトルに表記した場合と同等の効果を実証実験する試みが
経済産業省の新技術実証制度を用いて行われている（https://www.meti.go.jp/pre
ss/2023/07/20230719003/20230719003.html　最終アクセス　2023 年 12 月 6 日）。

11）日経デザイン，2020 年 3 月号，83 頁.

3 パッケージ・デザインとロジスティクスの相互関係の理解

2022年6月22日の日本経済新聞によると，円安による原材料の高騰などにより日本のプライベート・ブランドでも値上げの動きが出てきているが，そうした中においてもイオンのトップバリュは2021年9月以降，価格を据え置き続けたという。その価格据え置きを継続するために行われたことの1つが包装（パッケージ）の見直しであった。見直し商品の1つである「あらびきポークウインナー」では，これまで見た目の魅力を高めるために袋に空気を入れテープで止めていたところを，そのテープを外し，1個当たりの体積を減らすことになった。これにより見た目は劣っても，1つの段ボールで運べる量を2割増やすことで物流コストの削減を目指すという。なお内容量は従来と変わりはないが，資材重量は約28％削減されるという。

この事例からも考えられることは，マーケティング戦略におけるパッケージの課題は，消費者の目を引かせ，ポジティブな反応を引き出す販売促進の効果やブランド認知やブランド・アイデンティティーを強化する効果（Kotler, Keller & Chernev, 2022；Keller, 1998），さらには品質維持やパッケージ自体の入手をすることを目指した顧客価値の付加効果だけを考えればよいわけではなく，物流の効率化とそれによるコストの削減の手段としても大変重要な問題の解決を担っているということを考慮する必要があるということである。物流の活動は仕分け，集約，保管，輸送などで構成されるが，その活動をより効率的に行っていくにはパッケージの在り方が非常に重要になるのである。内容量や品質を維持しつつ，このパッケージの工夫で物流コストの削減につながるのである[12]。

さらにこの事例から考えるべきは，製品の魅力を高めるためのプロモーション効果を犠牲にしてコスト削減を優先したという点である。物流戦略の一環としてパッケージを考えた場合と，プロモーション戦略やブランド構築の有力なツールとしてパッケージを考えた場合，どちらかを立てればどちらか立たないというトレード・オフに直面することがしばしば起こりうることが考えられる。

パッケージは，ラベル，商品本体を直接包み込む一次パッケージ，複数の商

品をひとまとめにする二次パッケージ，そして輸送パッケージといった複数の
タイプに分けることができる（Kotler, Keller & Chernev, 2022　邦訳書，289 〜 293
頁）[13]。消費者の認知，注意，購買意図を促進させるプロモーション上の効果
やブランド認知やブランド連想を強化する効果は，ラベルや商品を直接包み込
む一次パッケージに主に求められるであろう。それらが主に購買時点や広告に
掲載される商品画像や映像を通じて消費者の目に直接触れることになるからで
ある。ビールの 6 缶パック売りにみられるような複数個のまとめ買いを促すよ
うな売り方が小売店頭で行われる場合には，二次パッケージも小売店頭で消費
者の目に触れることになるので，上記の効果を期待したデザインが求められる
ことがある。

　物流業務の効率化に最も影響を与えるパッケージは，生産地点から最終販売
地点に至るまでの輸送や仕分け，保管といった一連の業務の間の商品を保護す
るための輸送用のパッケージであり，小売店頭や広告で消費者が商品を目にす
る時には，すでにその役割を終えている場合が多い。ネット通販業者の輸送用
段ボール箱など一部例外はあるものの，直接消費者の目に触れることは少ない
ゆえに，そこでのデザインが少なくとも対消費者向け[14]のブランド強化に貢
献することが，期待されることも少ないであろう。そのため，プロモーション
上の効果やブランド強化のためのラベルや一次パッケージを中心にしたパッ
ケージ・デザインの問題と，物流面での効率や商品保護を重視する輸送用パッ
ケージの問題は別個のものとして論じても大きな問題はなかったのであろう。

　しかし，冒頭で紹介した事例のように，原材料費の高騰が相次ぎ，それを吸
収するコスト削減の圧力が大きくなるような状況が生じてくれば，顧客にとっ
ての付加価値を高めたり，プロモーション効果を高めたりすることのみを目指
してパッケージをデザインすることは困難で，消費者が目にする一次パッケー
ジやラベルにおいても，物流業務の効率化ひいては物流コストの削減に寄与す
ることも考慮しなければならなくなる。たとえば，製品の重量が重くなったり，
体積が大きくなったりすることで積載効率が下がるようなパッケージは，プロ
モーションの効果が期待できたとしても，不十分なものとなる。さらに今日に
おいてはパッケージの簡素化や素材の変更により軽量化を実現し，トータルで

の積載効率を高めることは，コスト削減のみならず，自然環境保護にもつながる。このことは，今日多くの企業が全社的な取り組みとして掲げる SDGs における到達目標の達成にも大いに貢献することが期待される。

　このようなことを踏まえると，今日の企業においては，パッケージングのさまざまな側面を包括的に取り扱い，一貫した戦略を策定していくことと，その戦略を推進していくための組織体制が求められるのではないかと考えられる。しかし多くの企業においては，パッケージの問題を取り扱うのは，マーケティング，物流，資材調達，さらには CSR を扱う部門など，複数の部門に分かれてしまい，一貫した戦略を推進していく体制が不十分であることが多いのではないだろうか。こうしたことは組織内でのパッケージの位置づけに対する認識の相違が部門間や個人間で発生する可能性があり，統合的なパッケージ戦略の構築を阻害する可能性がある [15]。

　またマーケティングのテキストにおいても，パッケージについては独立して章立てされていることはほとんどなく，まったく触れられていないことさえある。Kotler, Keller & Chernev（2022）においてもパッケージは製品戦略の章（第 8 章　製品の設計と管理）とマーケティング・コミュニケーションの章（第 12 章　マーケティング・コミュニケーションのマネジメント；第 13 章　デジタル時代における統合型マーケティング・キャンペーンの設計）の両方で説明がなされている。しかし，ロジスティクスに関連した章では，パッケージが輸送や保管と並んで物流コストに大きな比重を占めていることは記述されているものの，包装や梱包に関して触れている記述はみられない。

　パッケージ戦略はいわゆる 4P の枠組みの中での製品戦略の範囲に収まるわけではなく，店頭プロモーションにおいても重要な役割を果たすし，ここまで述べてきたように物流戦略あるいはサプライチェーンの構築においても重要な要因になる [16]。こうしたことから，4P という分類にこだわり，Product や Promotion のどちらかもしくは両方にパッケージを位置づけようとするとその多面的な性質が見えにくくなる。むしろ独立した 1 つの章としてパッケージの問題は扱うことが求められるだろう。

（伊藤　友章）

【注】

12) Kotler, Keller & Chernev（2022）でも紹介されているように，近年では納品の際に箱から出して梱包を解き，個別に棚に並べる必要がないように，アイテムをそのまま棚におけるようなパッケージで梱包するような動きもある（邦訳書，571頁）。アパレル業界で商品をハンガーに吊るしたまま輸送するハンガー物流という方法がみられる。

13) 物流業界ではJISによる個装，内装，外装の分類が一般的によく用いられるが，個装は1次パッケージに，内装は2次パッケージに，外装は輸送用パッケージにそれぞれ該当するであろう（世良，1999，57頁）。

14) ここで「対消費者向け」としているのは，ブランド戦略は消費者に対してだけでなく取引関係のある業者など広くステークホルダー向けに自社ブランドのアイデンティティー等を発信し，理解を求めるものであるからである。

15) むしろ物流企業や大手印刷会社が，パッケージに関するさまざまな側面を一括して取り扱うようなサービスを提供していることがあるようである。たとえば，以下の凸版印刷のトータルソリューションサービスなどを参照。https://www.toppan.co.jp/living-industry/packaging/solution/　最終アクセス　2023年9月11日。

16) 商品が品切れになる場合，商品本体だけでなくパッケージの調達が間に合わないというケースも少なくない。製品本体の原材料や部品の業者だけでなく，包材メーカーとの間で緊密な需給調整を行っていく仕組が求められるのである。

引用・参考文献

Keller, K. L.（1998），*Strategic Brand Management: Building, Measuring, and Managing Brand Equity*, Prentice-Hall. 恩蔵・亀井訳『戦略的ブランド・マネジメント』東急エージェンシー.

Kotler, P., K. L. Keller and A. Chernev（2022），*Marketing Management 16th-edition*, Pearson-education, 恩蔵監訳『コトラー，ケラー，チェルネフ　マーケティング・マネジメント』丸善出版.

世良耕一（1999）「パッケージング（包装）に関する一考察―マーケティング・ミックス4P分類成立要件の阻害要因としての側面からのアプローチ」『函大商学論究』31(2)，55～86頁.

4 パッケージングと製品開発におけるデザインに関するインサイト

　「製品デザイン」とか「パッケージングのデザイン」といった場合，私たち（消費者）は，何を想起するであろうか。また，ビジネスの管理者やマーケター，もしくはマーケティング研究者は，どのようにそれを捉えるのであろうか。多くの消費者は，それを「商品の意匠・外観」と考えるだろう。しかしながら，マーケティングあるいはビジネスの計画・戦略立案者は，製品の計画・戦略の「設計」と考える人も少なくない。

　消費者の側に立って商品を選択する立場であれば，それはやはり「商品の外観や意匠」ではあるが，その意匠もしくは外観を生み出すのは綿密な？製品計画や設計によるものであるだろう。そうなると“デザイン（design）”という言葉の捉え方（どのようにそれを理解し，捉えているか）によって，マーケティングの戦略や戦術は大きく変わってくるのではないだろうか。

　“デザイン（design）”は，『リーダーズ英和辞典 第3版』（研究社）によると，「1. a デザイン，意匠；図案，設計図，ひな形，b 芸術作品　2. a 設計，構想，腹案，着想，計画，企図；目的，意図，…，b 進展，目的に応じた手段をとること」などといった訳が充てられており，『ジーニアス英和大辞典』（大修館書店）では，「1 a 図案，下絵；〔機械・建物の〕（精密な）設計図；（装飾用の）模様，（芸術作品としての）デザイン. b デザイン，意匠，設計（技術）. c（芸術などの）構想，草案…. 2〔ある目的のための〕（入念な）計画，企画（plan）；故意，もくろみ，下心，意図，目的.」などとなっている。

　一方，Philip Kotler and Kevin Lane Keller, Alexander Chernev (2021), *Marketing Management 16th Edition*, Pearson Education Ltd., 恩蔵直人監訳 (2022)『コトラー＆ケラー＆チェルネフ マーケティング・マネジメント 原書16版』丸善出版によると，「デザインとは，製品の外観，印象，機能を消費者がどう知覚するかに影響を与える特徴全体を指す。デザインは機能的かつ審美的なベネフィットを提供し理性と感情の両面に訴えかける[17]」と定義しているが，当該書の原文の目次の当該項のタイトルは，PARTIV：DESIGNING

VALUE　8. Designing and Managing Products（パート5：価値の設計　8. 製品のデザインと管理）となっており，やはりここでも，それは製品の設計なのか，製品それ自体の外観を構成する要素に関して言及しているものなのかがはっきりしていないのである。それだけでなく，当該訳書の「デザインへのアプローチ」という項を見ると，「デザインは，製品，サービス，アプリケーションを創造するときの一段階であるだけではない。マーケティング・プログラムのあらゆる側面が一体となって機能する[18]」として，"デザイン思考"とは「観察，概念化，実行という3つの段階を伴う極めてデータ主導型のアプローチである。デザイン思考には，消費者についての徹底した民俗学的研究，創造的なブレイン・ストーミング・セッション，デザインのアイデアを現実化する方法を決定するための共同的チームワークが必要である[19]」と言説しているのである。

　これではデザインは，ビジネスや製品の戦略の設計なのか，ある製品の外観などに関係する審美的な製品特徴を指すものなのかわからなくなってしまうだけでなく，マネジメントすることはかなり困難になってしまっていると言わざるを得ない。

　これにパッケージング（packaging）という概念または活動が加わってくると話はさらに困難を極める。商品がソフトドリンクや酒類などの流動物や開封が禁止されている（できない）ような商品であったならば，パッケージが商品選択に大きく影響を与えるばかりでなく，パッケージそれ自体（パッケージ・デザイン）が商品であるということさえできるかもしれない。

　パッケージングとは，「容器，包装紙，缶，木材，ガラス，ボール紙，プラスティック，透明セロファン，クロース，その他の材料で製品を整える手段である（Nystrom, P. H.）[20]」とされる。つまり，パッケージングは，包装紙や容器，缶，ガラス，木材，プラスチックなどの材料で製品を整える手段を言い，生産，輸送，流通，消費のすべての段階を通じて健全な状態で最終消費者へ製品を安全に届けることを保証する手段の1つである[21]。パッケージングの機能には大きく分けて，色彩，形状，サイズ，使用上の便利さなどを通じて消費者へ製品に関する情報および製品をプロモートするマーケティング的（販売促進的）機能と，物流システム内で製品の輸送および保管に際して，製品の破損や損傷

を防止したりする物流的（技術的）機能がある。

　すなわち，パッケージングは，製造の時点では，梱包，取扱い，封印など，生産工程における作業の効率化，コストの引き下げなどが考慮に入れられる必要があり，輸送の時点においては，破損の防止，運賃に関連する容器，重量などが問題となり，そして小売店の店頭などにおいては，陳列への適応性，購買決定に関する色彩とデザイン，再包装の仕方などが考慮に入れられねばならない。またさらに，現代的には，その材質や機能的特性が自然環境および将来的地球環境に及ぼす影響などを考慮してデザインされるべきトータル・デザイン志向でマネジメントされることが求められるのである。

　パッケージのデザイン（意匠的）を変更することは，製品イメージを刷新し，新規の顧客を引き付けるかもしれないが，顧客あるいは消費者の製品に関するアイデンティティを喪失させ，既存の顧客を失うことにもなりかねない。しかしながら，パッケージのデザイン（意匠的）変更は，製品に大きな改善をもたらし，マーケティングや製品購買に変化を与え，企業イメージやブランドの所有者に対する印象を改善する手段としても重要であり，企業もしくは事業の全体戦略にも影響を与える要素であるともいえるかもしれない。

　この後，商品の形状や考え方，捉え方はますます複雑かつさまざまな様態を呈してくるだろう。デザインという言葉は便利である一方，それによって，商品だけでなく企業のマーケティングに大きな影響を与える（差別的優位性を引き出せる）要素でもある。しっかりマネジメントして用いなければいけない用語，あるいは概念・活動であるということを認識しておくことが求められるだろう。

（首藤　禎史）

【注】
17）　恩蔵直人監訳（2022）『コトラー＆ケラー＆チェルネフ　マーケティング・マネジメント　原書16版』丸善出版，276頁．
18）　同上書，278頁．
19）　同上．
20）　徳永豊・D. マクラクラン・H. タムラ編（1993）『詳解マーケティング辞典』同文舘

出版，271 頁.

21)　徳永豊編（2009）『ビジネス・キャリア検定試験 標準テキスト マーケティング 2
　　級』首藤禎史「第 6 章 第 3 節 パッケージングの計画と管理」中央職業能力開発機構，
　　353 頁.

5 テクノロジーの進化とそれによる現代物流のいくつかの問題点について

　1980年代ごろから，産業の発達やインフラストラクチャーの発展とそれに伴う人口の移動などによる物流量の増大，あるいは物流需要の質的変化などから物流の重要性が高まってきたことに加え，マーケティングにおいても，戦略を立てても，物流の不備から戦略がうまく実行されないなどといったことにより，物流システムの見直しが求められるようになった。

　物流とは基本的には，「生産者から消費者に至るまで商品を効率的に移動させるための活動」を指し，その活動は主に，受発注処理，倉庫業務，在庫管理，荷役，流通加工，製品の輸送，包装，情報管理などに分けられる。マーケティングにおける物流機能の目的は，これら物流の諸活動を最小限のコストで達成し，その一方で，最大限の顧客へのサービスを提供することである。顧客に対するサービスとは，適切な在庫を保持し，迅速で，処理しやすい輸送と倉庫業務を顧客の要求に十分に応えられるように配備することである。

　また，物流は，さまざまな活動から構成されているために，さまざまな部門に横断的に関係している。そのようなことから，物流の部分最適化による不適合も多く見られるのも事実である。たとえば，製品企画部門が，消費者の好む製品を開発しようとして，特異な形状の製品を考え出すとする。そのような製品は包装も特異であるために，輸送上の不効率が発生し，輸送コストを引き上げることになる。あるいはまた，営業部門が，売り上げの増大と顧客へのサービスから返品を受け入れたとする。返品は，特定の店舗に二度足を運ぶことになる。このことは，輸送コストを倍に引き上げる。その他，倉庫管理の部門では，なるべく在庫を多く持たないで，製品の流れを一定にすることで，生産性を標準化し，在庫管理コストを削減することを目的とするが，輸送部門では，特定の地域へはなるべく大きなユニットで配送することで，輸送コストを削減しようと考える。このようにして，部門間の最適化でのトレード・オフが発生するのである。つまり，企業のそれぞれの部門は，それぞれの目標を持っており，その目標は必ずしも一致するものではないのである。

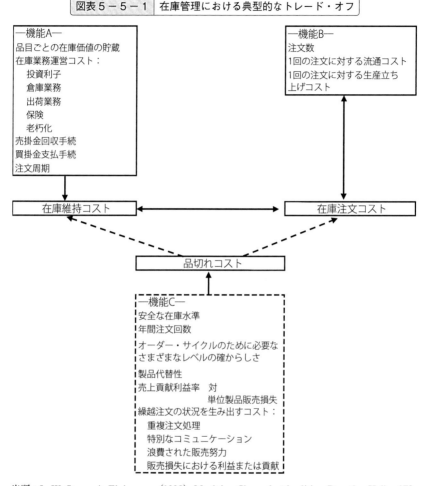

図表５－５－１ 在庫管理における典型的なトレード・オフ

―機能A―
品目ごとの在庫価値の貯蔵
在庫業務運営コスト：
　投資利子
　倉庫業務
　出荷業務
　保険
　老朽化
売掛金回収手続
買掛金支払手続
注文周期

―機能B―
注文数
1回の注文に対する流通コスト
1回の注文に対する生産立ち
上げコスト

在庫維持コスト

在庫注文コスト

品切れコスト

―機能C―
安全な在庫水準
年間注文回数
オーダー・サイクルのために必要な
さまざまなレベルの確からしさ
製品代替性
売上貢献利益率　対
　　　　　　単位製品販売損失
繰越注文の状況を生み出すコスト：
　重複注文処理
　特別なコミュニケーション
　浪費された販売努力
　販売損失における利益または貢献

出所：L. W. Stern, A. El-Ansary. (1992), *Markting Channels 4th-edition*, Prentice Hall, p.173.

　しかしながら，逆の意味から言って，このような部門間の不適合を調整する
のもまた物流であるということもできる。先の例からすると，消費者が好むと
製品企画部門が考えた独特な形状の製品は，輸送効率が下がることに加え，顧
客サービスの見地からしても，顧客である小売や卸売業者にとって，むだな空
間を多く必要とし，在庫管理やディスプレイがしにくいなどといったことや，
流行商品であれば，ゆくゆくはデッド・ストックになりかねないので仕入れた

くないなどといったことがあるだろう。言い換えれば，小売や卸売業者が好まない製品は，彼らが力を入れて販売しない製品であるとも言えるわけである。自社が管理しにくい製品は顧客にとっても管理しにくいのである。そのような問題を調整するのが部門間の横断的機能である物流あるいはチャネルの総合的管理なのである。そういった視点に基づいた考え方が，ビジネス・ロジスティクスあるいはトータル・ロジスティクスと呼ばれるものである。

　従来，マーケティングにおいて物的流通が，販売経路を通じて製品を生産者から消費者に分配することを指したのに対して，ビジネス・ロジスティクスは，原材料・資材の調達・在庫から，生産段階における原材料・半製品・完成品の流れ，製品市場への完成品の分配までもを考慮に入れたものである。つまり，それらの要素ないしは機能を論理的かつ有機的に，より効率的に結びつけ，全社的な管理の下に全体最適化を追求する考え方が，トータル・ロジスティクスあるいはビジネス・ロジスティクス・システムと呼ばれる概念である。

　現代では物流のエキスパートであり，専門のノウハウや情報を蓄積した物流専門業者にそれらを委託し，アウトソーシングするサード・パーティー・ロジスティクス（3PL）や共同配送事業の推進などによって，そのような問題もかなりのレベルで改善されるようになってきている。この他にも IT や AI などの新しいテクノロジーの発達・整備によって，従来あったチャネルのタイプあるいは機能が変化しているのが現在の状況であり，それら環境の変化によって，マーケティングの戦略開発や分析視角も常に変えていくことが求められている。

　しかしながら，このような物流部門の進化にもいくつかの問題は存在する。その1つが競争優位性もしくは戦略的推進力の獲得に関する問題である。かつて（80年代ぐらいには）「物流は残された最後の課題部門であり，この部門を効率化もしくは進化させることのできた企業が，効果的な競争優位を獲得し，激しい競争から抜け出せる」といった議論があったが，これには道路の整備などに代表される交通網，すなわちインフラストラクチャーの改善が不可欠であり，それは地方自治体や政府または国家的なレベルでの介入が必要とされ，それを待たなければ，物流の改善は始まらないといった考え方がなされていた。

そうなると，独自の競争優位性の獲得は難しく，多くの企業が横並びの競争環境に引き戻されてしまうのではないか，といった議論も少なからず存在した。これを払拭したのが IT およびそれに関連したテクノロジーの進化であった。インフラの改善の遅れている部分では，IT の進化によりノード（結節点）などの配送ネットワークはそれまでにないほど効率的になり，共同配送も大きく進展した。また，トラックや航空機などの輸送機器もさまざまな最新テクノロジーを搭載することで，驚くほどに輸送効率が高まった。さらには，AI の進化によって，これらの機器だけでなく，倉庫業務の自動化も進み，かつては自動化は不可能であるとされた，倉庫でのピッキングもロボットが行うまでになったのである。

　その一方で，これらのテクノロジーの進化によって，あるいはその進化の多くの部分を担ったのがサード・パーティー・ロジスティクスと呼ばれる物流の専門企業の台頭と成長であり，これらの企業によるサプライ・チェーン統合の進展には目覚ましいものがあり，それにより物流部門は一大産業へと拡大したのであった。

　この物流専門企業の展開・成長により物流部門は新たな市場を生み出し，多くのビジネスまたはそれに関連したテクノロジーも発展し，物流事情・物流コストは大きく変化した（低コスト・高効率を達成した）のであった。ところが，このサード・パーティー・ロジスティクス企業の台頭・成長が，ある意味では，製造業者や小売業者のような個別企業の競争優位性の源泉を奪ってしまったという見方もある。競争優位を獲得するための「最後の機能」はもはや存在せず，それらはどの企業にも共通の，ある意味インフラへと変化してしまった。このため，多くの企業は戦略の見直しを余儀なくされた。それだけでなく，卸売業者や小売企業などのマーケティング・チャネル上で競争している企業は，事業形態そのものを変更することを迫られたりしたのであった。

　そしてもう 1 つが，研究領域または学問的な側面でのマーケティング戦略，またはマーケティング・コンセプトの考え方への影響である。これまでは，物流は，4Ps で言えば，マーケティング戦略の中核をなすマーケティング・ミックスのチャネル・マネジメントの商流（チャネルの構築と管理）と並ぶ，場合に

よっては商流をも包含する重要なマネジメント要素とされ，議論・説明されて
きた。しかしながら，このような独立した事業（産業部門）となった現代にお
いては，製造業者や小売業者にとっては統制可能なマーケティング・ミックス
変数とは言えない，というよりもミックス変数として組み込むことが意味のな
いことになってしまってきているのである（もちろん，別の次元で，専門物流業者
のマーケティング戦略は存在，構築・管理されるであろうが）。そのような問題を示
す典型的な例として，幾度となく本書で用いている恩蔵直人監訳（2022）『コ
トラー＆ケラー＆チェルネフ マーケティング・マネジメント 原書16版』丸
善出版では，物流は「マーケット・ロジスティクスの管理」として，800頁中，
わずか6頁余りを割いているだけである。

　以上のようなことに加え，現代社会における物流部門の人手不足問題は，深
刻な社会問題となっている。このような問題を含め，テクノロジーの進化や
社会的な労働移動などの影響を強く受ける（受けやすい）この部門については，
OR（Operations Research）を基礎にした物流またはロジスティクス，サプライ
チェーン関係の専門家や研究者だけでなく，マーケティングの研究者も，単な
るマーケティング・ミックスの1要素として，あるいはマーケティングから独
立した1部門として捉えたり，マーケティング戦略に組み入れたりするのでは
なく，マーケティング・システム全体に及ぶ（が影響を大きく受ける）重要な機
能として常に注視もしくは考慮していく必要があるのではないだろうか。

（首藤 禎史）

SDGsと
現代マーケティング
の課題

1 マーケティングと時空：それには確かに時代の場へと

　組織かつまたはシステムの歴史では，「何を残し，何を変えるのか」とはいっても，明治維新，第２次大戦という二度の出来事を経て，欧米モデルとの習合以後における逆立ちとそれ以前の時代に向き直るかのような直立が，存在かつまたは認識論の深淵で生じてきた（→　6－3）。そして，現代での「－ナショナル－多重化するローカル－グローバル－」にある複雑系を特に指すと言える「VUCA」—2010年代のビジネス界をはじめ教育界にも浸透したが，元は1990年代後半に冷戦構造以後の先行き不透明性を指した軍事用語—の時代に，加速的改変期でのレイヤー間のタイムラグ問題などPDCA型管理による改良限界に立ち向かってきたわけだ。ここについての不感症の蔓延を眼前にして，堪えがたきを堪えという心境でいられるのだろうか。

　制度を履行する場合にもあるが，複雑系とは言っても，単純系動態を拡張した開放系の非線形動態を考える場合と，これとは異なり自己組織化して進化する自生的な非線形動態を考える場合がある。必然論が偶然論に敗れた[1]のならば，場所は空間だと言うよりも空間は場であったと言われるような場が，一体全体，これから言う場になる。ついては，真偽が定まっている内容である命題の知識から，それらを三段などに組み合わせた推論にかかわる「不完全性，不可能性，不確定性の世界」[2]に関しては，単純系か複雑系かを言い合うブームは終わっているからこそ，新時代を先駆ける栴檀たる書き手の登場にも期待する。

　さて，図表6－1－1を見て欲しい。AとB（非A）でマトリクスをつくる

図表6－1－1	AB2項，ABC3項の2次化，そして第4の項は？		
	A	B	C
A	第1（2）	**第3**	**第3**
B	**第3**	第2（1）	**第3**
C	**第3**	**第3**	第2（1）

と言う意味で，「A-B（非 A）」／「A-B（非 A）」，これをもっと簡略して「A-B」$_2$ と記す。いちいち面倒なので「$_2$」という添え字が「なくともある」と思うことが一般に広まればいいのだが。こういう操作を 2 次化と呼んでいる。外から内を推し量るという象形文字である商だが，これからの「商」には，内から外を見ようともしない洞窟人にはできない「内 - 外」$_2$ を体現するという意味をますますと込めたい。「どこにでもいる」という姿勢がないと困難なことだが。

経済行為の 3 分法である「生産，流通，消費」[3] や，価格メカニズムの 3 分法である「市場，商業，貨幣」などについても同様の操作ができるので，A と B だけでなく C も考えることを想定すると，つぎのように言える。①「A-B」$_2$ には第 1（A である）と第 2（B である）と第 3（A でも B でもある），②「B-C」$_2$ には第 1（B である）と第 2（C である）と第 3（B でも C でもある），③「C-A」$_2$ には第 1（C である）と第 2（A である）と第 3（C でも A でもある）があると。そして，これら 3 つ組の 2 項対照の動化の循環が一巡すれば，螺旋化がより把捉（難解視されてきた「抱握」[4]，包被論が分かっていると言う意味での語用である「括握」[5] にしても）され，さらに以降のように考えれば，「後述する n 元論の間が調停しやすい構造認識」になる。

そこでもう一度，図表 6 - 1 - 1 の網掛け部である「A-B」$_2$ のマトリクスを見て欲しい。この図表の頭側のつくり方は，ゲーム理論における，たとえば「囚人ジレンマ」のマトリクスともよく似ている。「囚人ジレンマ」のマトリクスは，個人 X と Y が，コミュニケーションがまったくとれない状況（刑務所）で「同じ対立 2 項」を選択する際の組み合わせ（2 × 2 ＝ 4 通り）について利得を計算しての均衡（どのセルに落ち着くのか）を言う[6]。しかしながら，同図表の「A-B」$_2$ のマトリクスには，つぎの差異がある。（a）個人 X や Y という表記がない。それは対称性と非対称性を判断陶冶しようとするからで，つぎの（b）への伏線になっている。（b）同図表の「第 3」については「主客未分」や能動か受動かではない「中動態」の認識が惹起されると言おうとする重要な異いがある。ここには，前後する近代的思考を代表するデカルト主義か 19 世紀末以来の反デカルト主義かだけでなく，「自然にそうなる[7]」と言う自然の媒介者としての余剰（還元や創発からの超越）の含意がある（→ 6 - 3）。

　そして，図表6－1－1の外として，④「A-B」$_2$からは「AでもBでもない」，「B-C」$_2$からは「BでもCでもない」，「C-A」$_2$からは「CでもAでもないＡ」という第4―第3までのトリレンマに対してテトラレンマ（四区分別）という[8]―も考える構えにも着目する訳である。通常には，ミクロは含まれるものでありマクロは含むものである。だが，第4レンマをマクロ（ミクロ），非第4レンマ（［恒星や星座における］第1から第3のレンマまで）をミクロ（マクロ）とすれば，マクロの中のミクロの中にマクロ（ミクロの中のマクロの中にミクロ）があると把捉してリンクを言うのが，包披論や量子論的な関係論だからである。第1，第2，第3のレンマと第4レンマの関係を上述のように再認識することからの迫真性が，状況的妥当性―「保‐革」以後，SDGsの深化を照らす妥当性など―をますます帯びる現実があるからに他ならない。危険思想をオブラートに包んで説く場合のスピリチュアリズムを連想する方もいるだろうが，そういう愚かなことではないのである。

　さて，凌駕していきたくなる大問題に入ろう。形而下ではそのいずれもの内実が経験的な「化論」になっている1元論や2元論や多元論のことである。これまでに，それら3論の理論家や実践家への影響を，本気で考えたことがあったろうか。図表6－1－1におけるAを1元論，Bを2元論，Cを多元論，そして既述の④で述べた第4を広義ホーリズム（ホーリズム，別ホーリズム）と置いてみればいい。ホーリズム（holism）と別ホーリズムには，リンクを切断して言えば，マクロ的相対論における極大への上向，ミクロ的量子論における極小への下向という違いと同様の違いがある。そして，それら3論と広義ホーリズムの異いに気づいた上で，2次化に始まる包被論の一環として，産業かつ市場での価値との関連で言われるホーリスティック・マーケティング[9]を探究しよう。なお，Kindleで閲覧できるサンプルがあるばかりか既読の方も多いと思うので，紙幅都合からも割愛するが，文末の注9の文献の図1.7（b）にある多重円の切り込みについても以下から理解を深めるといい。

　ホーリズムは，全体が諸部分に還元不可能として超越的にあって初めて，それらの諸部分も成り立つのだとして，全体性（＜全体的な，もの／こと＞＝持続）の創発を言う。規範的トータリズムと混同する方は未だにいるが。全体と部分

は，相互に背反するものとしてあり，背反するものだからこそお互いが相補的に成り立ち，創発と言えるような発生（生成）を繰り返す。ゆえに，2極の差異をそれは重視するが──必ずしも対立すると言うのではない──，とは言えいずれか一方に優位を置くのではなく，非線形的な不推移の関係が照射されていた。ホーリズムには，別ホーリズムを含むような拡張面もあったが。

　これに対し，別ホーリズムは，個体的で部分的な通常のもの同士が，そのままで相互包摂し合う状況からの部分性（＜部分的な，もの／こと＞＝持続を可能にも不可能にもする要素みずからの間の，もの／こと）の創発を言う。王様と奴隷が逆転しても所詮は一方的な銜え込みであるようなヒエラルキーが成立しないと捉え，全体と部分を相補的に──この点はホーリズムと変わらないが──，具体的には，カントールの塵から，「1と2の関係について，2が1に包含され，2が分割されることで1が生まれると考えるところにヒエラルキー（階型・メレオロジー論的な全体部分関係）があるが，1は1を2倍した2を包含したものであり，2は2の半分である1を分割したものだという風に，それぞれの側から，お互いを部分としてもつ関係（メログラフィックな関係）もまた洞察でき重視できる[10]」と言われた。

　この言説は相互包摂と能記されたが，同じ3次元でも「箱（box）詰め」の関係ではなく，外から見れば中身がその膜を凸凹と動かしているのがわかる「袋（sack）詰め」の関係と言う比喩も併記されている。この袋詰めという比喩を，諸部分が身動きできず閉じ込められているイメージが湧く箱詰めよりは，まだましに感じるであろうか。ところが，袋詰めは露骨過ぎる羊膜や子宮の喩えも連想させるから，ビジネス上などではインキュベーション（孵化）という能記が無難だとなり，それで別ホーリズムの真意が伝わりきらないままになったとすれば，思考の進歩を妨げる逆効果だったと言える。そして，凸凹の由来も探りはするが，スケール・フリー──スケールの大小をヒエラルキー視せず，いかなるスケール間でもの意味──に捉える相互包摂ʹ（ウロボロスの蛇における相互的な銜え込み）の見方が，包披論の理解を補強する。ただし，ゴミ箱モデル[11]と，いわばゴミ袋モデルかとは思われないよう，包披論と聞いて読者による理解の務めが萎えないための逆療法・ショック療法[12]として，無限の段階説に

かかわることを伝えておく。

　こうも言って置かないと，これからの時代を担う者たちが「認識 - 存在論」$_2$ の新たな幕開けと言える場—直交軸空間ではない表象としてはインドラの網，曼荼羅，[楕] 円錐 13) —にやって来て集うことは遠退くだろう。普遍性（系の詳細によらず広く成り立つ性質）や創発性（①多数の要素から成る系が個々の要素からは説明できない性質を獲得すること，②多数の系にかかわる要素がそれら個々の系からは説明できない性質を獲得すること）をいう理工知への弁えにもなると思って欲しい。直上記括弧内②の意味の創発性は，主体性にもかかわる。こうして踏み込まない通観は，自然科学と社会科学で乖離がない場合には，もはや無意味である。この手の話を考えるには，手頃（affordable）なものが増えている 14)。

　すでに「時空の中の点の中の時空」などと書いたが，「点は弦（ひも）だ」と言う超大統一理論の有力候補が登場して以降，加速膨張する 4 次元時空構造に影響するミクロの 6 次元（カラビ＝ヤウ空間など）15) が言われている。直交軸を増やすように説明変数を増やすことで増える次元に対し，かくれた次元である余剰次元の世界にも向かう訳である。このことは，「クラインの壺」へ 2000 年がかりで辿り着いた数学がまたぞろ追っている。この点は科学 [論] 的に，人類の未来にとって実に面白い。そして早晩，情報技術（IT）の成熟以後に，「神はサイコロを振らない」とした相対論に対し「神の為すことをお前が決めるな」と言わんばかりだった量子論から量子技術（QT）の本格的時代を迎える。

　マクロ次元として 5 次元世界を描写した映画『インターステラー』や，ミクロ次元も考えている『9 次元から来た男』（日本科学未来館の企画・制作・著作）を観ただろうか。こうした映画があるのは，あまり先進するのも悪いかとは思うが，物理学で次が言われているからである。①電磁気力と弱い力の統一理論，②上記①と強い力の大統一理論，③上記②と重力との超大統一理論。①は完成し，すでに科学となった。②や③も科学だとなれば，東洋哲学がさらに広がる面もでて，それらは記述価値以上の保証価値があるとなる。こうして，ミクロ次元の「コンパクト化という "en" の考えに基づいたメタ」と，4 次元（超立方体）以上に及ぶマクロ次元の「ブレーン（brane）化という "un" の考えに基づいたメタ」から，ミクロとマクロのリンクが追究されている。しかも，メゾ

やマクロに存在が創発するときの関係を根拠に，ミクロ次元においてすら，実体（点）が図表1−4−1のいずれであるかにかかわらず，実体を関係に還元するようになっている。ともあれ，時間切れで近現代史を学ばず終わるよりは，先に近現代史を学んでおけばよかった，とよく言われる。これと同じ後悔を，科学史についても，しないようにしようということだ。

　以降から6−3まででは，「自然の中の社会の中の自然」，「生態系の中の制度の中の生態系」という双方向的な銜え込み（「内在 - 外在」$_2$ と超越が包絡した関係を言う逆対応[16]）を主題化している。こう言った方が，読者にはより経験的に，すなわちミクロとマクロのリンクそのものと言える場の一端が透けて見えやすくなろうか。こうした表現法を，象徴（シンボル）から記号（サイン）へと形式化すれば，「Aの中のBの中のA, Bの中のAの中のB」となる。これからは，こういう論理や原理や道理への感性が，実践仕組づくりに前後するコンセプトや理論枠組においても必要になる。また，自然や社会そして制度という語もしかり，それらに「第1の」やら「第2の」といった修飾があるのは，「第1 (2) の中の第2 (1) の中の第1 (2)」にあるそれらの語の指示が，現実世界で表裏化している現象を判断陶冶する必要がある。かくいう筆者も，筆者の第1存在領域（専門としてはミクロ寄りのマーケティング，マクロ寄りの流通経済）と第2存在領域（星座としてのマーケティング）の判断陶冶を決して厭わない。

　人間中心主義や記号主義に陥らない場が，「抽象 - 具体」／「形式 - 内容」の包被になるPDCAの先をいよいよ保証する。フィードバックやフィードフォワードさえもが不十分で似非となれば，狭められたソーシャル意識（→　6−3）のパンドラ箱入りに過ぎなくなる。人間の言語特性[17]に関する再検討から記号限界，認知限界を踏まえた共有化に向かい，さまざまな大小構造下でのお先棒担ぎに過ぎない行為を判断陶冶するには，売り手と買い手関係の統合的マーケティング・コミュニケーションを再考する開かれが重要である[18]。顧客志向とはいっても，それには，より大きな構造下での競い負けによる脱顧客志向は程々にし，力という量による世界描出としての現象構造化の先に向かい，ミクロ的な補償や保障を削減するためには，保証の社会化がよりマクロに必要になる。Web3.0を支えるブロック・チェーンはそうした技術であり，ゆえに

DAO が注目できる。

　こうして，記号（→　1－3）や行為（→　1－4）に絆されず，既述の3論間などについても言えることがある。不連続（存在［論］寄りの断絶・分断による相互遺棄）化された過去を，その不連続化に潜在する効果を引き出し合うように，それでも部分的につなげては再び配置（コンフィギュレーション）して未来への集積回路をつくっていくという志向から，「非連続（認識［論］寄りの断絶・分断による相互遺棄）の連続」化というより高次の思考にメタ化することが，後期現代にある今後には必要だということである [19]。

　3次元物理的空間（space）内の場所（place）[20] について，其々は次をいかに考えるだろうか。①あくまでも場所という出来事が，隅から隅まで活動的─たとえば水中でコヒーレントな身体を，人間にはほとんど線（2次元）であるロープ（3次元）を蠢く虫の喩えがある余剰次元存在の量子論的な実感に通じると思い做せるか─である限りにおいて，②自然の事物と人為の事物の社会的包括性への本覚化を有し，③フロンティアが無く使用を許された場所─軒を借りて母屋を乗っ取るのか，飛んで火にいる夏の虫なのか，ということはあるが─へと拡張している［組織］身体に始まるものを最後まで成し遂げる［組織］身体を以って，さまざまな方域へと枝分かれし，さまざまな世界へと辿り着き分散してきた。そして④「抽象的‐具体的空間」／「目的‐非目的的」／「所有‐使用」において場所（place）を浚渫する「閉殻のある場（field）」─遺伝子座（locus）のように座と言っていい面がある─を考えようとしている。

　前適応での境界をものともせず，そっくりそのままの世界に入り込み，その世界をみずからに連れ戻すという限りでのみ正しい場所は，それこそ「人間は人間ではない。私は人間である。よって私は私ではない」という場の力を回復しはじめている（→　6－3）。この場の力（媒介力・均衡化力）によって，場所は，限界づけられても全体化されてもいない可能膨張性として逆に認識されるようになり，既知の普遍宇宙だけでなく未知の至るところで方域的に共鳴し展開する「どこにでもいる」としての多様体となる。似たような場所に来たと思っても，場としては異なる場所だと思えるようにすら，「やって来る」出来事 [21] となるのは誰あろう，われわれという情報実存だけなのである。用地化され支配

された場所における「情報」の名の下で真理が踏み躙られたのだとの批判[22]
は，無視されようが穏当である。もっと言えば，普遍宇宙を反映するという事
実により，いつまでも＜情報＞（＝情報実在）が踏み躙られることはありえない。

　＜情報＞（＝情報実在）といえる基礎とは，「基礎づける事物（能動態）- 基礎
づけられる事物（受動態）」の間にあり，各々を突き動かすさまざまな「価値 -
事実」かつ「必然 - 偶然」を前提にした綱の引き合いだけではなく，それらを
包摂する開閉（「内部と外部」の境界化における「依存と独立」）に向かう「終わり
なき問い（課題）」として定立されるものである。そうではあるが，その基礎が，
終わりなき問いであると同時に答え（相／解）となるのは，少なくとも 1 つの
専門が，その固有性を主張し得ているときである。また，理論と実践の互いに
とっての善良は，問いと答えを提供し合うという好ましい「問答」のあること
である。にもせよ，これに尽きるといえる同期性が，そうは実現しない。

　情報が瞬時に伝わらないことを，情報局所性（情報粘着性）というが，これ
が情報非対称性を生む。なお，こうした情報の値が，測定前から決まっている
というのが実在論である。両者を合わせて，情報の局所実在論と言う。ただし，
これが間違っているのではなく，これだけでは語りえない世界にも言及してい
るのが，量子論である。こういう意識のありなしで，これからの時代の話も変
わってくる。

　マーケティングだからとは言っても，読者がなんとなく抱いていたイメージ
とかなり違うことが多ければ，なかなかに伝わりきらないことが，少なくない。
それでも，やらなくてはならないことをやっているうちに好きになるというこ
とが当てはまる限りで，幾度と難解なことをわかって，それを好機としてきた
者たちがいる。

　インド・ヨーロッパ語族などさまざまな語族からさらに細分化された言語多
様化が生じた主原因は，人口密度の増加だと言われてきた。生成 AI や翻訳ア
プリが，世界同時化・多国間発達化した後期現代にある今後への影響におい
て，人口密度すら凌駕し，言語（文化）の多様性を徐々に骨抜きにするならば，
諸国の内的発展を阻止するやもとの危惧が生じる。理論枠組とつながる実践仕
組は，先行研究レビュー（お浚い）における生成 AI への依存域を拡大させても，

洞窟の比喩にもある目の向き変えがあっての未来志向—宇宙志向ではないのは超長期がない未来志向に過ぎないと牽制されうるが—を伴うものである。

　専らな適応主義は，短期には効率的最適化により有効であっても，適応的選好形成によって合理性を転覆させ，チャネル組織化選択においてエナクトメントがない主体性の欠如により長期には機会損失を招き，はては主意主義や主知主義すら喪失させ，文化文明に致命傷となる。無限後退をダメなことのように思いがちだろうが，この沼（無底）は，あってある。この沼のような存在と認識の共起ネットワークの時空をも，後期現代のわれわれが，哲学と科学の妙用を知り，黄金の拘束服（→ 6-3）を脱ぎ棄てながら泳ぎ続けられれば，日本のマーケティングが藁ばかりを掴み沈み込むことはない。故 Steve Jobs の日本のマーケティングへの畏怖を知っていようか。

（長谷川 博）

【注】

1) I.ハッキング著，石原英樹・重田園江訳（1999（1990））『偶然性を飼いならす』木鐸社。以下は確率論，因果律，決定論の哲学的基礎づけを提示した。M.ボルン著，鈴木良治訳（1984（1949））『原因と偶然の自然哲学』みすず書房。

2) K.ゲーデル著，林晋・八杉麻利子訳（2006（1931））『不完全性定理』岩波書店。以下は不可能性を言う。K.J.アロー著，長名寛明訳（2013（1951））『社会的選択と個人的選択』勁草書房。以下は不確定性を言う。W.ハイゼンベルグ著，湯川秀樹序・山崎和夫訳（1974（1971））『部分と全体』みすず書房。

3) 長谷川博ほか著（2021）『流通・マーケティングの基礎』，成文堂。図 2-6, 42 頁。

4) A.N.ホワイトヘッド著，山本誠作訳（1979（1960））『過程と実在』松籟社。難解とされる以上の抱握論と，知覚論との相違をわかりやすく概説したものには以下がある。山本誠作（2011）『ホワイトヘッド「過程と実在」』晃洋書房。とはいえ，やはり難解とされる以下の構造論と動態論に通暁してからの再読を勧めたい。C.I.バーナード著，山本安次郎ほか訳（1968（1938, 1968））『新訳 経営者の役割』ダイヤモンド社。

5) 長谷川博（2021）「螺旋のパンドラと括握的ひらけの希望」『千葉商大論叢』58(3), 167 ～ 182 頁。

6) 鎌田雄一郎（2019）『ゲーム理論入門の入門』岩波書店。以上がわかりやすい。なお，以下もみよ。Guala, F. (2016), *Understanding Institutions: The Science and Philosophy of Living Together*, Princeton University Press, pp.44-56.

7) E.ヘリゲル著，魚住孝至訳（2015（1948））『弓と禅』KADOKAWA。

8) 山内得立著（1974）『ロゴスとレンマ』岩波書店。同著（1993）『随眠の哲学』岩波

書店。

9 ）Kotler, P., *et al.* (2022), *Marketing Management*, 16th ed., Pearson, p.33, p.48. なお以下では，ヒストリシストが考えているとするところのホーリスティックな方法の代弁と論難がある。K. ポパー著，岩坂彰訳（2013（1957））『歴史主義の貧困』日経 BP 社。

10）Strathern, M. (2004), *Partial Connections*, updated ed., Altamira Press, p.86. 一部変更加筆。

11）March, J. G. and J. P. Olsen (1979), *Ambiguity and Choice in Organization*, 2nd. ed., Universitetsforlaget.

12）J. アガンベン著，高桑知己訳（2021（2020））『私たちはどこにいるのか？』青土社。以上からショック耐性がつくだろうか。

13）長谷川博著（2023）「スコープ オブ マーケティング」『千葉商大論叢』, 37 ～ 57 頁。以上をみよ。

14）C. ロヴェッリ著，冨永星訳（2019（2017））『時間は存在しない』NHK 出版。J. グリビン著，松浦俊輔訳（2013（2012））『シュレーディンガーと量子革命』青土社。B. グリーン著，大田尚子訳（2013（2011））『隠れていた宇宙 上』早川書房。R. ペンローズ著，竹内薫訳（2014（2010））『宇宙の始まりと終わりはなぜ同じなのか』新潮社。L. ランドール著，塩原通緒訳（2007（2005））『ワープする宇宙 5 次元宇宙の謎を解く』NHK 出版。

15）野村泰紀（2022）『なぜ宇宙は存在するのか』講談社。

16）西田幾多郎著，大橋良介・野家啓一編（1998）『西田哲学選集 第四巻』燈影舎。以上から筆者が変更。

17）N. チョムスキー・R. C. ノーバック著，渡会圭子訳（2017（2016））『言語学講義』筑摩書房。

18）M. マクルーハン著，栗原裕・浜本伸聖訳（1987）『メディア論』みすず書房。以上を踏まえよ。

19）務台理作著，北野裕通編（1996）『場所の論理学』こぶし文庫。以上に基づく。

20）J. アーリ著，吉原直樹・大澤善信監訳（2003（1995））『場所を消費する』法政大学出版局。

21）E. シュレーディンガー著，中村量空訳（1987（1955））『精神と物質』工作舎。W. ハイゼンベルグ著，河野伊三郎・富山小太郎（1967（1958））『現代物理学の思想』みすず書房。以下は，部分と全体の調和をいう。同著，山崎和夫訳（1974（1969））『部分と全体』みすず書房。A. クラーク著，池上高志・森本元太郎監訳（2022（1997））『現れる存在』早川書房。

22）J. アガンベン著，上村忠男訳（2016（2014））『身体の使用』みすず書房。同著，上村忠男訳（2018）『実在とはなにか』講談社。同著，高桑知己訳（2007）『ホモ・サケル』以文社。

2 マーケティングの進化：人類特異性そして世界観的課題を通観し

　遺伝的変化と文化的でもある表現型［機能］にかかる選択の結果として進化を捉える適応論者という面において，ダーウィンもダーウィン以前のラマルク説―遺伝の生前説に対する後生説―を否定していなかった疑似ラマルキズムであるが，社会科学者のほとんども「遺伝子と不非遺伝子」―文化子（ミーム）は通常の時間長での不非遺伝子である―の共進化を考えてきている。それもこれも，1930 年代に確立していたネオ・ダーウィニズムが，数式ではない言葉の筆力[23]により，生物学の域を出て普及し，英米では 1960 年代に，日本では遅くとも 1980 年代には，進歩を言うだけではない進化に関する認識に変化が起きたからと言われている。そして，生命の暗号を運ぶ分子に変化（変異）が起こる上で量子過程が重要な働きをするという説[24]は，DNA の 2 重螺旋構造を発見した生物学者[25]などに影響を与えただけでなく，第 2 次大戦後に社会的責任を痛感した物理学者をも，生命研究へと掻き立てたのである[26]。

　また，「もし生命が周囲の状況を適応的な意図をもって変えるなら，生物はそうすることによって，見たところ生命のない周囲のものの生命の度合いを高めているといえるだろうか？」と，生物の境界が曖昧であり，体内生理作用に加え環境の適応的な修正の結果として生じる「体外生理作用」が確かにあることは熱力学法則が生物の外皮で止まらないことを示せばいいとされた[27]。この点は，情報は「同一 - 差異」$_2$ にあると言う考え方が共有化されていくならば，「生物個体の生命は，当の個体の身体内部にあるだけでなく，『身体とその＜環境＞』から成る世界全体の中にある」という考えに行き着く。

　ゆえに，進化過程も踏まえた諸事象の説明力は，外因説，内因説，フィードバックのある相互作用説という 3 説のいずれかが，他に全面的に代替して高まることはないとされてきた。すなわち，つぎの 2 次化を経た接合が必要になるのである。①外在主義の現代総合論でいう自然選択と遺伝過程における被選択子，②内在主義の中立選択論でいう浮動子・「ヒッチハイカーのような遺伝子・生物搭乗者[28]」―サブシステムからなる集合として進化する以前では，

自然選択がかかっていないと言う場合のそれらは，浮動と見做せるのか―，そして③相互作用主義の文化過程とニッチ構築過程における学習子。こうして選択螺旋にオッカムの剃刀（節減原理）をあてても，補完化する上記各選択説を要素として多重化するだけのプラトンの髭（反節減原理）が残る。

　古典的社会生物学，進化心理学，人間行動生態学による遺伝的継承モデルにおいては，文化的継承の組み込みは不要な複雑化だという仮定，また，文化進化が遺伝的進化を駆動するには遺伝子進化はあまりに遅く文化進化は早過ぎると仮定があった。しかしながら，これまでの理論解析から，遺伝子進化が追いつけない速度で文化過程が環境変化を生じさせる場合でも，環界秩序域の進化上の反応が象徴秩序域の文化的反応に切り替わった（文化進化が進化様式において優勢化した）のだといい，文化過程から遺伝子進化へのフィードバックが何もなかったとはならないとの反証が提示されてきた。有機体が自然生態系をつくってきている過程で，環界秩序だ，象徴秩序（⊂記号秩序）だと言っている間に，完新世から人新世に移行したとする論説[29]は，人類の文化過程の功罪が地質年代層に残るので化けの皮が剥がれる場合が増えることになるんだぞと，断言したも同然かのように。

　なお，有機体論批判の的になったWhiteheadは，ポストモダンの先取りだったと言っていいかは兎も角，機械論は有機体論の抽象物だと言っていた[30]。機械論と有機体論はいずれが他方の抽象物に過ぎないのかでは，Whiteheadが言う「具体的置き違いの誤謬」による独断的究極主義を慎む進化論ならば，Bergson[31]が言った機械論と目的論からの「超越論的なもの」をプレモダンへと引き戻しはしなかろう。ただし，他の有機体が選択できない事物，文物をも選択してきたことから，人間は生態系変化の最たる契機的存在だとされる。ここで，有機体という語を，全体は量的には，その部分の価値の総和とは異なった内在（創発）的価値をもつという事実を指すためだけに用いるとし，内在的価値を次のように言う[32]。「あるものが全体として所有する価値は，つぎの全く異なるものを意味できる。①２つもしくはそれ以上のものの組み合わせからのみ生じてくる価値，②組み合わされたものに属しうる内在的価値を上記①に加算することで形成される価値全体」。

人類種の遺伝的・非文化過程よりも文化過程は，他類種に比べ例外［在］的に—自然選択に変更を加える場合があった程に—強力であり，文明力—未開力は文明力とはちがう意味で強力であるとは言われるので，互いに臍を噛まない範囲で—により体系的でアーカイブ的であると言う意味で強力である。よって，文化的継承が遺伝的継承に直接バイアスをかけるとの仮定が妥当ではない場合もあるが，遺伝や文化的継承の２重継承モデルに対しては両者間に介在過程のないことが指摘されていた。そして，人類種の文化過程にも範囲が広がる進化生物学では，形質の発現に重要な遺伝子が変異しても生物種が変わらないでいることから，遺伝子の変異だけでなく遺伝子の発現（発生）制御が重要だとなっている。

不文化過程についての動物進化論における「変異 - 選択 - 保持」は，マーケティング経験（「創造（創発）- 共進化的に螺旋化している諸選択 - 適応（還元）」）とも親和的である。だが，動物進化論は種を超えたよりマクロな大進化を説明してはいない—絶滅危惧種や生物多様性が喧伝される発端にはなったが—。また，そもそもが文化過程を言う構造論はメタ分析として，人種を超えた大構造化—グローバル化が何やら沈静化したとしてもその範囲内で—を，基本構造の延長としてどこまで説明できていたのか。これら２論は，そういう理論状態にある。そこで，以下のように言っておく。

第１に，標準進化論に代置するものではなく[33]ても，人間種に特異化した進化論であるので，「遺伝子 - 文化」共進化論[34]を拡張した「遺伝 - 文化 - 生態的継承」の３重継承モデル[35]が，「選択 - 不非選択」螺旋構造の明示化にも有効だと評価できる。３重継承モデルでは，血縁的な遺伝的継承と地縁も含む文化的継承が相互作用において経由するニッチ（生態学的地位）という変更された選択圧の遺産化すなわち生態的継承がさらに考慮された。ニッチ構築とは，「生物体が，１つまたは複数の環境因子を能動的に変化させることによって，あるいは現在の時空位置において環境因子を物理的に攪乱するか別の時空アドレスに移住し従ってみずからを別の因子に晒すことによって，みずからの特徴と環境因子の間の関係を変更するときに生じる」。生態的継承とは，「みずからと，両親または先祖の生物による先行的ニッチ構築の結果として選択圧が

変化している環境との間での，特徴・因子関係への遭遇である」，と定義されている[36]。また，人間集団が共有する情報は，学習され文化過程に表出され，文化的継承のかたちをとり個人間で社会的に伝達され，それがフィードバックして人間の環境による選択圧に変更を加え，よって文化過程が人間の遺伝子に影響を及ぼし，他の種にまで影響を及ぼす可能性を仮定している。

　そして第 2 に，科学技術的なことだけでは済まない面があるので言うが，人間にとっての神という外部性のある宗教が社会的にかなり保証力化している国々のようには，日本の宗教にそういう保証力はないと通常には思われている。とはいえ，印哲や仏哲のそうした先進物理への影響力については，すでに述べたところである。では，「生存の保障[37]」にかかわる国府の戦略政策に影響する程に，一国のファンダメンタルズを評価するのは何者であり，その誰かさんは「生存の保障を否定する者の否定として，いかなる保証」を評価基準だと考えているのだろうか。こういったマクロな時空認識を高めるには，外へ出るための内開き─外開きは防御し辛い─な窓や扉から，場が場所に限定されていたと気づく時代におけることとしてバージョンアップする限り─そうしての実践仕組にも技術の不透明性に起因する新問題は生じよう─，マーケティングはその範囲（スコープ）を広げる。

　［マーケティングの］現代─現代化○だけではなく×も孕んでいたが─は，労働者というカテゴリ化よりも，歴史や文化そしてヒエラルキーなどさまざまな区分けから「遊」離される形での消費者というカテゴリ化が，標準カテゴリとして成立していったところの世界として始まった。1920 年代以降に米国型経済を好循環に導いた「フォーディズム[38]-テーラリズム-マスプロダクション」体制が，消費者と相補的な状況（高度産業社会）を先駆的につくり上げていったからである。ゆえに，消費者志向というコンセプトが，結局は英国など欧州でも，そして戦後日本でも見習われていった。このフォーディズムを徹底したのが，トヨタ自動車だとなる。だが，ここに 20 世紀の病理が孕まれていたと鮮明に気づくには，当の米国では 1960 年代にカウンターカルチャーが波立ったとはいえ，日本では 1990 年代以降の後期現代（高度情報社会）の危機に至るまでの時を要した。本書で言う 2 次化をわかるほど，産業社会の価値の

3項（能動主義，手段的合理性，個人主義）のそれぞれに反対項を考え，「超分析的方法」を言うに至った流れ[39]も，汲み摂りやすくなるはずだ。また，「予測と管理が可能 - 予測と管理が不可能」における後者の場合の決断においては，企業家精神——これのない起業家精神が増えているのか——と，実践知（経験知）と理論値を新たな情報として実在化させる前提（アブダクション）が必要となる。

それには，理論枠組のために立て直す問題や，実践仕組の課題に対する異なる解決法などが言及されうる「なんでもあり」という仮観的なご時世を整序する決断にとって，空観的に「どこでもない[40]」ではなく，星座の範囲内でにせよという中観的な「どこにでもいる[41]」立場´（position´）が重要となる（→ 6 - 3）。現代後期における進化上のレジリエンス[42]だったと回顧されるのは，やはり当局の強制と自発性との絡み合いがあるので実質的意味変容が対照史的に考察された「転向[43]」なのか，それともそれは，ここでの「どこにでもいる」という眺めに立つことだったとなるのか。

大衆社会[44]の享受する生活水準が年々向上していくという意味での仕事制，すなわち自己実現（内に向かう発展の「あり - なし」$_2$）を十分に見込んだ職務（タスクスから成るジョブ）にとって，動態的ケイパビリティ（潜在的可能性）論[45]が，パックス・ブリタニカやパックス・アメリカーナの状況をこれら以前の状況とも比べながら，つぎへの警戒とともにいかほど展開されてきたであろうか。①英国型社会経済における企業利潤配分（とくに「企業利益の再投資や留保分と，平均賃金額の増分」の配分）における労働の搾取——これを絶対否定はできない——が生む配分残余の徒な使い道，②制度的に搾取された労働の中での主体性の喪失すなわち疎外。また，VUCA の時代では動態的ケイパビリティ論のようなポジティブ・ケイパビリティだけでなく，加速主義の中でソリューショニズムへとひたすら陥らないために，プロジェクト・ベース・ラーニングの前に必要なパーパス・ベース・ラーニング，さらにはネガティブ・ケイパビリティ[46]も再注目されている。「目的のありなし」という区分以外のことに，突き動かされていて何が悪いのかと。

質は，より高次の論理階型のフィードバックによって改善されると言われた[47]。だが，その意味での改善では，機械（生成 AI）が人間を超えるシンギュ

ラリティを迎えるのか，機械と人間の融合により人間の意味が曖昧になるポスト・ヒューマンの時代が到来するのか。節目節目で主権（最終決定権，統治権，最高独立性）を有する限り，未来をつくるのはホモサピエンスから進化したホモ・デウス[48]である。「主権者とは例外状況において決断を下す者である[49]」との定義があるが，玉虫色に目が眩んでいては次世代の主権者とはいえない。こうして，「適応‐創造」$_2$におけるいずれかの変異が不可欠だとして社会選択され保持されていくほど，加速主義の2様をよくよく考えた方がいい[50]。そして，これから意味付けし直されたところの，ホモ・ヒエラルキクス[51]には，社会の階層性と自然の階層性の不非乖離を交換や変換の選択螺旋で乖離させないよう，対象そのものに向かい構造や現象や解釈を超える錠前（鍵穴と鍵）があると言っておく。

　以上，時代と時代の間あるいは時代の中の小時代間には，非連続の連続がある。換言すれば，延長を以ってはつなぎえない判断陶冶点がある。アメリカニズムでも「アメリカン‐ジャパニズム」などハイフン付きのジャパニズムでも，その尻馬に乗る大衆社会は，「one-all」$_2$にある結局は利益追求の「美人コンテスト[52]」化やら適応的選好形成[53]を経て終焉し，知識人も大衆の透かし彫り以上となれず終焉したのか。むろん，世代間公平論からもわかろうが，1つの時代は他の時代のための単なる前提でも踏み台でも予備でもなく，いかなる時代にもその時代を画期する特有の課題が，先送りしていない限りある。こうして人間（組織）の思弁や経験におけるマーケティングの役割の進歩や後退を，変異として回顧するのが，マーケティング進化論である。

　始原，古代，中世，近世，近代，そして前期現代ともなれば，「‐ナショナル‐多重化するローカル‐グローバル‐」における連続や断続に見える歴史階段に佇みつつ，＜情報＞の破壊に至りかねない暴走─加速とは異なる─現象に対峙して包披論や量子論を，諸学の賢者が踏まえたことは疑いない。よって，ますます後期現代では，場についてのコンセプト（図表1‐2‐1）から，保証の社会化を追究することになると考える。1国内や多国間での歴史が残した課題を引き受けるだけでなく，後期現代以後の世界内存在に負わされる課題に直面しているという意識に媒介されて新たな解決を与える場が，今の時代を左右

するのでも円く収めるのでもなく，マーケティングの進化にあった世界観的課題[54]を突破したとなる。

　経験則，創発の自由度，エコーチェンバーのような逆「文殊の知恵」，ワードの解釈に影響する支配的コードのプラスチック化すら言われていたので[55]，社会進化論と進化生物学（進化の第3総合）が融合した選択［螺旋］論[56]を踏まえ，「choice（自由意思・意志からの能動の意味で選択するという選択）- selection（［より上位から］選択されるという受動の意味での被選択）」／「選択あり - なし」を再出発点としていこう。数字化から分類することで［逸脱した一部の］集団を改良（統制）できるという発想が統計的推論など一見価値中立と思しき発想の起源にあったとは，つぎの変異についての保証の社会化すなわち「場所が場という空間になることによる社会選択化」において注意すべきである。①非連続の連続がなかった改良主義の以後。②実存主義の系譜を知れば知るほど，「実存主義 - 円環論的であった構造主義」における Sartre と Levi-Strauss の論争で終焉したとは言えなくなる実存論の再燃。

　17世紀のヨーロッパでは，精神と物質を分けた Descartes の考えが，教会権力の強化，労働と自然からの正当化，植民地化の道徳的許可を与えた。そして，理性という概念自体が2元論を前提とするようになり，デカルト主義が近代的思考を代表するようになって，エリート層を中心に2元論に基づく文化が形成されていった。その Descartes への反発は，同時代には異端扱いされた Spinoza に始まるが，19世紀末以後には反デカルト主義として広がりを見せた（→ 6 - 3）。20世紀半ばの現象学は，精神と物質の2分法を絶対否定した。さらに科学が2元論から撤退するとなっては，デカルト主義の劣勢は明らかとなった。

　とはいえ，非西欧文化への違和感の克服に向かっていない西洋科学[57]が多い。Descartes をはじめとする Leibniz，Spinoza，Newton 以来の近代啓蒙主義的理性や進歩主義的知性に対しては，反と言う消極的定義以上に積極的定義をするのが難しいが，デカルト主義を超える地平へ脱皮しようとした反進歩主義や反合理主義がある。しかしながら，これらは，Geeatz[58]らを除けば，非西欧的文化への違和感の克服には向かっていない。また，欧米モデルを借用し

自国後進性を慢心し切って批判する知識人が，未だ一部には残っている。こうして，2元論には生態系の危機に深い責任があると言われること[59)]をも，図表1-2-1から追究しなかったならば，今後の記述や規範はどうなることか。

　パラドクスには，①両説とも間違い，②一方説だけが間違い，そして③両説とも正しい—両立，相補があるとはいえ—，と言う場合が帰結としてある。いずれかを見分けられなければ，パラドクス耐性はつかない。統計学で言う「相関」関係におけるパラメータについてよく考え，さまざまな因果関係からなるカオスな複雑系を，ランダムな複雑系へと捉え直した上で，判断陶冶することも必要である。真っ先に言えることだが，「大は小を兼ねる。小は大を兼ねる」という両説をどう捉えるだろうか。これは，もはや量子論上では③である。あるいは，「マーケティングの中核は販売である。販売を不要にするのがマーケティングである」という両説をどう捉えるか。これも，マーケティングが自由運動エネルギーを主導する（→1-2）のである限り③である。

　組織階層をブレークダウンする程に生じる「実践での多様な展開と結びついているところの矛盾」の現実化にこそ孕まれているパラドクス[60)]を経験したとまでは語れないのか，「嘘つきのパラドクス」にあるメタ・レベルとオブジェクト・レベルの混同を避けたとて身に付くことではないパラドクス耐性の獲得には至らなかったのか。そのような者たちによる記述や規範がある。これらは，大きく言えば「文化-文明」／「進歩-進化」／「アート-サイエンス」—<サイエンス>における科学と哲学の関係は妙用だが—における，複雑系についての構成主義（constructivism）か，単純基本法則に還元できる時に主流の構築主義（constructionism）かを[61)]，通観し続ける者たちによる改廃の対象である。

（長谷川　博）

【注】

23)　Williams, G. C. (2019), (1st ed., 1966), *Adaptation and Natural Selection: A Critique of Some Current Evolutionary Thought*, Princeton University Press.　以上の貢献が大きい。なお，以下は，ダーウィニズムが日本では明治初期に普及していたと言う。清水幾太郎（1970）「コントとスペンサー」清水幾太郎責任編集『コント　スペンサー』中央公論社，7～46頁。

24) E. シュレーディンガー著，岡小天・鎮目恭夫訳（2008（1944））『生命とは何か』岩波書店。

25) J. D. ワトソン著，江上不二夫・中村桂子訳（2012（1968））『二十らせん』講談社。

26) J. グリビン・M. グリビン著，水谷淳訳（2022（2020））『進化論の進化史』早川書房。以上に基づく。

27) Turner, J. S. (2000), *The Extended Organism: The Physiology of Animal-Built Structures*, Harvard University Press, pp.1-56.

28) Mayr, E. (1988), *Toward a New Philosophy of Biology: Observations of an Evolutionist*, Harvard University Press, p.146.

29) Crutzen, P. J. (2002), "Geology of Mankind," *Nature*, 415(23), p.23.

30) A. N. ホワイトヘッド著，山本誠作訳（1984（1929））『過程と実在』。以上には発生論と形態論がある。

31) H. ベルグソン著，会田正人・松井久訳（2010（1907））『創造的進化』筑摩書房。

32) G. E. ムア著，泉谷周三郎ほか訳（2010（2000））『倫理学原理』三和書房，140 〜 146, 356, 371 〜 392 頁。

33) Adenzato, M. (2000), "Gene-Culture Coevolution does not Replace Standard Evolutionary Theory," *Behavioral and Brain Science*, 23(1), p.146.

34) Cavalli-Sforza, L. L. and M. W. Feldman (1981), *Cultural Transmission and Evolution: A Quantitative Approach*, Princeton University Press. 西山賢一（1994）『文化生態学の冒険』批評社。E. R. サーヴィス著，松園万亀雄ほか訳（1977（1971））『文化進化論』社会思想社。文化進化論の先行研究には以上などがある。

35) Odling-Smee, F. J., K. N. Laland, and M. W. Feldman (2003), *Niche Construction: The Neglected Process in Evolution*, Princeton University pp.239-281. p.245. 以下もみよ。A. メスーデ著，野中香方子訳（2016（2011））『文化進化論』NTT 出版。Henrich, J. (2016), *The Secret of Our Success: How Culture id Driving Human Evolution, Domesticating Our Species, and Making Us Smarter*, Princeton University Press.

36) Odling-Smee, F. J., K. N. Laland, and M. W. Feldman (2003), *ibid.*, pp.41-42.

37) G. W. F. ヘーゲル著，熊野純彦訳（2018）『精神現象学（上下）』筑摩書房。同著，藤野渉・赤沢正敏訳（2001）『法の哲学 I II』中央公論新社。

38) A. グラムシ著，東京グラムシ会『獄中ノート』研究会訳・編集（2006）『ノート 22 アメリカニズムとフォーディズム』同時代社。以上の語用が広まったともされる。

39) 村上泰亮著（1975）『産業社会の病理』中央公論社。

40) Nagel, T. (1986), *The View from Nowhere*, Oxford University Press. T. ネーゲル著，永井均訳（1989（1979））『コウモリであるとはどのようなことか』勁草書房。

41) Nagel, E. (1940), "Charles S. Peirce, Pioneer of Modern Empiricism," *Philosophy of Science*, 7(1), pp.69-80.

42) 稲村徹也ほか編（2022）『レジリエンス人類史』京都大学学術出版会。たとえば以上をみよ。

43) 鶴見俊輔著（1976）『転向研究』筑摩書房。以上をみよ。

44) オルテガ著，寺田和夫訳（2002（1930））『大衆の反逆』中央公論新社。リップマン著，掛川トミ子訳（1987（1922））『世論（上）』岩波書店。

45) Helfat, C. E.（2007）, *Dynamic Capabilities: Understanding Strategic Change in Organizations*, Blackwell.

46) Keats, F., edited by Rollis, H. E.（1958）, *The Letters of Fohn Keats*, Vol.1, Cambridge University Press. 帚木蓬生（2017）『ネガティブ・ケイパビリティ』朝日新聞出版。

47) N. ウィナー著，池原止か夫訳（1954（1950））『人間機械論』みすず書房。

48) W. N. ハラリ著，柴田裕之訳（2019（2015））『ホモ・デウス　上下』河出書房新社。

49) C. シュミット著，田中浩・原田武雄訳，1971（1922-64）年。『政治神学』未来社。以下が言う仕掛けをどう思う。N. クライン著，幾島幸子・村上由見子訳（2011（2007））『ショック・ドクトリン』岩波書店。

50) 丸山義宏，2019 年，「ゲーデル・シンギュラリティ・加速主義」『現代思想』47(8)。以上をみよ。

51) Dumont, L.（1966）, *Homo Hierarchicus: The Case System Its Implication*, The University of Chicago Press.

52) J. M. ケインズ著，塩野谷九十九訳（1974（1934））『雇傭・利子および貨幣の一般理論』東洋経済新報社，174 頁。

53) E. エルスター著，玉手慎太郎訳（2018（1983））『酸っぱい葡萄』勁草書房。

54) 長谷川博著（2022）「現代マーケティングの現実化（Ⅰ）」『千葉商科大学論叢』60(1)，39-41 頁。引き継いだ課題や新たな課題のまとめが図９－７である。

55) D. J. ブーアスティン著，後藤和彦訳（1980（1975））『過剰化社会』東京創元社。

56) 長谷川博ほか著（2021）『流通・マーケティングの基礎』，成文堂。

57) R. デカルト著，谷川多佳子訳（1997（1637））『方法序説』岩波書店。ライプニッツ著，清水富雄ほか訳（2005（1714））『モナドロジー』中央公論新社。B. de スピノザ著，畠中尚志訳（1951（1677））『エチカ（上下）』岩波書店。E. フッサール著，浜渦辰二訳，2001 年（1950, 1977），『デカルト的省察』岩波書店。以上はいずれもである。デカルトについては以上もみよ。門脇佳吉著，1994 年，『身の形而上学』岩波書店。

58) C. ギアーツ著，森泉弘次訳（1996（1988））『文化の読み方／書き方』岩波書店。

59) J. ヒッケル著，野中香方子訳（2023）『資本主義の次に来る世界』東洋経済新報社。

60) 一ノ瀬正樹著（2006）『原因と理由の迷宮』勁草書房。M. カオンゾ著，高橋昌一郎監訳（2019）『パラドックス』ニュートンプレス。金子邦彦著（2019）『普遍生物学』東京大学出版会。森田邦久編著（2019）『＜現在＞という謎』勁草書房，99 ～ 121，127 ～ 128，301 ～ 304 頁。

61) Anderson, P. W.（1972）, "More Is Different: Broken Symmetry and the Nature of the Hierarchical Structure of Science," *Science*, 177(4047), pp.393-396. 以上をみよ。

3 マーケティングと後期現代社会：不思議の邦の展開を考える

　サプライ・チェーンにおいて生産資源の希少性や安価性を求める人間（企業）は，「人間の環世界と人間以外の環世界[62)] の束である生態系」における，資本主義的な前期現代までの人間の環世界を超える必要がある。「人よりもお犬様」（生類憐みの令の俗流解釈）かと誤解して欲しくないが，他の諸動物に特異な環世界をより理解できるほど，人類に特異な環世界をより理解できるようになり，不非相即・ちぐはぐ（incoherent）が減るからである。こうしたときにも当てはまるが，探究には次の型がある[63)]。①個人的固執，②集団的固定，③理性依拠，④哲学との妙用がある科学。顧客の潜在ニーズにある観点で等しいインサイト（insight：人間の隠れた心理）についての洞察（inquiry：観察に基づき様相を見抜くこと）—ただし，観察に基づいて感覚的性質を説明する理論は，その観察が基づく観察者の感覚それ自体を説明するのではない—では，先のどの探究型も関係項として必要になる。それは，マーケティングも「アート・サイエンス」$_2$ だからである。

　いまさらに言えば，人間という有機体は，内界域での余剰産出物—これも負債視できる場合があるが，負債由来を説く交換発生説[64)] もある—を，外界域の交換相手がより欲するようにして交換する。よって，得意（比較優位）な余剰産出物の生産資源を変換するためにも，より合理的な組織やシステムを再構築してきた。行為を促す動機は「賛成的態度と信念」の2要素から成るというヒューム主義が，動機付けに影響してきた。むろん，個人に固有ではなく他者の許容を必要とする理由—成果ではなく—が行為を動機づけるほど，集合体の協働的稼働が可能になる。この点は，既述の諸要求の反映において重要であり，企業組織内のマーケティング部門と他部門間の連携でも同様に言える。

　Dunbar 数と呼ばれる「$3^3 \sim 5^3$」[65)] のスケール内にある組織によるニッチ・マーケティングを阻止する競争構造があるならば，大企業や絶大な国際金融資本の力が国府（家）の力を超えた，と言うのを許さない構えが増えるだろう。国府の陽が当たらない中小企業のニッチ・マーケティングが，スケール・パ

ワーの逆転（「大が小を模倣するのは可能○で，小が大を模倣するのは困難×」という通常の○×の逆転）した戦略障壁のケース対象だと強調できるならば。むろん，メタ行為のつもりでいたかどうかはともかくそもそもビジネス力不足による失敗もあったといえようが，介入には，GAFAのようなグローバル巨大企業のイノベーションを誘発した公共投資[66]もあり，成長力のある中小企業にとっての福音となるからである。

　こう言っても，覇権（諸権力の線形的な頂点）が時代に妥当だとして要求する「普遍」的価値へと［消極的に］引き込まれたコミットメントから生じる変化など，変化も色々であり，その捉え方も色々となろう。覇権も，メディアである。すでにしてメッセージであるという存在がメディアであり[67]，ここにメディアの限界があるほどメディア・ミックスが必要になる。我考えるゆえに我ありと，我あるゆえに我考える，との循環があってさえ，メタのない同一地平でのメッセージの同期化だけでは，致し方ない。

　ミクロとマクロのリンクを言う物理学がそうであるようにモノ（実体）分析とコト（関係）分析の壁の上を越え，ある文脈での必然だろうが偶然だろうとも，それらの意味のありなしを突き止められれば，「労働 - 仕事」$_2$における人間の環世界らしさという実在を軽んじることによる社会的ロスは削減される。エージェント（アクタント）が本来もっている自然周期—たとえば寝起き時間のリズムなど—が近いほど，互いに引き合って位相（進み具合）が揃っている同相同期や，互いに斥け合い先行した方は加速し遅れた方は減速し位相差がでても位相が半周期以上は離れない逆相同期がある。一緒にいる時間が長い者たちには，集団同期が生じやすいが，これも，それぞれの機能だけでは実現しない場—機能だけで実現する場所に対して—の問題に関わる[68]。こういう同期現象は，全体が部分の総和として理解できる線形現象に対し，全体が部分の総和としては理解できない非線形現象の典型である。また，決定系と非決定（確率）系が交じり合わない乖離現象に対して，交じり合う非乖離現象における揺動（ゆらぎ）現象も注目されてきた。

　位相や揺動にも相転移がある。ここでいう相転移とは，ミクロの変化が蓄積され一定条件が揃うと，マクロに起きる社会システムや文化や人間関係などの

急激な変化のことである（非ホーリズム）。ただし，この相転移の複雑さと妙用（怪奇）を知らず，ホーリズムよろしく不自然な逆手を力ずくで取ると邪悪の誹りを受ける歴史があった。そういう者が未必の故意だとしても，コンセプトとは言えない規範をつくってきた場合が無きにしも非ずなので，図表1－2－1での謂いにもなっていた。だが，これは，複雑性を単純化するだけのことにはならない。つまり，①形式論理上の2項（「内（1）は内（1），外（多）は外（多）」）と，②6－1で「A（B）の中のB（A）の中のA（B）」と言った非形式論理上の2項（たとえば「内（1）なる外（多），外（多）なる内（1）」）からの，③上記①や②のそれぞれあるいは①と②の間での「どこにでもいる」ことから現実にエンゲージメントとエナクトメント（→ 図表1－3－1）を繰り返す程に①や②の部分的つながりから自然と湧き出る「中観[69]的な超越」の創発，これである。承認から行使への民主主義[70]と言って，組織民主的正当性を言う結論は，「魔物たち‐それらに囲まれた獲物たち」／「透明性‐不透明性」―透明にならないと狩れないのか，狩られてしまうのか―において，逆対応を伴う部分的つながりを言っている。

　上記①と②が反映された不思議の邦や制度からの後期現代マーケティング，およんでの社会制マーケティングのこれからの構えとして，まずは以上がある。そして以下を，社会制マーケティングにおいて包披論以後，改良主義以後へと踏み出す変化を考えるための立論とする。まさしく，「第1‐第2」／「自然‐社会」を貫くニッチな進化[71]とマクロな大進化に影響したマーケティングについての進化論において，社会制マーケティングはその影響をいかに現し得たとなるのかということである。これが，これからの時代の試練に耐える構えからの立論になる。

　後述する他もある原理論的パースペクティブズの星座がそれこそオムニな範囲へ膨張するのも当然なエコロジカル・マーケティングのうち，生態系（エコロジカル・システム）における主体性を探究し，社会制における自由の進歩を意に介さないところの改良主義の以後に向かう後期現代マーケティングを，ことに限定的に社会制マーケティングと能記する。そして，ある社会や制度からのという意味と―日本の明治維新以前に遡ることもある―，その先で時代を画

すように変化する社会や制度へのという「両義性」（ambiguity）—VUCA の A でもある—をもたせることになる社会制マーケティングは，自然状態[72]と残余の社会状態（制）の再考という重要面に改めて接する。むろん，自然の生態系と乖離しているようで乖離していない問題など，複雑化する社会問題を星座の範囲でにせよ幅広く含む。

　さて，西洋では，"individual"（個人）に対して，"society"（社会）という語が導入された。しかし，意図的計画的という意味が付着してしまった"social"という語には還元できない面が，society にはある。そこで，"societal" という語が導入されたとの経緯が示されている[73]。"homosocial[74]" という造語などもある。また，其々，星座（コンステレーション），われわれ，アセンブリッジ，エージェントという語などの所記には，再帰性がある。再帰性を伴う概念には，認知的再帰性，美的再帰性，解釈学的再帰性という違いがある[75]。

　「社会的なエージェンツ」と言わないと人間中心主義だと思われそうだが，「社会的な人々」（the social）は，それ自体はなんら社会的ではない諸要素の間で新たな連関が生み出されているときに残される痕跡によってのみ見えるはずでも，あらゆるつながりと同じ広さをもつような範囲の定義から始まった social の意味は，時とともにむしろ縮小したということがある。誰かの後につく，加わり集まる，何らかの共通点をもつ，営利活動をともに行う，社会契約をする，社交的，自分の取り分を確保した後に残った部分。こうした限定による social の意味の縮小（矮小）が変遷としてあったとされる訳である[76]。あたかも，部分的つながりすらが，なくてない，となったかのように。

　その連関には，不思議の邦や不思議の制度の脱出経路が，あったであろうに。よって，そうした相互連関運動を取り戻せているのかと，商（commerce）と政治の内から発する道徳（moral）を言う[77]にも，あってあるところの制度の倫理パッチとしての分限が「共同体 - 団体」との関わりでの社会基盤に足りうるかと問題化する[78]。この際には，批判理論，エスノメソドロジー，フェミニズム，機能主義，相互作用論，マルクス主義，構造化論，システム論，ウェーバー主義，デュルケム主義に特有な社会概念[79]を知り，更新されていく社会概念をも考えていくに越したことはない[80]。それらすべての引用紙幅がなく，み

ずから触れてもらいたいが，行論上から批判理論のものだけとなるが引用しておく。「社会とは，大衆社会の諸制度によって再生産される疎外された意識形態である[81]」―傍点筆者―となっている。

そこで，「制度とは，要するに，人々が従うように動機づけられているルールである[82]」という記述の噛み締めが，重要である。動機づけ自体が，つぎのようにして考え進められる。①まさしく動機づけられているとしても，既存の構造という「社会的な人々」についての不覚の中で人々は動機づけられていくのか。この場合に，制度は日に日にさらには世代を越えてすら強制化する。②はたまた動機づけをする方の人々にすら，前提構造の中での自己欺瞞[83]が禁じえず，実存性の萎えが見られるのだろうか。

生成 AI のつくる文脈が皮肉にも語の拾い「読み」に最適化していこうとも―生成 AI による造語が新語流行語大賞に輝く時すらあるのか―，高等教育段階では文脈依存する語の意味をさまざまに文脈比較してまで読み込んだ「書き」の勧めが，駆け出しの卒論に対してすら，人は書かざるを得ないからとしてある。手垢（能記が同一だが内包・意味がちがう）に塗れた日常語や理論語に対し新たな内包を指示し，スローガンでも流行語でもなく時代を切り開こうとした前述のような造語を伴うようにも。

そこで，人間以外のすべての存在もエージェントと考え[84]，道具的な価値を考える理性へのクリティクスとして，課題とその処方箋が提起され出した。むろん，ソーシャル・マーケティング学者や研究者は，第1世代の頃から，異他や異質な論理や原理や道理の説明を受けつけない規範論者だとの批判が当たらない記述的態度をもつ者が多かった。ゆえに教条的ではない学者や研究者の態度は，逆に世に広まり辛い段階が前期現代にはあった。それでも，諸学の先達の巻物を紐解く論者ごとの星座（第2存在領域である専門連鎖）から，専門境界を剔抉する面も必要になる分野の典型として，ソーシャル・マーケティングの基礎や応用の領域が成立していった[85]。とはいえ専門境界剔抉的な面では，「人文‐自然‐社会科学」というそれぞれの最先端間での学際もこれからの超学（メタ科学）への取り組みを要してきた。

ここからソーシャル・マーケティングは，超学（メタ科学）としては，遺伝

子と文化子の共進化のある生態系を「自然 - 社会制」$_2$ と捉えるエコロジカル・
マーケティングに同然化した。まずは，"cause" は，「原因」(→ 1 − 2) なのか，
「社会的名目」，「主張」，「大義」なのか[86]，というと訳出のちがいが出る文脈
のちがいを，きっと銘記されたい。2 次化する 2 項の特に不非項・無徴項を捉
え損ねない一貫した錬磨がある限り，前者 (「原因」) と後 3 者 (「社会的名目」，「主
張」，「大義」) のような「理由」の訳出は，2 次化 (「原因 - 理由」$_2$) のしようもある。

　普及率が概ね 2.5% になったのでインターネットの場合のように急成長過程
に入ってもおかしくないとして，2022 年は Web3.0 元年と言われた。シェア
40%超の支配的リーダーがいなくなり競争均衡化する産業構造においてほど
力をもちやすいが，大きな産業構造をも切り開く候補だと目されているのが
Web3.0 である。自然にそうなるのは，間近なのか。すると，GAF (M) AM
という巨大プラットフォーマーの時代は，これからどうなるのか。いかなる商
品でも名ばかりだったならば当然だが，これまでに財・価値として商品化され
た製品 (トークン) は差別化力を下げる。スタートアップ期にある Web3.0 の
界隈では，バーチャル情報財[87]のことを「トークン」と言うことが多い。

　Web3.0 の以前から，「 - ナショナル - 多重化するローカル - グローバル - 」
におけるミクロとマクロの相互作用 (相互連関) において，国際金融資本 (金融，
技術，情報の民主化による電脳投資家) は，企業と国家の成長に不可欠な投資資
金・資本の供給源として，「黄金の拘束服を着ている政府」に求めるリベラル
な自由市場ルールを体現してきた[88]。Web3.0 の領域 (admit) における分散型
自立組織 (DAO)[89]の発生は，株主第一主義でもステイクホルダー主義でもな
く，「株式会社の目的とは，ある社が存在する個別の理由 (reason) である[90]」
とする言説とも親和性が高いと考える。このことを，国際金融資本という存在
は，多重化するローカルにおいて，どのように判断陶冶していくのだろうか。
Web3.0 を支えるブロック・チェーン技術は，目的律／目的論の歴史上でのシ
ミュラークルを通過し，社会化する保証の名を，昨今では Newspa "Bar" が
開店されるご時世とはいえ，諸力[91]の中で保ちうるのか。

　そして，マーケティングの成功を見直すには，つぎが言える。①2 項対立化
を間違った対立化にしないこと。ウィルスは，生命の定義次第で生命になった

り生命ではなくなったりする。種の保存を言うか個人の価値を言うかで，人間は遺伝子の乗り物（道具）だと見做されたり見做されなかったりもする。洞窟人ではない後期現代人の推論や直観が，［過剰］排除型社会[92]か［過剰］包摂型社会[93]かにしても，そこにある社会選択圧の在り方が，トゥルース（真実）化の黄金時代の到来に影響する。②さまざまな構造[94]と基本構造（構造の構造）[95]の包皮論化があるかないか。単に新しい事業機会のキャッチコピーや「そろばん」としてだけでなく，「社会や個体の死を死ぬまでの時空」において「社会や個体の生を悼む生の時空」がない限り，どうせ真面な神経で肉薄できなくなるSDGsもさることながら，人新世における資本新世[96]には，技術的課題解決によっては清算できない時代を画す，玉突き現象ではない問題が背後にある。③主体性，資質，態度，エッセンシャル・ワーカーの2義といった概念変容に伴い，メリトクラシー[97]の再考にとってもの「動態的ケイパビリティー‐ネガティブ・ケイパビリティー」$_2$が，行為論や情報論への転回以後にある。④一元論ではない中観から言うのが「一如」である。「一如」をわかったつもりになって「エコロジーを甘く見ていないか」ということになる。梵我一如―無数のアートマン（個体（点））のような「我」）の集まりがブラフマン（梵），「それ」（梵天）と言うのはブラフマンの現われであるかのようなアートマンのこと。近年ではANT論をそうだと言うか否かがある1元論や，6‐2で言った2元論や，ネットワークの結節点を前面化する多元論という3論だけが問題ではないとは，わかってもらえていよう。そして⑤エナクトメントによる定住漂泊を生みやすい共同体（中間集合体）こそが，半構造／半順序からの中庸的な再構造化や再順序化という非形式論理の砦になりうる。

　こうしてマーケティングは藁を掴まず進歩するとしても，毎年絶え間なく続く経済成長が終わりを遂げた時に社会内部でも平和であり自然環境とも調和が保たれている社会を意味する成熟社会論[98]や，産業社会論[99]への肯定論と否定論があった。とはいえ，良い伝統を保守するために改革を厭わない保守が，保守的手法で現実を革新するとき，思想基盤をいかほどに失い何ほどの利益志向へ変質したのか。その一方で，ユートピアを志向する革新が，革新的理念を保守するとき，経験に先立ち真理を把握する力をもつと考えた理性（良識）の

力で，ヘテロピア[100]を実現したところまでは後期現代の入り口に至っても確かである。

　世の中を「変えない‐変えるため」／「そのために変える‐変えない」ということでのあらゆる論争のためになるか否かは，読者の判断陶冶に委ねる他はない面もあろう。多くの人々は，今後も過去30年間とたいして変わらないと思うのか，いやかなり変わると思うのか。いずれのインフォデミックが起きるかで，話は変わってくるだろう。むろん，下手なテンプレートや標本箱（袋）などによる物語も含み，あらゆる進歩は，社会制における自由の進歩の脚注に過ぎない。

　いかなる時でも価値自由がない方法からの内容はダメ（×）になるが，この意味でのクリティクスがあるクリティカル・マーケティングでは，これからの超越論的マーケティングがますますと不可欠になる。学問上の保持と変異においての「オーソドキシー‐ヘテロドキシー」$_2$が，星座における幹たる諸専門において再認識されていくことで，後期現代という道なき道を行く領域にもに突入する。こうして，さまざまな様相が踏まえられていくならば，理論枠組と実践仕組におけるマーケティングの守備と攻撃の範囲には，パラドクス下での両立やら相補もありながら，情報実存による展開が湧き起こる。

（長谷川　博）

【注】

62）J.ユクスキュル著，日高敏隆・羽田節子訳（2005（1970））『生物から見た世界』岩波書店。以上は環世界論の嚆矢である。

63）C. S.パース著，伊藤邦武編訳（2001（1898））『連続性の哲学』岩波書店。以上に一部加筆。

64）D.グレーバー著，酒井隆史監訳（2016（2011））『負債論』以文社。

65）Dunbar, R. (2010), *How Many Friends Does One Person Need?: Dunbar's Number and Other Evolutionary Quirks*, Faber and Faber, pp.21-34. 進化心理学者であるダンバーには，以下の宗教論もある。R.ダンバー著，小田哲訳（2023（2022））『宗教の起源』白揚社。

66）M.マッツカート著，大村昭人訳（2023（2023））『企業家としての国家』経営科学出版。

67）M.マクルーハン著，栗原裕・浜本伸聖訳（1987）『メディア論』みすず書房。

68) J. B. キャリコット著，小林陽之助ほか訳（2009）『地球の洞察』みすず書房。

69) 龍樹著，中村元訳「中論（根本中頌）」，中村元（2002（1980））『龍樹』講談社。長尾雅人（1978）『中観と唯識』岩波書店。長谷川博（2022）「現代マーケティングの現実化（Ⅰ）」『千葉商大論叢』60（1）。以上などをみよ。

70) P. ロザンヴァロン著，古城毅ほか訳（2020（2015））『良き統治』みすず書房。たとえば以上がある。

71) 長谷川博（2013）「社会交換変換論Ⅱ」『千葉商大論叢』52（1），41～61頁。

72) D. バウチャー・P. ケリー編，飯島昇藏・佐藤正志訳者代表（1997（1994））『社会契約論の系譜』ナカニシヤ出版。以上には，ホッブス，ロック，ルソー，カント，ヘーゲル，などからロールズに至るまでの言及がある。

73) Mandelbaum, M. (1955), "Societal Facts" *The English Journal of Sociology*, 6(4), pp.305-317.

74) Sedgwick, E. K. (1985), *Between Men: English Literature abd Male Homosocial Desire*, Columbia University Press.

75) W. ベックほか著，松尾精文ほか訳（1997（1994））『再帰的近代化』而立書房，207～315頁。長谷川博，近刊予定，「マーケティングの成功（仮題）」『千葉商大論叢』。以上をみよ。

76) Latour, B. (2005), *Reassembling the Social: An Introduction to Actor-Network-Theory*, Oxford University Press, pp.6-9. Delanda, M. (2016), *Assemblage Theory*, Edinburgh University Press. B. Latour (2005), *Reassembling the Social*, Oxford University Press. 以上に基づく。

77) Jacobs, J. (1992), *Systems of Survival: A Dialogue on the Moral Foundations of Commerce and Politics*, Random House.

78) D. J. ブアスティン著，橋本富郎訳（1990（1963））『現代アメリカ社会』世界思想社。R. M. マッキーヴァー著，中久郎・松本通晴監訳（（1917））『コミュニティー』ミネルヴァ書房。

79) J. アーリ著，吉原直樹訳，2006（2000）年，『社会を越える社会学』法政大学出版局，9～21頁。以上をみよ。

80) N. ルーマン著，2009（1997）年，『社会の社会1，2』法政大学出版局。以上の以後と言っておく。

81) J. アーリ著，吉原直樹訳（2006（2000））前掲書，12頁。

82) Guala, F. (2016), *Understanding Institutions: The Science and Philosophy of Living Together*, Princeton University Press, p.xxv. D. C. ノース著，瀧澤弘和・中林真幸監訳（2016（2005））『制度論』東洋経済。

83) M. ポラニー著，長尾史郎訳（1988（1980））『自由の論理』，ハーベスト社，63～86頁。

84) M. ミンスキー著，安西祐一郎訳（1990（1985））『心の社会』産業図書。以上は，エージェントについて「社会の中の心の中の社会」を言った。

85) 三上富三郎著（1982）『ソーシャル・マーケティング』同文舘。その後にはたとえば

以下の更新が続いている。Kotler, P.（2015. 2019），*Strategies for Business, Government, and Nonprofits*, Praeger. Kotler, P., *et al.*, 2021.,

86）Kotler, P. and E. L. Roberto（1989），*Social Marketing*, The Free Press. Kotler, P and N. R. Lee（2005），*Up andOut of Poverty: Tje Social Marketing Solution*, Wharton School Publishing 2005, *Corporate Social Responsibility: Doing the Most Good for Your Company and your Cause*. 2007, *Marketing in The Public Secter: A Road map for Improved Performance*, Pearson Education. 2009, *Up and Out of Poverty: The Social Marketing Solution*, Wharton School Publishing.　以上がたとえばある。

87）長谷川博ほか著（2021）『流通とマーケティングの基礎』成文堂，48 頁。

88）S. ストレンジ著，小林襄治訳（1988（1986））『カジノ資本主義』岩波書店。T. フリードマン著，東江一紀・服部清美訳（2000（1999））『レクサスとオリーブの木（上）』草思社。M. マン著，岡本至訳（2004（2003））『論理なき帝国』NTT 出版。

89）Wilson, L.（2023），*NFTs, Daos and DeFi*, Genesys Digital. R. ジョナサン・M. アンドリュー，高橋由香理訳（2022）「DAO」『DIAMOND ハーバード・ビジネス・レビュー』ダイヤモンド社，12 月号。

90）Mayer, C.（2018），*Prosperity: Better Business Makes the Greater Good*, Oxford University Press.

91）M. マン著，森本醇・君塚直隆訳（2002（1986），2005（1993））『ソーシャルパワー：社会的な〈力〉の世界歴史Ⅰ・Ⅱ』NTT 出版。以上もみよ。

92）J. ヤング著，青木秀男ほか訳（2007（1999））『排除型社会』洛北出版。

93）J. ヤング著，木下ちがやほか訳（2019（2007））『後期近代の眩暈』青土社。

94）クロード・レヴィ＝ストロース著，荒川幾男ほか共訳（1972（1958））『構造人類学』みすず書房。丸山圭三郎著（1981）『ソシュールの思想』岩波書店。

95）N. チョムスキー著，福井直樹・辻子美保子訳（2011（1982））『生成文法の企て』岩波書店。同著，同訳（2014（1957））『統辞構造論』岩波書店。N. チョムスキー・N. C. バーウィック著，渡会圭子訳（2017（2016））『チョムスキー言語学講義』筑摩書房。

96）J. M. ムーア著，山下範久・滝口良訳（2021）『生命の網のなかの資本主義』東洋経済新報社。

97）M. ヤング著，窪田鎮夫・山本卯一郎訳（2021）『メリトクラシー』講談社エディトリアル。M. サンデル著，鬼澤忍訳，2021（2020）『実力も運のうち　能力主義は正義か？』早川書房。以上をみよ。

98）D. ガボール著，林雄二郎訳（1973（1972））『成熟社会』講談社。D. H. メドウズほか著，大来佐武郎監訳（1972（1972））『成長の限界』ダイヤモンド社。

99）村上泰亮（1975）『産業社会の病理』中央公論社。同著（1987）『新中間大衆の時代』中央公論新社。同著（1992）『反古典の政治経済学 上下』中央公論社。

100）M. フーコー著（2013（2009））佐藤嘉幸訳，『ユートピア的身体／ヘテロピア』水声社。

4 サービス・ドミナント・ロジックの普及に関する問題

　マーケティング学者の間では，有形財としての製品単独で物事を捉えたり，あるいは，無形財としてのサービス単独で物事を捉えたりすることの限界から，サービス・ドミナント・ロジック（Service Dominant Logic）（以下，S-D ロジックと記す）の考え方が注目されるようになってきた。S-D ロジックでは，有形財の生産者（製造業者）の側が，価値を「使用価値」として規定することで製品の中に埋め込み（機能的に実装），製品の使用用途を定めた上で消費者へ引き渡す，というような，経済学が伝統的に踏襲してきた見方を否定することになる。そして，有形財（製品（goods））と無形財（サービス（services））という様態に囚われるのではなく，それらを含めた広義の「サービス（service）」として，消費者の側が受け取る "経験" や "価値" を重要視することになる。このような発想が可能になったのは，製品とサービスとの両者に共通する本質として，「スキルとナレッジ」を適用することで製品の創出やサービスの提供が可能になるという見方[101]，さらには，それらを可能にするのは「オペラント資源」であるという見方[102]を獲得したからに他ならない。

　S-D ロジック（およびサービス・ロジック）の研究者は，サービス（service）をどう認識するかは消費者の側に委ねられることを強調し，「経験は，主観的で文脈特有の現象学的なものであり，価値はそのような経験を通じて現出する」という捉え方を採用する。したがって，「使用価値」ではなく「文脈価値」の重要性を説くことになる。

　S-D ロジックの発想は，そもそも学問体系として文系・理系の区別がされていたことに原因の一端があったのかもしれないが，マーケティング領域のみならず，特に理系分野でも注目され，サービス工学，サービス・デザイン，デジタル・トランスフォーメーション（DX），といった理工学分野を中心に，今や広く知られるようになってきた。

　冒頭で述べた通り，今日のマーケティングにおいて，もはや製品単独で物事を思考したり，あるいはサービス単独で物事を思考したりすることが限界を迎

えていることについては，改めて指摘をするまでもないであろう。そのような限界に対して，S-D ロジックは解決への糸口として具体策を提示したように見られるが，他方でいくつかの問題を抱えていることも事実である。たとえばそれは，1 つめに，マーケティング・テキストにおける S-D ロジックの取り扱われ方に関する問題であり，もう 1 つは，ビジネス実務界への浸透と普及に関する問題である。

(1) マーケティング・テキストにおける S-D ロジックの取り扱われ方

　1 つめのマーケティング・テキストにおける S-D ロジックの取り扱われ方であるが，先に見たように，S-D ロジックは，今まで踏襲してきたようなマーケティングの考え方を根底から改めるような視点を提供していると言えるものである。再掲すると，それはすなわち，有形財としての製品単独で物事を捉えたり，あるいは，無形財としてのサービス単独で物事を捉えたりすることを改める，抜本的かつ本質的な見直しを迫るものである。そうであるとすれば，S-D ロジックを中心とした物事の見方・捉え方に則る形で，マーケティング・テキストの体系そのものが再構築され，大きく書き改められているべきはずである。

　今日までのマーケティング・テキストの主流が，4Ps 論をベースにしてきたことに異論を唱える者はいないであろう。そして，4Ps 論は「製品（product）」を中核に据えて構成されていることも，多くの研究者によって賛同を得られるであろう。すなわち，「製品」という物理的実体があるからこそ，コスト計算が可能になることで「価格（price）」について検討・設定できるのであり，また，「製品」特性等がわかればこそ，それに見合った「流通チャネル（place）」の検討や，理解促進と実需創造に向けた「プロモーション（promotion）」施策の具体的検討が可能になる，ということである[103]。要するに，「製品」無くして他の 4P 要素（操作変数）を検討することなど不可能なのであり，マーケティング・テキストにおいて 4Ps のうち最初に説明される項目が「製品」であることは，何よりもそのような発想を有していることの証左と言えるのである。

　しかし，S-D ロジックが登場して早 20 年近くが経とうとしている今日においても，一般的なマーケティング・テキストは相変わらず，前例踏襲型のマー

ケティング・テキストの構成となっている。すなわち，S-D ロジックに対する
マーケティング・テキストでの取扱いと言えば，"サービス（service）"という
冠が付いていることが理由であろうか，S-D ロジック登場初期と同じく旧態依
然としたまま，「サービス・マーケティング」という章の中で記述されるに留
まっているのである。要するに，あたかも「サービス（services）」の進化版の
ようにS-D ロジックが捉えられた状態のままなのである。S-D ロジックの議論
の出所の1つとしては，確かに「サービス（services）」に対する理論的説明の
限界に由来する，理論と現実の乖離問題があったに違いない。具体的には，本
書のセクション3－4でも触れたような，無形財（サービス）の4つの特性は
もはや形骸化している，という問題意識である。しかし，そのような限界への
克服を目指すものとして登場したはずのS-D ロジックが，依然として「サー
ビス・マーケティング」の一部として取り上げられている現状は，不可解とし
か言いようがないのではないだろうか。このことは，マーケティング・テキス
トを執筆する者の単なる怠慢なのであろうか，それとも，正しく理解されるべ
き内容について，その理解を妨げるような問題がS-D ロジックに内在されて
いる，ということを意味するのであろうか。

（2）ビジネス実務におけるS-D ロジックの取り扱われ方

閑話休題。そこで，直前で述べた内容とも関連して浮上するのが，次の2つ
めの問題である。すなわち，ビジネス実務界への浸透の問題である。端的に言
うと，S-D ロジック研究は，研究のための研究，すなわち机上の空論なのであ
ろうか，という問題意識である。これは，ビジネス実務界において，S-D ロジッ
ク自体について，あるいはS-D ロジックの有用性についてほとんど聞かれない，
ということから浮上する問題意識である。この問題に接近していくことで，S-D
ロジックに内在している問題の一端を垣間見ることができるのかもしれない。

この問題について考えてみると，これには大きく3つの理由があると考えら
れる。その1つめは，S-D ロジックという概念・用語を採用してもしなくても，
ビジネス活動の一環として行うマーケティング活動自体に，何か新たな変化が
生まれる訳ではない，という理由である。マーケティングが行うことの本質は，

「消費者に対する価値創出とそれに基づく市場創造」に他ならない。そうであればこそマーケティングは，量的な観点ではなく質的な観点を重視する「需要と供給のマッチング」を目指し，「市場細分化」を固有の概念として据えてきた。マーケティングが採用するこの大前提は，何も S-D ロジックが登場したからと言って崩壊するものではないであろう。S-D ロジックという概念・用語を採用してもしなくても，マーケティングが「消費者に対する価値創出」を目指し，消費者や市場を対象に物事を思考していくことについて，何かビジネス実務として変化する訳ではないのである。というより，S-D ロジックでも「消費者に対する価値創出」という本質を支持し尊重するからこそ，その本質をより正当化すべく，「価値」の再認識についてこだわりを見せた検討に挑んだに違いないのである。

　そして２つめに，S-D ロジックの見方・考え方がいくら普及しようとも，企業が市場へのアウトプットとして採り得る表現手段が変化する訳ではない，という理由が考えられる。次の図表６−４−１は，S-D ロジックの価値共創について図示したものである。ここでは，S-D ロジックが強調した「価値共創（value co-creation）」の姿が見て取れる。具体的には，「価値共創」は「共同生産（co-production）」と「価値の共創（co-creation of value）」で構成される，という関係にあり，それぞれの構成要素において，有形財（製品／グッズ）による提供パターンと無形財（サービィーズ）による提供パターンが存在する，ということが確認できる。

　この図表６−４−１を見るとわかる通り，S-D ロジックという見方に基づき思考するとしても，具体的には，企業が市場へのアウトプットとして採り得る手段は，「製品／有形財」か「サービス（services）／無形財」かしかないのである。すなわち，企業が採り得る市場への表現手段のパターンは，製品のみの形態，サービスのみの形態，あるいは両者のハイブリッド（組み合わせ）形態，のいずれかしかないのであり，この点に注目する限り，アウトプットに向けた企業のマーケティング活動としてみれば，S-D ロジックだからと言って何か変化が生じる訳ではないと言えるのである。もちろんこれらには，提供方法の違いとして，①カスタマイズ可能か（オーダーメイド型製品，マス・カスタマイゼー

図表6−4−1 S-Dロジックにおける価値共創と交換プロセスの範囲

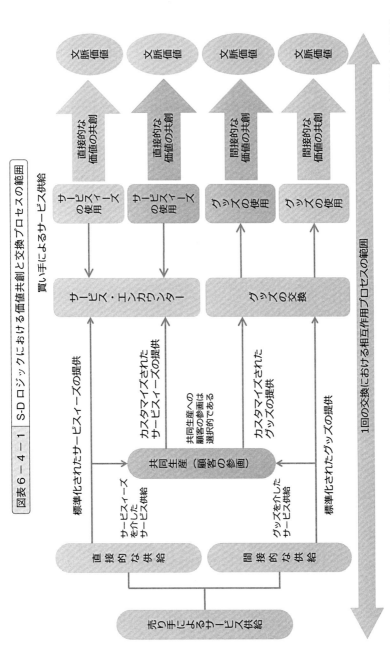

ション型製品），②生産者と消費者とで同時空間上の協働行為を必要とするか（共同生産型製品，条件適応型サービス），③画一的・同質的提供とするか（規格標準製品・工業製品，条件固定型サービス），という違いは認められるであろう。しかしいずれにせよ，いくらS-D ロジック的な見方が浸透しようとも，企業が採用できる提供方法のバリエーション自体は変わらないのであり，ビジネス活動として行うべき姿は何も変わらない，と言えるのである。

　さらに，上述した指摘に関連して3つめの指摘として，S-D ロジックが「中範囲の理論」の構築を目指すことで，むしろ，企業が行うビジネス活動の具体的な実務的・実践的視点を失っている，という直接的な理由を挙げることもできるであろう。近年，研究者からは，S-D ロジックは中範囲理論の構築を目指すばかりに，むしろ"何も言っていない"，あるいは"固有性を失う"傾向が強くなってきた，という指摘が聞かれるようになってきた。確かに「オペラント資源」や「資源統合」，「A2A（Actor to Actor）」，「サービス・エコシステム」，「制度」，などといった概念は，S-D ロジックが有する現象説明力の高さを裏付けるための根拠や補強材料として，魅力があるものに映るであろう。しかし，よく考えてみるとわかる通り，個人や家庭であれ組織であれ，ここで取り上げられた概念は，当然の現象を明示したに過ぎないと言えるのではないだろうか。誤解を恐れずに言うと，これら列挙したものは，ビジネス活動等の諸場面において"意識するかしないか"といった程度の物事であり，多くの場合，意識せずともビジネス活動等に何ら支障の出ることのない概念かもしれないのである。

　ビジネス活動の脈絡に即してみても第一，原材料であれ商品であれ，仕入れ行為を行うという時点で，次なるアウトプットに向けた資源への働きかけ（オペラント資源を利用した資源統合）を大前提に想定しているのである。それは言うまでもなく，企業はもちろんのこと，たとえ家庭（家計）であったとしても，仕入・調達・購買行為を行うということはすなわち，何らかの意味的・金銭的"資本の再生産"を目的としたり，あるいは予定したりするための準備行為に他ならないのである。したがって，デスクワークで行われるような，何か新たな物事を生み出すための企画創出なども，個人作業であれ協働作業であれ，現

時点までに蓄積した「外知（外から得られる知識）」を有機化することで、「内知（新たに生み出される知識）」として新たな物事を生み出していくことに違わず、個人や組織の内外に存在する資源への働きかけ行為であること以外の何物でもないのである[104]。これらはすべて、「スキルとナレッジの適用」を意味する「サービス（service）」活動に他ならないが、個人や家庭であれ組織であれ、むしろ「スキルとナレッジの適用」を伴わない現象を発見することの方が困難だと言えるのではないだろうか。

　その他、売り手と買い手を想定するような売買取引（個人や家庭の購買活動、組織購買活動）においても、意識するか否かはさておき、当然アクターとして、「販売センター」や「購買センター」が存在していることは言うまでもない。もちろん、河内（2021）で述べたように、アクター概念（A2A）は、特に組織購買を念頭に置いたとき、通常は「購買センター」（売り手側から見た時の買い手側の購買集団）を重点的に想起することが多く、特に日本において「販売センター」の存在が明示的に注目されてこなかったことは確かである。したがって、この「A2A」概念への注目は、「販売センター」の存在を明示化させる契機になったという点において、一定の貢献が認められると言えるであろう[105]。

　「制度」と「サービス・エコシステム」についてはどうであろうか。企業内に目を向けると、「制度」とは、組織が秩序立てて行動していくために定められた、規程、運用規定、ルール、規範等に該当すると考えられる。企業が組織体として "組織" 行動を採るにあたり、秩序の維持と行動統制を目的とした各種の「制度」を整備するのは極めて合理的であり、むしろそのような「制度」なくして組織行動統制が守られ続けることなど不可能であろう。このことは、経営学におけるミクロ組織論、特に動機づけ理論を紐解くことで裏付けられるはずである。また、他方の「サービス・エコシステム」については、組織内や組織外（取引先との交渉を含む）で発生する、予定調和・既定路線を外れるような新規的・突発的現象への組織的対応に関することが想起される。それは、生態系（エコシステム）である以上、システムとしてみるのであれば、その維持に向けた "安定化" が中心的課題となるからである。しかしよく考えてみると、このことは、組織内の成員個々人が経験したことに対する組織的共有化を目指

す，「SECI モデル」(Nonaka 1994：Nonaka and Takeuchi 1995) や，「組織学習」(Huber 1991：Argote 2011)，「自己組織化」の理論等々ですでにその一端が見られていた内容を，再度取り上げているに過ぎないかもしれないのである。

(3) S-D ロジックに対する学術界と実務界との温度差

　このように見てみると，S-D ロジックは，マーケティング学者が騒ぐほどにビジネス実務でのインパクトなどないことが理解されるのではないだろうか。S-D ロジックとは，ここで内包される概念があることで新たな実務の現実が作られるという性格のものではなく，既存現象について "再解釈を試みる" という性格が強く現れているのが大きな特徴だと言えるのである。S-D ロジックが主張するところの「サービス (service)」の考え方は，企業においてはすでに 1980 年代の IBM に見られていたと考えられ，学術界よりも実務界の方が先行していたことが伺える。それゆえに，有形財・無形財に囚われない包括的な "価値" の観点から思考することが有効化することなど，ビジネス実務では常識的とさえなっている感が否めないのである。少し俯瞰してみるのであれば，そもそもこれらは，Levitt (1980) が，Corey (1975) を参考にする形で指摘していた，「製品とは，購入者が受け取るベネフィット全体を指す」という考え方にかなり接近しており，それを元にした製品概念（一般的な製品，期待される製品，拡張的な製品，潜在的な製品，の複合体）を彷彿させると言えるであろう。

　そうすると S-D ロジックとは，ビジネス実務界から見ると，すでに取り組んでいることに対する "リフレーズ" に聞こえるか，あるいは "解釈論" の域を出ない "議論のための議論" に聞こえる可能性が，極めて高くなるであろう。何しろ，企業が行う市場対応としてのビジネス活動自体に，何か変化が生まれる訳ではないのである。そして，S-D ロジックの見方を起点とすることで，何か新しい戦略や戦術が生み出される訳でもないのである。

　昨今のビジネス界では，「サービス・デザイン」や「デザイン思考」というワードが流行語のように使われている。これらは，ビジネスとして利用されるのみならず，地域社会の課題解決にも繋がることから，さまざまな方面から期待と注目を集めている。そこで強調されていることは，大枠を捉えると，"既

存型の提供方法の常識に捉われない新たな価値創出"であり，さらには，それが従来のやり方に捉われない抜本的な軌道変更（イノベーション）を伴う場合もある，ということであろう。そのような価値創出を促進するための思考法について実践的観点から体系化するのが，これら「サービス・デザイン」や「デザイン思考」の特徴である。したがって，すでにビジネス実務界において常識的であった「サービス (service)」の考え方について具現化し，促進するものとして，「サービス・デザイン」や「デザイン思考」が迎え入れられたとすれば，S-D ロジックよりも注目を集めたことは当然であったのかもしれない。何しろそれらには，ビジネス実務・実践に落とし込むためのクリエイティブ・ノウハウが詰め込まれており，利活用の点において"実効力"があるからである。

　さらには，S-D ロジックが強調する次の観点も，ビジネス的にはもはや常識となっている感が否めないであろう。すなわち，消費者（受益者）が受け取る価値について，消費者が経験する，主観的かつ現象的な「文脈価値」の観点から捉える必要がある，という点である。S-D ロジック流に解釈をすると，われわれが日常的に使用・消費するスマートフォンやタブレットにその典型が見られ，それらは各々がインストールしているアプリも違えば，それらアプリを通じてどのような価値を認めて利用しているかなどまったく人それぞれであり，したがって企業側（提供者）から価値を一義的に決めることなどできない，となるであろう。スマートフォンやタブレットなどのプラットフォーム製品に，そのような特徴が強く出ることは確かである。

　しかし，何もこういった今日的なケースを持ち出さなくても，日常的には，本来企画・設計された用途とは異なる使用方法で利用されている製品など，見渡すといくらでもあるのではないだろうか。古くから"ライフハック"のような形で口伝されてきた"おばあちゃんの知恵"や"主婦の知恵"，専門家が教える"意外な裏ワザ"などの類は，製品の代用的利用を中心としたものが多く見られ，学術的には，古くは石井 (1993) による「製品の『意味のずれ』」や，同書籍の第 6 章「交換は必然のものか」での議論において，すでに見出されていた知見だと言えよう。

　このような，消費者（受益者）が受け取る価値について，消費者の「文脈価

値」の観点から捉える必要がある，ということについては，むしろそれこそが，マーケティングが主張する「消費者志向」そのものだ，と言えるのではないだろうか。消費者を取り巻くそのような“主観的かつ現象的な文脈価値”を分析することこそ，マーケティングが第一に行う“消費者の実態を知ること”であったはずである。そして，そのような消費者の実態分析を基にして浮かび上がる，消費者の生活空間に浮上する“問題”を発見し，それに対する状況改善を“価値として提案”することが，マーケティングが行うべき“価値創出”の正体，すなわち“問題解決”の正体であったはずである。これらは，「先行型市場志向」及び「反応型市場志向」として知られるいずれのタイプにおいても，である。

　したがって，このように見てくると，先にS-Dロジックとは，ビジネス実務界から見ると，すでに取り組んでいることに対する“リフレーズ”に聞こえるか，あるいは“解釈論”の域を出ない“議論のための議論”に聞こえる可能性が極めて高くなると述べた意味が，改めて理解されるのではないだろうか。要するに，S-Dロジックは，ビジネス実務に対して，何らかの実践的変化を生み出すようなトピックスではなかった，と言えるのである。しかし，S-Dロジックが，ややもするとマーケティング・テクニックのような理屈やトピックスが横行する昨今の状況において，マーケティングの本質について再訪し，原点に立ち戻ることの重要性を再認識させてくれた点は，われわれ研究者や実務家に対する“戒め”として受け止めるべき重要なことであった，と考えることができるであろう。したがって，S-Dロジックを知るに連れて，われわれはむしろS-Dロジックに対して尊重すべき点を見出すことになった，という事実を，最後に強調しておくことにしたい。

（河内　俊樹）

【注】
101) S-Dロジックが想定する「サービス（service）」とは，スキルとナレッジを適用すること，と考えられている。
102)「オペラント資源」とは，「オペランド資源」に対比する概念である。わかりやすく述べるとすると，「オペランド資源」が，行為主体者が働きかけることのできる資源であるのに対して，「オペラント資源」とは，物事の価値を引き出すために用いる行

為主体者固有の能力，と捉えることができる。したがって，オペランド資源は有形の性質を持ち，オペラント資源は無形の性質を持つことになる。そこで，オペラント資源は，オペランド資源に働きかけることで何らかの価値を引き出すことを可能にすることから，オペラント資源は極めて属人的なものとなり，S-Dロジックが重視する「スキルとナレッジ」と親和性が高い概念となる。たとえばこれは，書籍というオペランド資源があった時に，そこから何を汲み取り学習するかは，行為主体者の能力であるオペラント資源に依る，という関係から理解ができる。同じ書籍であっても，行為主体者が用いるオペラント資源（あるいは，スキルとナレッジ）により，書籍から引き出す価値はまったく違うものとなるのである。この発想が直後で記述される，S-Dロジックは「文脈価値」を重視する，ということへ，直結することとなる。

103）ここでは論旨の展開上記述をしていないが，4Ps自体は「製品コンセプト」に従って決定される，という関係を有していると言える。つまり，「製品コンセプト」が決定されることで初めて，製品として満たすべき機能や性能等を明らかにすることが可能になり，さらには，その製品コンセプトに基づく売り方に見合った販売先（流通チャネル）の選定や価格設定，そしてプロモーション施策等について具体的に決定することが可能になる，ということである。このことについては，大友・河内（2020）にて説明されているので，詳しくはそちらを参照されたい。

104）ここでの「外知」と「内知」については，林（2017）に知見を得ている。

105）差し当たり日本でこの「販売センター」は，売り手の「営業チーム」や，スクラム型取引スタイルに多く見られる社内横断的に召集された「特定案件専属チーム」などが該当する。日本のインダストリアル・マーケティング研究では，売り手のマーケティング戦略構築の一環として，買い手側の組織集団の研究と解明に重点を置いてきた傾向が見られる（たとえば，購買動機・購買選定基準・購買行動特性の解明）が，よく考えてみれば，「組織間取引」という名称が示している通り，売り手側においても組織集団化し，買い手への対応活動を行っていることは確かである。このような売り手側の事実について，実務的には認識されていたものの，「販売センター」という見方と認識をもとに，製品開発担当者・物流担当者・サービス担当者といったスタッフレベルでの連携や，資材調達部門・生産部門・技術開発部門・物流部門といった部門間連携について認識することは，ほとんど注目されてこなかったと言えるであろう。河内（2020：2021）では，これらについては，売り手側組織において"対社内"への内部協力獲得のための社内折衝の問題として認識されていることに触れている。

引用・参考文献

石井淳蔵（1993）『マーケティングの神話』日本経済新聞社.

大友純・河内俊樹（2020）「製品コンセプト創造の重要性とブランド化の論理」大友純・河内俊樹『ビジネスのためのマーケティング戦略論——企業の永続化を目指す実践的考え方——』同文舘出版，71〜106頁.

河内俊樹（2020）「顧客満足の創出と顧客固定化に向けた営業展開の論理」大友純・河内俊樹『ビジネスのためのマーケティング戦略論—企業の永続化を目指す実践的考え方—』同文舘出版，149 〜 169 頁.

河内俊樹（2021）「営業と販売における S-D ロジックの適応」井上崇通編『サービス・ドミナント・ロジックの核心』同文舘出版，141 〜 157 頁.

田口尚史（2010）「サービス・ドミナント・ロジック：間接的サービス供給における 4 つの価値共創パターン」『横浜商大論集』第 43 巻第 2 号，90 〜 121 頁.

林周二（2017）『知恵を磨く方法—時代をリードし続けた研究者の思考の技術—』ダイヤモンド社.

Argote, L. & Miron-Spektor, E. (2011) "Organizational Learning: From Experience to Knowledge," *Organization Science*, Vol.22, No.5, pp.1123-1137.

Corey, E. R. (1975), "Key Options in Market Selection and Product Planning," *Harvard Business Review*, Vol.53, No.5, pp.119-128.

Huber, G. P. (1991), "Organizational Learning: The Contributing Processes and The Literatures," *Organization Science*, Vol.2, No.1, pp.88-115.

Levitt, T. (1980), "Marketing Success Through Differentiation-of Anything" *Harvard Business Review*, Vol.58, No.1, pp.83-91. セオドア・レビット著，土岐坤訳「差別化こそマーケティングの成功条件」『DIAMOND ハーバード・ビジネス』第 5 巻第 3 号，ダイヤモンド社，19 〜 28 頁.

Nonaka, I. (1994), "A Dynamic Theory of Organizational Knowledge Creation," *Organization Science*, Vol.5, No.1, pp.14-37.

Nonaka, I. and Takeuchi, H. (1995), *The Knowledge-Creating Company: How Japanese Companies Create the Dynamic of Innovation*, Oxford University Press, Inc. 野中郁次郎・竹内弘高著，梅本勝博訳（1996）『知識創造企業』東洋経済新報社.

5 「マーケティング」用語の氾濫に関する問題と憂慮

　「マーケティング」という用語ほど，さまざまな意味合いを込めて雑多に扱われる用語はないかもしれない。今でこそ，ビジネスにおけるマーケティング活動の役割について理解が得られつつあるものの，それでもテレビ番組等での影響を受ける形で，未だにマーケティングは，売上ランキングや市場調査のことだと誤解されたり，さらには，"儲け方"指南，販売テクニック，効果的陳列手法，と捉えられたりする時もあるくらいである。このように，「マーケティング」という用語に対する誤解は解けない状況にある[106]ものの，しかし「マーケティング」という用語が，世の中に広く知れ渡っているのを確認することができるのは確かである。

　マーケティングは，実学であると共にビジネス実務そのものを取り上げることから，学術界およびビジネス実務界双方において，過去から今日まで日々関心が向けられてきた。その証拠に，マーケティングは今も昔も，研究成果を披露する学術専門書ばかりでなく，講義で使用する教科書やテキスト，さらには，実務家が成功事例を披露したり，成功経験を題材に体系化やテンプレート化を試みたりする実務書・実用書が多数存在している。実務書・実用書の類は，いわゆる"ハウツー本"として世に知られているが，マーケティング関連書籍は，いつの時代にも出版業界を賑わせている状況にあることは，疑いの無い事実と言えるであろう。

　そのように，研究者・実務家双方が関心を寄せる「マーケティング」ではあるが，実にさまざまに，次から次へと「〇〇マーケティング」という用語が生み出され，キャッチーなタイトルが付けられた書籍が登場していることに気が付かされる。そして，そのような「〇〇マーケティング」というタイトルの書籍が登場するたびに，斬新的・画期的な新たな"マーケティング体系"が登場したかのようなプロモーションが展開されており，その勢いは留まる気配を知らない。まさに"マーケティング書籍をマーケティングする"という意図であろうか，興味関心を惹くようなタイトル付けや，手に取りたくなる帯デザイン

が施され，売り場を賑わせているのである。

　学術界であれ実務界であれ，そのような「○○マーケティング」の登場を目にするにつれて，われわれは，「マーケティング」という用語が持つ"本来の意味"を忘却の彼方に押しやってはいないか，といった思いが頭をもたげてくる。それはすなわち，「マーケティング」という言葉が"商用利用"され，独り歩きを始めていないのか，という問題意識でもある。しかもそれは，研究者と実務家双方の書籍に対してである。首藤（2010b，第9章；2010c）は，1980年代以降に登場する「経験価値マーケティング」や「コーズ（リレイテッド）・マーケティング」等々について，いち早くこのような問題に注目することで，その用語や概念の是非を世に問うていた。われわれの問題意識も，基本的には首藤（2010b，第9章；2010c）の論考と軸を一にするものである。

（1）「マーケティング」という用語の本質的意味

　ところで，「マーケティング（marketing）」という用語は，小川（2009）によると，「元来，"market"（市場）＋"ing"（創ること，継続的な商品サービスの提供）の合成語である」（7頁）と紹介されている。「マーケティング」がアメリカ発祥の概念であることはよく知られたところであるが，日本語は元より，ドイツ語にもフランス語等々にも訳すことができない用語として，すなわち，まったく新しい概念・意味内容を示す用語として各国に広まっていった背景については，今やあまり知られていないかもしれない。日本においても，1956年に日本生産性本部（当時）が派遣したマーケッティング視察団による『マーケッティング専門視察団報告書』に，その辺りの事情が記されている[107]。そこでは，アメリカならではの事情から生み出された用語であり，なおかつ，決して日本語に換言することのできない独特の意味をまとった用語である「マーケティング」というものに出会った時の衝撃が語られている。まさにそれは"未知との遭遇"であり，決して日本語に翻訳などできない用語であったことから，やむなくカタカナ表記のまま使用することにした，という事情まで記されている。

　そのような事情から，今日までにすっかりカタカナ用語として定着した「マーケティング（marketing）」という用語であるが，諸説あるものの，先に触

れたようにこの用語は，"Market"に"ing"が付いた用語として作られていることがわかる。これが意味することは，「Marketを躍動感のあるものにしていく」，ということである。すなわち，マーケティングとは，「市場にアプローチをして働きかけることで，市場を動かして行く」行為に他ならない，ということである。そしてより具体的に，その市場の"動かし方"とは，「価値ある製品やサービスを生み出すこと・提供することによって，売買活動を促す」，ということである。つまり，端的に言うとすれば，「価値ある財の提供による市場創造（市場を生み出すこと／創り上げること）」がマーケティングの本質であり正体である，ということになるであろう。

　このような本質的な意味に従う形で，マーケティングは長らく，その提供する財の特質を基礎に，マーケティング体系を分類することが一般的であった。たとえばそれは，無形財（サービス財）を売買対象とする「サービス・マーケティング」や，産業財を売買対象とする「インダストリアル・マーケティング」である。また，単純に「マーケティング」と言う時には，消費財（製品・有形財）を取り扱うことを念頭に置いた体系であることから，「消費財マーケティング」という用語の省略であることが了解されていた。ここで取り上げたサービス財・産業財・消費財は，いずれもその財の特質や購買方法等が大きく異なることから，売買対象とする財の性質を基に区別していくことを目指し，それぞれ独自のマーケティング体系を構築させていくことになった，と考えることができる。「（消費財）マーケティング」，「サービス・マーケティング」，「インダストリアル・マーケティング」という"体系"は，まさにそれら検討努力の結晶であると言って差し支えないであろう。

(2)「市場創造」の意味が欠落したマーケティング用語

　ところが，「○○マーケティング」という用語が登場するにつれて顕著になったことは，「マーケティング」という用語が本来有していた「市場創造」という意味を喪失させるような用語使用法が見られるようになった，ということである。古くは，今日のSDGsやESG経営に繋がるような「ソーシャル・マーケティング」や「エコロジカル・マーケティング」，さらには「ソサエタル・

マーケティング」,「ソシオエコロジカル・マーケティング」など,1970 年代後半辺りから,このような傾向が徐々に見られるようになってきた。それらは取りも直さず,"ソーシャルやエコロジカル（生態学）を販売する"という意味でのマーケティングではなく,環境に負荷をかけない,あるいは生態学（生態系）の維持を大前提に"マーケティング活動の仕方・あり方を考慮する"という,理念的・規範的意味合いが強い用語として使用されるものである。その後登場する 1990 年代の「グリーン・マーケティング」も同様に,何も"グリーンを販売する"という訳ではない。グローバルに展開する時代だからこそ,資源は有限であることを自覚し,原材料の資源掘削の段階から消費後の廃棄行動までのすべてのプロセスにおいて,環境調和を目指したマーケティング活動を目指そうという,理念的・規範的意味をまとった用語である。

　1990 年代以降,マーケティングでメインストリームのようになった「リレーションシップ・マーケティング」や「One to One マーケティング」といった用語はどうであろうか。リレーションシップや One to One とは,そもそも取引相手や買い手に対する"売り手の向き合い方"を説明するに過ぎない概念である。したがって,新たなマーケティング体系でも何でもないことは言を俟たないであろう。すなわち,それらは消費財・サービス財・産業財の販売に際しての,買い手や取引相手との"向き合い方"を強調したに過ぎないのであり,既存のマーケティング体系の延長にあるべきものと言えるのである[108]。首藤（1995；2010b 第 3 章）はこの点についていち早く論究し,「リレーションシップ・マーケティング」登場以前（1980 年代後半以前）の時代においても,すでに1950 年代から,マーケティングに相互作用的分析視覚が登場することを指摘していた[109]。そして,「リレーションシップ・マーケティングで取り上げられる企業組織および企業戦略行動に関する問題については,マーケティングの過去の各研究分野で既に深く,そして十分に研究されており,特別に新しい研究視角ではない」（首藤, 2010b, 83 頁）こと,そして,「リレーションシップ・マーケティングは基本的には,これまでのマーケティング研究におけるプロモーションに関係する研究やチャネル研究あるいは人的販売の研究の領域をまだ越えるものではない,というよりも,この種の研究視角は,そのどちらかの研究に

おいてすでに行なわれているものである部分が多い」（首藤，2010b，88〜89頁）
との見解を見せていた。このような見解を踏まえると，これら「リレーション
シップ・マーケティング」や「One to One マーケティング」に対して，新た
に「〇〇マーケティング」と称すべきほどの体系の新規性・斬新さがそこにあ
ったのだろうかと，時代を経た今日だからこそ，改めて評価することができる
のではないだろうか。

　さらに，「エリア・マーケティング」「地域別マーケティング」といった用語
も古くて新しい用語としてお馴染みであるが，これらはどうであろうか。よく
考えてみると，これらマーケティング用語が意味したいことについて，実は不
明瞭であることに気が付かされるのである。もちろん改めて言うまでもなく，
地域やエリアという土地区画を財として売り出す訳ではない。そうではなく，
マーケティング戦略策定のフローとして知られている，あるいは，マーケティ
ング固有の概念と言っても過言ではない「市場細分化」における地理的市場細
分基準を，前面に強調したに過ぎないマーケティング用語と言えるのである。
これと同様の現象は，「B to B（B2B）マーケティング」という用語にも発生し
ていると考えられる。この用語は，「市場細分化」における顧客対象を，ビジ
ネス顧客（組織顧客）に設定していることを強調しているに過ぎないのである。
したがって，「エリア」や「地域」あるいは「B to B」であることを強調した
ところで，マーケティングそのものが，従前の体系から何か変わる訳ではない
ということが確認できるであろう。マーケティング施策を検討する際のフロー
として実務的に行っていることを，あえて「〇〇マーケティング」と強調する
までの理由など実は見当たらない。何しろこれらの用語が意味していること
は，"ターゲット設定をしたマーケティングをする"ということを表明してい
るようなものであり，それはマーケティングの基本中の基本。新たなマーケテ
ィング体系であるとは到底考えることができないのである。

　同様に，「地域活性化マーケティング」についても，よく考えたら不思議な
マーケティング用語である感が否めない。これらの用語が意図したいことは，
マーケティングという手法を"手段として用いる"ことで地域を活性化させよ
う，ということに他ならない。すなわち，当該地域を対象に，住民サービスや

暮らしの品質を向上させたり，あるいは，たとえば観光客の増加を目指すことで，地域経済の循環を促進させたりすることを目標に，マーケティングの考え方を応用・適用しよう，というのが，基本的な発想であり主旨である。言うまでもなく，「マーケティング」という用語が内包している，価値ある財の提供による市場創造（売買活動の促進）ということについては直結しない。住民満足度の向上と地域経済の活性化については，行政学や地域研究（都市計画論，地域政策論，地域経済論，観光政策論，まちづくり論，など），社会福祉論や社会デザイン論などでも旧来より取り上げられてきた範囲だと言えよう。強いてマーケティングが貢献できることと言えば，ターゲットを設定（地域内および地域外）し，そのターゲットの満足度向上に貢献するような，当該地域自体の魅力創出や価値作り，といった側面になるはずである。もちろん，地域内外のターゲットに向けた情報発信の側面（プロモーション）についても，マーケティングは貢献できることになる。したがって，上述したことを改めて考えると，行政学・都市計画論・地域政策論・地域経済論・社会福祉論等々で論じるべき内容について，マーケティングが持つ発想を手段や手掛かりとして検討する，ということが，「地域活性化マーケティング」に与えられた役割と解すことができるのではないだろうか。すなわち，この用語は，新たなマーケティング体系ではないことが理解できるのである。

(3) 誤用の懸念が払拭できないマーケティング用語

　上述したように，わざわざ銘打って「〇〇マーケティング」と称すべき斬新性があるのか，あるいは，マーケティング体系として成立するのか，といった観点から疑問を呈したくなるものが存在する一方で，根本的に誤用とも思われるマーケティング（用語）が登場するようになった点は，近年の大きな特徴のように思われる。

　少し古いところでは，「インターナル・マーケティング」という用語に，その傾向が見られた。「インターナル・マーケティング」は，会社組織内の経営者サイドを起点に，従業員を対象とした満足度の向上に主眼が置かれている。しかし，従業員サービスの提供という観点ではその価値創出にマーケティング

が貢献できると言えるが，経営者と従業員との間で，何か売買取引という形で市場が創造される訳ではない。そのようなことから，そもそも「マーケティング」と銘打っているものの，果たして「マーケティング」という用語を使用すべきなのか否かについて，疑問が残されるところである。

　その他，ブランド論ブームの際に登場した「ブランド・マーケティング」という用語も，そこで意味する対象が不明瞭になっていると考えられる。この「ブランド・マーケティング」は，"ブランド製品に対するマーケティング"という字義通りのマーケティングが意味されるならまだしも，製品やサービス，あるいは企業そのものに対するブランド力や資産価値の向上を目指す，という意味で用語使用されることが大半である。そうすると後者の場合，ブランド力の構築が主目的となり，製品やサービスに関する売買促進（マーケティング）は手段的・間接的活動という関係になる。そう考えるのであれば，あえて「ブランド」に対して「マーケティング」という用語を付加しなくても，それは「ブランディング」と同一の意味内容を指し示すことにならないだろうか。それゆえに，このような「ブランド・マーケティング」という用語を持ち出す意図や必然性などなく，広告代理店やコンサルタントにありがちな"用語・概念の売り出し"のために，あえてこの用語を創作したのではないか，と勘繰りたくなるくらい不思議な用語となっているのである。何しろこの用語は，「ブランドをマーケティングする」という，そもそも意味不明なことを物語ってしまっていることも，その疑念に拍車をかける結果を招いている。よく考えればわかる通り，ブランドとは，"マーケティング活動の結果として，消費者や顧客の側に自然発生的に生まれる想いや概念"以外の何物でもない。したがって，ブランド論は存在できたとしても，「ブランド・マーケティング」は概念的に成立不可能なのである。

（4）誤用の懸念が加速する近年のマーケティング用語

　近年では，一見すると真っ当な用語使用をしていると思われつつも，誤用とも捉えられる「○○マーケティング」という用語がさらに増加していると考えられる。それは，「インターネット・マーケティング」に始まり，「ソーシャル

メディア・マーケティング」,「SNS マーケティング」,「クチコミ・マーケティング」,「デジタル・マーケティング」,「顧客分析マーケティング」,「DX マーケティング」,「サブスクリプション・マーケティング」等々, 比較的新しく登場した用語に, その傾向が見られている。

　上記で取り上げた, インターネット, SNS, 顧客分析, DX などは, いずれも実在するサービスとしての側面を兼ね備えている。すなわち,「インターネット・マーケティング」,「SNS マーケティング」,「顧客分析マーケティング」,「DX マーケティング」などは, それぞれ順に, インターネット・サービス, ソーシャル・ネットワーキング・サービス (SNS) というサービスやアプリケーション, 顧客分析を提供するサービス, DX (デジタル・トランスフォーメーション) を実現・推進するデジタル商材, を販売するマーケティング, という意味が内在し, 販売対象となるサービス財を明確に打ち出したマーケティング (用語) と捉えることもできる。

　しかしこれらは, 別の意味で用語使用されていることの方が一般的ではないだろうか。たとえば「インターネット・マーケティング」は, この用語に対してどれだけの範囲の活動を含めるか議論が残されるものの, 主にインターネットというチャネルを利用した販売活動を意味していると言える [110]。そして, そのような意味に限定して用語を捉えるとすれば, それには「E コマース」や「インターネット通信販売」などの類似用語が存在し, 近年では製造業者から顧客への「直接流通」(直接販売) を意味する「D2C (Direct to Consumer)」という用語も, 日常的に使用されるようになってきた [111]。インターネットが大きな特徴とする "商圏に対する地理的空間の限界を突破する" という意味に限定すれば, 何も新たなマーケティング体系として銘打つ必要はないことになる。しかし, インターネット・テクノロジーの登場を起点に, フロントヤード業務とバックヤード業務との双方においてビジネス・モデルに革新が生まれた, ということであれば, 新たなマーケティング体系の登場だと見做すこともできるのかもしれない。それは,「財の提供による市場創造」というゴールに向けたマーケティング活動自体の仕組みやシステムが大きく変わった, と捉えることができるためである。

　問題なのは、むしろその他の用語の方に、誤用の可能性が残されている点である。たとえば、「SNSマーケティング」という用語であれば、SNSを有効活用したプロモーション活動と情報収集活動を意味する、と一般的に解すと思われ、「価値ある財の提供による市場創造」を旨とする「マーケティング」の意味などほとんど皆無と言えるであろう。「SNSマーケティング」においては、利用者間同士のコミュニケーション手段として、ネットワークの外部性に依存する形で既に利用者数が膨大に膨れ上がっている状況を、どのように利活用すべきかということに、最大の関心が向けられることになる。したがって、SNS上で繰り広げられるコミュニケーション活動の中に、企業にとってみれば、プロモーション情報のオーディエンス到達確率を上げるための仕掛けを作ったり（プロモーション活動としての側面）、価値創造のためのヒントを見出したりする（情報収集活動としての側面）ことができる、ということに過ぎないのである。

　同様のことは、「クチコミ・マーケティング」や「ソーシャルメディア・マーケティング」、「キーパーソン・マーケティング」、「デジタル・マーケティング」といった用語にも発生しているのではないだろうか。それぞれの用語が意図する意味内容は、クチコミを利用したプロモーション、ソーシャルメディアを利用したプロモーション、キーパーソンを活用したプロモーション展開、デジタル・メディアを利用した閲覧者数や集客数の増加手法、ということになるであろう。これらに共通するのはいずれも、情報拡散の発生やUGC（User Generated Contents）の生成による"プロモーション情報の自走化"を理想としていることに他ならない。したがって、「マーケティング」ではなく「プロモーション」と形容する方が、本来正しい用語使用となるのではないだろうか。

　その他、「顧客分析マーケティング」についても、顧客分析を基にしたマーケティング・プランの策定を意味していたり、あるいは、顧客分析を基にした効果的・効率的な顧客アプローチを意味していたりする。しかし、そもそも「マーケティング」は、消費者や顧客分析から始まる「アウトサイド・イン」あるいは「マーケット・イン」の思考や発想を携えているのであり、ここであえて"顧客分析"を強調する必要性など認められないのではないだろうか。

　さらに、「DXマーケティング」に至っては、マーケティング・オートメー

ションという用語が示すような，DX の導入による効果的・効率的なマーケティング業務フローの実現を指し示していることが多い。そこでは，市場創造という意味での「マーケティング」とは無縁の，マーケティングに携わる関係者の業務効率の話が繰り広げられているのである。

　近年注目を集める「サブスクリプション・マーケティング」においては，商品購入や受取り，サービス利用に関すること（たとえば，定期購読，頒布会，リース契約，返品・交換に関する自由，利用権利の購入，など），あるいは価格体系に関すること（たとえば，定額利用制度の導入）を取り上げているに過ぎず，これが「〇〇マーケティング」と称すべき新たなマーケティング体系などとは，到底言うことができないであろう。要するに，4Ps の 1 つである価格（price），あるいは契約や保証に関わる内容について，当該商材分野において従来見られなかった手法を導入したという，差別的工夫に留まる内容に過ぎないのである。そしてそれらが，従来常識的には見られなかった画期的な取組みが多かったからこそ，結果として「サブスクリプション」という用語が大きな注目を浴びることになった，ということではないだろうか。したがって，「サブスクリプション・マーケティング」だからと言って，特段「〇〇マーケティング」と称すべき抜本的なマーケティング体系の違いなど見られていないのが実態だ，と考えられるのである。

　このように，ある意味で批判的に見ていくと，今日「〇〇マーケティング」と称されて世に登場する用語あるいはテキストは，そもそも「〇〇マーケティング」と称すべき実体と内容を具備しているものなのか，はなはだ疑問であるものが多いと言える。それはすなわち，マーケティングという用語が独り歩きをしている証拠でもある。キャッチーなタイトルを付けるということは，注目を浴びるための典型的な手法であるし，マーケティング学者であれ実務家であれ，自らの功名に資する“売り込み”を左右する重要なことかもしれない。しかし，“ミイラ取りがミイラになる”が如く，“マーケティングに携わる者がマーケティングの意味を理解していなかった”といった矛盾を招かないようにする必要は大いにあるであろう。無用な用語を生み出すことで，混乱を招くことにならないであろうか，これから新たにネーミングを付けようとしている内

容は，過去に存在する特定の用語のもとで，既に類似概念として説明されていたものではないだろうか，等々。今日で言うところのSDGsに関するマーケティング概念は，実は数年おきに新たな用語をまとって登場してきた経緯がある。特に，マーケティング研究者は研究者である以上，上記で問題提起してきた用語使用等々に関して，慎重になるべき時を迎えているのかもしれない。

（河内 俊樹）

【注】

106）黒田（2012）は，このような状況とそれを招いている原因について，「ほとんどが，『マーケティングとは何か』という問いに明確な答えを出さないで使っていることに原因がある」（27頁）と指摘している。

107）日本の産業界・実務界にマーケティングが導入され，経営活動の中に取り入れられるようになったのは，1955（昭和30）年頃とされている（徳永，1966，1頁）。このきっかけを作ったのは，1955年に発足した日本生産性本部である。同年，日本生産性本部から「トップマネジメント視察団」が渡米し，アメリカ経済の実情に関する視察が行われた。帰国後，視察団から「アメリカの企業はマーケティング部門を擁し，マーケティングによって市場を調査し，積極的に市場開拓をしている」と，マーケティングというものの重要性を強調した発言がなされた。これが引き金となって，翌年の1956（昭和31）年3月，改めて日本生産性本部は「マーケッティング視察団」を派遣し，アメリカのマーケティングの現状について見聞する機会を設けることとなった。そして，これら視察団の成果が，日本の産業界・実務界へのマーケティング導入を促進させていくことになったのである。

108）なお，リレーションシップやOne to Oneといった元来インダストリアル・マーケティングや組織間取引で見られた顧客への向き合い方が，どのようにして消費財マーケティングの領域でも展開されるようになったのか，という経緯については，本書のセクション2－3「顧客概念と消費者概念の整理」を参照されたい。

109）ここでの指摘は，マーケティング活動における相互作用的観点を取り上げているが，首藤（1995；2010b，第3章）では，リレーションシップ・マーケティングが新しい分析視角であるとされる，①平らで分権的な組織，②インターナル・マーケティングの実施，という2つの観点について，それぞれ従来（1980年代後半以前）のマーケティングとの相違点について検討している。リレーションシップ・マーケティングは，これらの2つの観点が前提条件とされることで，「サービス企業が顧客との取引関係を一回かぎりとするのではなく，最初の取引の後も顧客との良好で継続的な取引関係を維持・発展させて行く」ために必要な基軸をなす，とされている（首藤，2010b，83頁）。

110）インターネット・マーケティングは，そもそも「通信販売」に該当するものである。この「通信販売」を，小売業の形態として見た場合には「無店舗販売」の１つの形式となり，マーケティング管理のチャネル政策として見るとすれば「直販型チャネル（ダイレクト・マーケティング）」の一形態となる（首藤，2010a，126 〜 127 頁）。しかし，通信販売を展開する企業は，無店舗販売のみということはなく，小売業者として事業展開を併用していることが多く，また，必ずしも製造業者によるメーカー直販型チャネルばかりではないと言える。したがって首藤（2010a，127 頁）では，通信販売自体は小売業者の１つの販売方式に過ぎず，決して無店舗販売だけではないこと，また，マーケティング・チャネル管理の観点から，ダイレクト・マーケティングという枠組みで捉えることに問題があることが，指摘されている。

111）なお，首藤（2010a）では，ここでの「インターネット・マーケティング」に類する同等の用語として，「E-マーケティング」，「電子小売業」，「オンライン・マーケティング」，「インタラクティブ・マーケティング」が掲げられている。

引用・参考文献

小川孔輔（2009）『マネジメント・テキスト　マーケティング入門』日本経済出版社.

黒田重雄（2012）「『マーケティングの定義』に関する日米比較のポイント」『北海学園大学経営論集』第 9 巻第 3・4 合併号，27 〜 49 頁.

首藤禎史（1995）「リレーションシップ・マーケティングに関する若干の問題点の検討」『Research papers J』第 21 巻（No.21），大東文化大学経営研究所，1 〜 29 頁.

首藤禎史（2010a）「通信販売と流通」村松幸廣・井上崇通・村松潤一編『流通論』同文舘出版，125 〜 140 頁.

首藤禎史（2010b）『批判的マーケティング論』（大東文化大学研究叢書 28）大東文化大学経営研究所.

首藤禎史（2010c）「マーケティング思考の新潮流とビジネス・マーケティングにおける問題点」『経済論集』第 94 号，大東文化大学経済学会，115 〜 129 頁.

徳永豊（1966）『マーケティング戦略論』同文舘.

6 コーズ・マーケティングとマーケティング倫理の問題について

　コーズ・リレイテッド・マーケティング（Cause Related Marketing 以下　CRM）とは，企業が製品の売り上げから得られた利益の一定割合を何らかの組織に寄付する活動を指す（Varadarajan & Menon, 1988）。その先駆け的な成功事例であるアメリカンエクスプレス社の自由の女神修復への寄付においては，カード利用者に対してアメックスのカードを使うごとに１セントが，新しいカードを作るたびに１ドルが当キャンペーンに寄付されることをアピールし，大きな成功を収めた。CRM は社会貢献活動であると同時に，その活動を通じて自社カード利用を促進させるといったような営利目的のプロモーション活動の側面を併せもった活動であるところに特徴があるといえる。もっとも昨今におけるCRM ではその領域の幅が広がり，支援先であるコーズとの間により幅広く協力関係を結び，コーズを支援することでマーケティング戦略の目標を達成する活動全般を指して CRM としていることが見受けられる。いずれにせよ企業が創出した利益の一部を社会還元として寄付をして，それによる金銭的な見返りは求めないといった従来のフィランソロピーにみられるようなタイプの活動とは異なり，社会貢献と営利事業の活動を同時に遂行させている点は変わりないと言える。コーズとは大儀と訳されることがあるが，むしろ「良いことなので援助したくなる対象（世良，2003，12 頁）」という意味に近く，その援助対象にさまざまな方法で支援することで，営利目的のマーケティング活動も促進させていくのである。

　しかしながら，このように CRM は第１には営利を目的としたマーケティング戦略の手法であるゆえに，売り上げの一部が本当に適切に寄付に使用されているのか，消費者の善意を利用して営利の活動をしているだけではないのかといった不信を抱く消費者も，この 2010 年代前半の米国のリポート（ルディー・和子，2012）の中でもみられるように，以前から少なくないようである。またKotler, Keller & Chernev（2022）の中で紹介されているケンタッキーフライドチキンの事例（Kotler, Keller & Chernev, 2022, 邦訳書，766 頁）が示すように，

社会貢献をする一方で，営利の事業では社会問題にマイナスの影響を与えるような商品展開がなされるといった矛盾した展開がみられることが人々の中で認識されることで，不信につながることもある。

　こうした CRM に対する疑念は，CRM とマーケティング倫理との関係を不可分なものにするのであり，CRM を成功させるにはこのような消費者の不信感を払拭していくことが不可欠になっていく。そのためには CRM にポジティブな反応をする消費者はどのような消費者なのかとか，消費者のポジティブな反応を得るにはどんな要因が影響し，どんな条件が考えられるのかといった CRM が消費者のポジティブな反応を導くための条件を理解していく必要がある。この点に関しては，これまでの CRM の学術研究（Fan, Deng, Qian & Dong, 2022）および CRM の実践にすでに多数の蓄積がある。たとえば，コーズと当該企業の商品との適合性が挙げられる。ユニリーバによって行われた Dove Self Esteem Fund による Dove Real Beauty Workshop for girls は，「美しい」ということの多様性を訴え，西欧的な画一化された美の基準ゆえに自分への自信を失う人をサポートし，自身の本当の美しさに気付いてもらうことを主な意図としたキャンペーンであったが，Dove は化粧品ではなくヘルスケア製品のブランドなので，自然のままの美しさを訴えることは，Dove のブランド・イメージとも矛盾せず，キャンペーンに対するポジティブな反応だけでなく，ブランドに対してポジティブな印象をもたらすことが期待できるものであったといえよう。同じキャンペーンを化粧品会社が行った場合，このような消費者の反応を得られたかどうかは難しいところだったであろうことは想像に難くない。そうした実例の蓄積に加えて，学術的な知見を基に望ましい消費者反応を導くような CRM 戦略を構築していくことで，CRM の成功の可能性が高められることが期待できる。それと同時に，消費者の商品購入を通じて集めた寄付先の選定基準を明確化したり，寄付の運用に関する報告を随時行ったりするなどの透明性を高めることも不可欠である。

　さらに本稿では CRM が消費者の不信感を払拭し，また倫理的に批判されることのない正当な活動として広く関係者の支持を得るためにもう 1 つの取り組むべきこととして，CRM の社会問題への貢献度合いの量的，質的両面での効

果を検証することではないかと考える。より具体的には，企業の本業とは切り離した，見返りを求めないいわば純粋な社会貢献活動と比べて，営利活動と一体化した CRM の導入が良質な社会貢献活動をもたらしているかどうかということである。CRM の性質から考えて，その論点として 3 点を挙げることができる。

　第 1 には，ステークホルダーの利害調整に CRM が与える効果である。企業が自らの意思で積極的に社会貢献活動を行っていくことへの是非については古くから議論が行われてきた。たとえば，経済学者の M. Friedman (1962) は，「資本主義と自由」の中で，企業は利潤の追求という経済的機能をはたすことこそが社会的責任を果たすことであるとしている。利潤の追求以上に社会貢献活動を行うようなことは株主らの利益を侵害するものであるということになる。確かに，経営者が営利活動を通じて得られた利益を株主，従業員に十分に還元せずに社会貢献活動に費やしていくのは，必ずしも社会的に適切な行動であるとは言えないだろう。単純な例を挙げれば，企業努力の結果，利益を大幅に増やしても従業員の給与はまったく上がらない一方で，経営者が自らの虚栄心や見栄の充足を動機にしてさまざまな団体への寄付は積極的に行うような企業を想像してみると良い。経営者は，多くのステークホルダーの利害を調整していきながら企業経営を行っていくべきなのであり [112] (Freeman, 1984)，特定の関係者にばかり富を集中させるのは望ましいものではないことは社会貢献活動を考える上でも重要なのである。

　株主をはじめ獲得した利益の還元を求める利害関係者と社会貢献との調整がうまく進んでいくためには，2 つのことが考えられる。1 つは社会貢献活動に積極的に取り組むことが企業の財務パフォーマンスをむしろ高めるものであることが実証されることである。このことが確認されれば，投資家は社会貢献活動を積極的に行っている企業に投資をしようとするであろう。そのことが昨今では，社会貢献および環境問題への取り組みを行う企業に積極的に投資をする ESG 投資の考え方につながっていると思われる。

　そしてもう 1 つが，Porter & Kramer (2011) による共通価値の創造 (Creating Shared Value：以下 CSV) という考え方にみられるように社会貢献を営利的な活

動として組み込んでしまうことである。CRM もまたそのタイプの代表例として位置づけられる。CRM は，社会貢献活動を営利的なパフォーマンスを高めるための手段として考え，その多くは対消費者向けのプロモーション手段として消費者の当該製品・ブランドの好意を高めたり，購買意図を高めたりすることを意図したものである。CRM がポジティブな消費者反応を導き，その結果，製品の売り上げに大きく貢献し，利益の創出に貢献しているのであれば，他のステークホルダーにとっても CRM を採用している企業は投資の対象としても魅力的であり，得られた利益が給与に還元されていくのなら従業員にとっても魅力的な企業になっていくだろう。

　第 2 には，CRM を採用すると，取り組むべき社会貢献活動の選択に消費者の視点が入ることの効果である。社会貢献活動の選択が経営者の好みによって左右されるのではなく，企業外にいる消費者の意識が反映される。消費者の共感を得ることができなければ，CRM はプロモーション手段としても成功しない。したがって企業は経営者の好みではなく，消費者の視点で支援先の選択をしなければならなくなる。こうした特徴は，経営者の好みで支援先が選択されるような場合よりもより適切な支援先選択につながることが期待できる反面，消費者にとって関心が低い地味な活動への支援が十分に集まらない危険性もある。

　3 つ目に，CRM が支援の持続性をもたらしているかどうかということが挙げられる。わが国における社会貢献活動の変遷を分析した研究によれば，日本経済が好景気の際にそれに伴い，企業活動への批判も高まり，それに対応する形で企業の社会的責任や社会貢献の必要性が叫ばれ，不況になるとそれが忘れられてしまう傾向があることが指摘される（岡本，1994，59 頁）。とりわけフィランソロピーやメセナといった寄付活動はバブル期においてブームとなり，その後のバブル崩壊とともに気運が下がっていってしまったという苦い歴史がある。しかし，景気の悪化に伴う企業業績の悪化を理由として安易に打ち切られてしまうことは，寄付を受けている団体にとって運営の維持・存続の危機だけでなく，その団体から支援を受けている人々に大きな影響を与えることになる。本業により儲けた部分を社会貢献に回すのであれば，その本業が儲からなくなった場合に社会貢献活動の予算も削減され，行き詰まることになるのであ

る。そうであれば営利事業と一体化している CRM の方が高い持続性を期待できる。CRM は，生み出した利益の一部を寄付するだけでなく，利益を生み出すために寄付活動を行うからである。

　しかし，営利活動の一環であるがゆえに，営利的な効果が生まれなければより容易に打ち切られてしまう可能性も考えられる。CRM にはこうした別の意味での不安定さが考えられるし，実際の CRM が短期的な販促キャンペーンのようなもので終わってしまっていることも少なくない。

　CRM は，営利事業と社会貢献が一体化されているという点では Porter & Kramer（2011）による CSV とも共通していると言えるだろう。その CSV の取り組みでは，事業成果と同時にその社会課題解決の度合いも成果として問われることが求められている。同じように CRM においても，実務および研究両面でその活動が社会貢献活動そのものに対して何かしらこれまでにはない効果をもたらしているのかどうかを検証していく仕組みが必要である。それが前述した CRM への疑念をより一層払拭し，多くの人々の理解を高めることで，CRM のさらなる普及につながっていくのではないだろうか。

（伊藤　友章）

【注】

112）誤解のないように付記しておけば，Freeman の経営戦略のステークホルダーアプローチは，Friedman らによる株式会社の経営において株主利益が最優先されるという株主至上主義に対する有力な対抗軸（中村，2020）として位置づけられる点を付記しておく。

引用・参考文献

　岡本大輔（1994）「企業目的としての"社会性"〜企業評価の観点から〜」組織科学, Vol.28, No.1, 59 〜 73 頁.

　世良耕一（2003）「コーズ・リレイテッド・マーケティングの評価に「消費者とコーズの関係」が与える影響に関する一考察：支援先選定の重要性の検証」北海学園大学経営論集, Vol.3, No.1, 11 〜 27 頁.

　Fan, X., N. Deng, Y. Qian and X. Dong（2022）, "Factors Affecting the Effectiveness of Cause-Related Marketing: A Meta-Analysis" *Journal of Business Ethics*, No.175, pp.339-360.

Freeman, R. E. (1984), *Strategic Management: A Stakeholder Approach*, Pitman.

Friedman, M. (1962), *Capitalism and Freedom*, Chicago University, 村井章子訳 (2008)『資本主義と自由』日経 BP 出版センター.

中村貴司 (2020)「ステークホルダー・アプローチの射程と展望」長崎県立大学論集（経営学部, 地域創造学部), 55 巻第 4 号, 185 〜 201 頁.

Porter, M. E. and M. R. Kramer (2011), "Creating Shared Value," *Harvard Business Review*, January-February, pp.1-17.

Varadarajan, P. R. and A. Menon (1988), "Cause-Related Marketing: A Coalignment of Marketing Strategy," *Journal of Marketing*, Vol.52, No.3, pp.58-74.

ルディー和子 (2012)「こんなコーズ・マーケティングは嫌われる」https://www.advertimes.com/20121204/article95896/　最終アクセス　2014 年 2 月 15 日

7 マーケティングにおける倫理問題とその現代的課題について

マーケティングまたは売買・取引に係る倫理的な問題は，その歴史も内容も実に古く，複雑かつ根深いものも多く存在する。それは，売買・取引に常にまつわる不透明性および曖昧性に起因する問題であると考えられる。

わが国では，取引・売買に関係する法的な規定は，民法第 555 条で「金銭を対価として財産権を移転する『有償契約』」「両当事者が対価的関係にある債務を負担する『双務契約』」「意思の合致だけで成立する『諾成契約』」とされているが [113]，マーケティングにおける取引に関係するのは，基本的には最後の項目である「個人の自由意志の合致だけで成立する」ものである。その中でも，とりわけ重要なのが，所有権に関する問題である。それは，消費者は取引活動において，その財貨がどこからどこまでが自分のもので，どこからどこまでが相手のものかが，普通の暮しの中の"買い物（消費行動)"ではあまり注意していない，あるいは法律を理解できていないといった問題にその原因があると思われる。このため，売買・取引に関係した詐欺行為や詐欺まがいの売買が後を絶たないのである。たとえば，宗教に関係した売買取引（霊感商法やお布施などの問題）はその被害も高額化・多様化しているだけでなく，手法もより巧妙になってきていると言われている。売買商品の偽造や品質保証に関係した事件など数え上げたら，きりがないほどの事例・問題が存在するのである。

これに加え，マーケティングに関連する倫理的な問題としては広告・商品表示方法に関係した問題も存在する（わが国では「景品類等の指定の告示（昭和三十七年公正取引委員会告示第三号）の運用基準—平成 26 年 12 月 1 日消費者庁長官決定—」で規定されている)。これらの問題を取り上げた記述として，少々古く，かつ米国の事例記述ではあるが以下のようなものがある。

＜マーケティングに対する批判 [114]＞
・広告はどこにでも溢れていて，人を惑わし，無駄のかたまりだ。
・製品の品質は貧しく，しかもそれらは危険なことが多い。

・あまりに不必要な製品が多すぎる。

・パッケージングや，ラベルは混乱を招くようなものが多く，人を欺くようなものも多い。

・中間業者は粗利益を取りすぎで，消費者に何の還元もなく，利益を取りすぎだ。

・マーケティングは金持ちを優遇し，貧者を食いものにしている。

・サービスとは名ばかりで，消費者が問題を抱えていても，誰もケアしない。

・マーケティングは，環境を破壊する製品への利害（関心）を創造している。

・消費者に関するプライベート情報を収集し，彼らの望まないものを販売するためにそれを利用している。

・マーケティングは，人々をあまりに物質主義的にしているうえに，社会的に必要のない「もの」に向かわせている。

・消費者信用は，人々に必要のないものや購入する余裕のないものを買わせすぎだ。

＜倫理的な問題を提起するマーケティング・シナリオ[115]＞

●シナリオ1

　Thrifty スーパーマーケット・チェーンは，米国のゴッサム市に 12 の店舗を持っている。同社のポリシーは，すべての店舗ですべての商品の価格を同じに保つことである。しかし，配給管理者は，町の低所得地区にある店舗に，最も品質の悪い肉の切り身と最も品質の低い農産物を故意に送っている。彼は，従業員の離職，窃盗，破壊行為などの要因により，この店舗の間接費が最も高いという事実に基づいて，この行為を正当化している。

　この配給管理者の経済的合理性は，配賦方法を正当化するのに十分か。

●シナリオ2

　米国メトロポリスの独立系シボレー・ディーラーは，「あなたの家族の命は 45 MPG の価値がありますか？」というスローガンを見出しにした広告キャンペーンを実施した。その広告は，シボレーの準コンパクト車は外国からの輸入品ほど燃費が良くなく，維持費もかかるが，政府が後援する衝突試験によれば

より安全であることを認めている。広告は、責任感のある親なら、車を購入する際に、安全のために燃費を犠牲にするべきかどうかを暗黙のうちに尋ねている。

ディーラー協会が経済的不利益を相殺するために恐怖のアピールを使用することは倫理的か。

●シナリオ3

最近のいくつかの研究では、実験用ラットを用いて人工甘味料「サブシュグラル」を癌に関連づけた。これらの調査結果の有効性が、医療専門家によって熱く議論されている間に、食品医薬品局は、米国で販売が禁止されている成分を含む製品を規制したのである。そのためジョーンズ社は、無糖のJCコーラ（サブシュグラルを含む）をすべてヨーロッパのスーパーマーケットに送っている。

ジョーンズ社が、さらなる証拠を待たずに、間違いなく安全でない製品を別の市場に送ることは容認されるか。

●シナリオ4

Acme Companies は、企業の購買代理店を訪問する独自の営業部隊を通じて工業用品を販売している。Acme社は、購入エージェントにささやかな贈り物を提供することで、関係を強化し、友好関係を築くことができることを発見した。Acme社は、注文が多ければ多いほど、購入エージェントへの贈り物を増やすというポリシーに従っている。ギフトは、スポーツ・イベントのペア・チケットから、船外機やスノーモービルまでさまざまである。Acme社は、贈答品の受領を禁止する明確なポリシーがあることを知っている会社の従業員には贈答品を提供していない。

法律に違反していないと仮定すると、購買担当者に贈り物を提供するというAcme社のポリシーは道徳的に適切か。

●シナリオ5

Buy American Electronics Co. は、高評価のシステムXカラー・テレビセット（21インチ、19インチ、12インチ）をそれぞれ＄700、＄500、および＄300で販売している。これらの価格は、市場では相対的に言って競争力はなかった。

バイ・アメリカン社は，いくつかの安価なコンポーネントを代用し（エンジニ
アによると，性能がわずかに低下する可能性があると述べている），各モデルを＄100
値下げして消費者に節約を提供している。第2世代の System X セットは最初
のものとは異なっている。

　同社の競争戦略は倫理的か。

●シナリオ6

　スミス・アンド・スミス広告代理店は，財政的に苦戦していた。スミス氏は，
米国国務省と良好な関係にある南米の小国の代表者からアプローチを受けた。
彼は，スミス・アンド・スミス社が自国のイメージを強化して，米国の対外援
助を受け，投資資本を引き付ける可能性を高める数百万ドルの広告と広報キャ
ンペーンを作りだすことを望んでいる。スミス社は，その国が数多くの人権侵
害で非難を受けている独裁政権であることを知っている。

　スミス・アンド・スミス・エージェンシーが，提案されたキャンペーンを実
施することは倫理的か。

Patrick E. Murphy and Gene R. Laczniak, "Marketing Ethics: A Review with
Implications for Managers," *Educators and Researchers*, 1981（シカゴ：アメリカのマー
ケティング）協会), p.251 から引用。

　このような問題に対して AMA は，次のような倫理コードを提案している。

＜American Marketing Association倫理規定[116]＞
アメリカ マーケティング協会（AMA）のメンバーは，倫理的な職業上の行動に取り組んでいる。彼らは，この倫理規定に賛成署名することで団結した。それには以下の倫理に関する規定が含まれる：
マーケターの責任
マーケティング担当者は，彼らの決定や勧告および行為がすべての直接に関連するパブリックス：すなわち顧客，組織，社会などを特定し，それに応え，それを充足するために機能することを保証するために彼らの活動の結果に対して責任を持ち，努力を

しなければならない。
マーケティング担当者の職業上の行動は，次の指針に従う必要がある。
1. 職業倫理の基本ルール：故意に危害を加えない；
2. 適用されるすべての法律および規制の順守；
3. 彼らの教育，トレーニングと経験の誤りのない表示；
4. この倫理規定の積極的な支援，実践，促進；
誠実さと公平さ
マーケティング担当者は，以下の方法により，マーケティングの専門職の誠実さ，名

誉，および品位を維持し，向上させなければならない。

1. 消費者，顧客，従業員，取引先，流通業者，一般市民に対して誠実に対応すること。
2. すべての関係者に事前に通知することなく，利益相反に故意に参加しないこと。
3. マーケティング交換行為のための通常の，慣習的な及び／または法的な報酬の支払い，受領を含む，衡平な料金体系を確立すること。

マーケティング交換プロセスにおける関係者の権利と義務

マーケティング交換プロセスの参加者は，次のことを期待することになるだろう。

1. 提供される製品・サービスが安全であり，その用途に適合していること。
2. 提供される製品・サービスに関するコミュニケーションが欺瞞的でないこと。
3. すべての当事者が，金銭的およびその他の義務を誠実に履行する意思があること。
4. 購買に関する苦情の公正な調整および／または救済のための適切な内部方法が存在すること。

上記には，マーケティング担当者の以下の責務が含まれると理解されるが，これに限定されない。

製品の開発・管理の領域

- 製品またはサービスの使用に関連するすべての実質的なリスクの開示。
- 実質的に製品に変化を与える，または購入者の購入意思決定に重大な影響を与える可能性のある，すべての製品構成要素の代替品の識別。
- 追加費用のかかる付加的な機能を特定すること。

プロモーションの領域

- 虚偽および誤解を招くような広告の回避。
- 高圧的な操作，または誤解を招くような販売戦術の拒否。
- 欺瞞や操作を用いた販売促進を避けること。

流通の領域

- 搾取を目的のために製品の入手可能性を操作しないこと。
- マーケティング・チャネルにおいて強制力を行使しない。
- 再販売業者の製品取扱いの選択に不当な影響力を行使しないこと。

価格設定の領域

- 価格を固定化しないこと。
- 略奪的な価格設定を行わない。
- すべての購買に関連する価格を開示すること。

マーケティング調査の領域

- 研究の実施を装った販売や資金調達の禁止。
- 直接関係する研究データの虚偽の開示および不注意による省略を回避することにより，研究の完全性を維持すること。

データ

- 外部の顧客や供給業者を公平に取り扱うこと。

組織的な関係

マーケティング担当者は，組織的な関係において，自らの行為が他者の行動にどのような影響を与えたり，及ぼしたりする可能性があるかを認識しなければならない。従業員，供給業者，顧客などの他者との関係において，非倫理的行動を達成するために強制を求めたり，奨励したり，適用したりするべきではない。

1. 特権的な情報に関する職業上の関係における守秘義務と匿名性を適用する。
2. 契約や相互の合意における義務や責任を適宜に果たす。
3. 他人の著作物の全部または一部を，原作者ないし所有者の同意なしに，自分の著作物として表現したり，直接利益を得たりしないこと。
4. 個人的な利益を最大化するために，組織や他者から不当に奪取したり，損害を与えたりするような方法で，状況を利用するような操作を行わない。

この倫理規定のいずれかの条項に違反したことが判明したAMA会員は，AMA会員資格を停止または取り消される。

　一方，先ほど引用した Gene R. Laczniak の論文では，以下のようなビジネ
ス倫理のフレームワークが提案されている [117]。

① 　自明の責務（prima facie duties）のフレームワーク

　Ross（1930）のカント学派の哲学理論に従ったモデル

　　◦誠実性（fidelity）の責務…約束を守る，契約を履行する，真実に従うとい
　　　ったこれまで採られてきた義務に由来するもの。

　　◦感謝（gratitude）の責務…ある人のその親族や友人，パートナーなどとい
　　　った関係に焦点をおいて，個人もしくは組織に対して採られる行為に根差
　　　している。

　　◦正義（justice）の責務…利益に根差した報酬を分配する義務を基礎にした
　　　ものであり，正当性とは，法律の条文を超えたところにある正義である。

　　◦自己改善（self-improvement）の責務…その行為が私たち自身の知性や美徳，
　　　幸福感を改善する可能性のある考え方に基づいている。

② 　均衡性（proportionality）のフレームワーク

　Garrett（1966）の功利主義（最大多数の最大幸福）の考え方に基づくフレーム
ワーク・モデル

　　◦それは，個人の行為の陰にある動機に関連した「意図（intention）」を遂行
　　　するために用いられるプロセスまたは方法と言及される「手段（means）」，
　　　そしてその行為の結果または出力，帰結を取り扱う「結果（ends）」から
　　　なる倫理的決定によって構成される。

　　◦それは，「1. 手段または結果のどちらにしても，他者に対して害悪をもた
　　　らすことを企図することは非倫理的である。2. 均衡のとれた（proportionate）
　　　理由なく，他者に対して害悪をもたらすリスクを負わせる，または可能に
　　　することは非倫理的である。3. 均衡のとれた理由なく，害悪をもたらす
　　　ことを企図したり，リスクを負わせる，または可能にすることは非倫理的
　　　である。」というビジネス倫理の多次元的モデルである。

③ 　社会的正義（social justice）のフレームワーク

　これは，Rawls（1971）の所与の社会システムにおいて最も不利な条件にお

かれた（disadvantaged）人々への報酬を最大限にしようと試みる社会的倫理のシステムを提案した「正義の理論」を基にしている。

Rawlsは以下の2つの正義の原理がその帰結であるとしている。

自由の原理（liberty principles）…それぞれに人は，他者に対して同様の自由と両立可能な（compatible）最も基本的な自由に対する等しい権利を持っている。

差異の原理（difference principles）…社会的・経済的不平等は，最も恵まれない状態にある人に最も大きな恩恵が与えられ，すべての人に対して開かれた地位と場所が結びつくように調整されることである。

上述のような問題に加え，現代ではIT（Information Technology）やAI（Artificial Intelligence）などの発達により，

- ・SNSやインターネット通販は，人を欺くものが多い（詐欺まがいのものが多い）。
- ・インフルエンサー・マーケティングに騙された。
- ・ステルス・マーケティングが横行していて，何が広告で，何が実際の消費者情報かわからない。
- ・パタゴニアのような企業は，本当に地球環境の保護や社会貢献のために援助をしているのか。ただブランドを高価格で販売したい，あるいはブランド価値を高めるために「地球環境保護や社会貢献」を打ち出しているのではないか（コーズ・マーケティング問題）。

などといった問題（マーケティング・ビジネスに対する批判）も多く，さまざまな場面・関連記事などで取り上げられている。

たとえば，"ステルス・マーケティング"については，「著名人などが広告主から金銭などの対価を受け取りながら，公平な口コミや専門家の意見などの第三者のような体裁をとって商品などを宣伝する行為。敵のレーダーに察知されないステルス戦闘機のように消費者から広告と気づかれにくいことから名づけられた[118]」と2022年12月28日の日本経済新聞朝刊で現代マーケティング用語として取り扱われている。このステルス・マーケティングの被害または事件

として，同日本経済新聞 2022 年 12 月 28 日付の朝刊では「2012 年に飲食店ランキング・サイトの『食べログ』でやらせ業者による順位操作が明らかになった。業者が好意的な投稿をする見返りに店舗から報酬を得ていた。22 年初めには動画投稿サイトアプリの TikTok（ティックトック）の日本の運営会社がインフルエンサーに報酬を支払い，特定の動画を一般投稿のように紹介させていたとして謝罪した」と報じている[119]。

　この記述からすると，事例は"著名人"ではないので，ステルス・マーケティングとは異なるのではないか，また，自社の社員に一般人を装わせて（会社から離れれば，事実一般人である）自社の商品をアピールするというのは，以前から利用されていた方法であり，それは「よくあること」として受け取られていたと言える行為である（"さくら"と呼ばれる行為）とする見解もある。

　この場合，インターネット上で行われていたから問題なのか，それとも被害を被る人がインターネットの普及により，放置できないほどの数に膨れ上がり，社会現象として認識されるに至ったから規制が必要であると判断したのか。

　また，インフルエンサーに関しては，

　「動画投稿サイト『ユーチューブ』などで影響力を持つインフルエンサー。企業や飲食店が『広告塔』にぴったりなインフルエンサーを探して，商品やメニューの宣伝に使う例が増えている。注意が必要なのは，インフルエンサーが商品の販売元や飲食店から報酬を受け取っていながら，広告主を明示しないで商品を勧める行為だ。インフルエンサーによる投稿は消費者目線で共感が得られやすい一方で，中立性に課題を残す。（中略）

　インフルエンサーを活用したマーケティングの注意点がステルス・マーケティング（ステマ）だ。商品の販売元や飲食店から報酬を受け取っていながら，発信者の独立した意見のように見せかけたりすればステマにあたる。（中略）

　特にインフルエンサーらが活発に活動する美容や化粧品の分野ではトラブルが目立つ。化粧品などは購入前に色味や使用感を確認する需要があるため，フォロワーの数が伸びやすいと言われる。企業から高価な化粧品の提供を受けたことを曖昧にして商品を売り込むような投稿動画には「提供なら評価が良くて当然だ」「信用できない」などの批判コメントが並ぶことが多い。

　マッチング・サービスの大半はフォロワー数で報酬の単価を決める。インフルエンサーが報酬を多く得ようとして，フォロワー数を水増しする問題も出ている。実際は使われていない偽フォロワーを業者から購入し，報酬をだまし取ろうとする例もあるという（2019年10月29日『日本経済新聞 朝刊』，12頁）」

　などとする記事が日本経済新聞などに掲載されている。

　このような事案・事象に対して以下のような対処方法が講じられ始めていると報じられている。

　「インターネット上などで広告と明らかにせず口コミや感想を装って宣伝する『ステルス・マーケティング（ステマ）』の規制に消費者庁が乗り出す。同庁の有識者検討会が27日に規制強化を求める提言をとりまとめた。景品表示法の不当表示に追加し，違反した場合は広告主を行政処分の対象とする。

　景表法は実際より著しく優良と誤認させる広告などを禁止する一方，広告であること自体を隠して中立性を装う表示を禁じる項目はなかった。消費者庁は2023年夏ごろをメドに，同法に基づく告示の不当表示に『事業者による商品・サービスの表示であることを消費者が判別するのが困難であるもの』を追加す

| 図表6－7－1 | ステルス・マーケティングのイメージ |

　出所：2022年12月27日『日本経済新聞 夕刊』，1頁，2023年10月2日
　　　　『日本経済新聞 朝刊』，35頁.

| 図表6－7－2 | ステマかどうか判断する基準 |

出所：2022年12月27日『日本経済新聞 夕刊』, 1頁, 2023年10月2日
『日本経済新聞 朝刊』, 35頁.

る。今後, 運用基準をつくり, どのような表示がステマに該当するかを示す。

　代表例は事業者が第三者を使って行わせる表示。電子商取引（EC）サイトの出店事業者が顧客に依頼や指示をしてレビューを書かせた場合などを想定する。自社製品の高評価を求めるだけでなく他社商品をおとしめる書き込みも対象となる。

　事業者と投稿者などの間に依頼や指示がなくても, 自主的な意思と客観的に認められない関係があるケースも含む。企業がSNS（交流サイト）で影響力のある「インフルエンサー」に金銭や物品, イベント招待など経済上の利益を提供し, 目的に沿った書き込みがされた場合などだ。

　これらの投稿は『広告』『プロモーション』などの文言で事業者の表示と同一である旨を明示する必要がある。一方, サンプル商品などをもらっていても自主的な意思に基づく投稿と判断されれば規制対象にはならない。

　違反した場合, 同庁が再発防止を求める措置命令を出し, 広告を依頼した事業者名を公表する。従わなければ2年以下の懲役または300万円以下の罰金または併科とする。両罰規定で法人も最大3億円が科される可能性がある。投稿した側は処分しない。

　消費者庁は一般利用者の情報提供などをもとに調査し，違反かどうかを判断する。(2022年12月27日『日本経済新聞 夕刊』，1頁)」。

　これらは，マーケティングの問題であると同時に，ビジネス倫理あるいは法律や条令といった法的問題にも関係することから，ますます対処は難しくなってきているだけでなく，テクノロジーはさまざまな社会的活動・学問の枠を超えて進化しているために，ある分野または領域の専門家だけでは対応できない状況で溢れかえっているのである。

　それにもかかわらず，マーケティング関連の多くのテキストや学会報告に（とりわけわが国の），これらの問題（倫理的）を取り上げた，あるいは取り組むものが少ないのは，なぜなのだろうか。

（首藤 禎史）

【注】

113) https://tek-law.jp/civil-code/claims/contracts/sale/article-555/「民法の解説」2023.11.06.

114) William D. Perreault, jr., E. J. McCarthy（2002），*Basic Marketing*, McGraw-Hill Irwin, pp.25-26.

115) Gene R. Laczniak（1983），"Frameworks for Analysing Marketing Ethics," *Journal of Macromarketing*, Vol.3.

116) William D. Perreault, jr., E. J. McCarthy, *op. cit.*, p.44.

117) Gene R. Laczniak（1983），*op. cit.*.

118) 2022年12月28日「日本経済新聞 朝刊」日本経済新聞社，35頁.

119) 同上.

索　引

A－Z

AIDA モデル……………………… 160

AIDMA モデル…………………… 160

AISAS モデル …………………… 160

Brand Equity（ブランド資産性） 89

B to B（B2B）マーケティング…… 240

CRM ……………… 248, 249, 252

CSR…………………………… 182

CSV ………………………… 252

DAGMAR モデル ………………… 160

DAO ………………………… 200

Dunbar 数 ………………… 214

DX マーケティング……………… 244

e ビジネス ………………… 134

ESG 経営 ………………… 238

ESG 投資 ………………… 250

FCB グリッド ……………… 60, 61

FCB 広告プランニング・モデル …… 161

GRP………………………… 164

Market Segmentation…………… 43

n 元論の間が調停しやすい構造認識… 195

omni チャネル …………………… 79

One to One マーケティング ……… 239

Place ……………………… 137

Positioning…………………… 43

PSM（price sensitivity meter）分析… 109

S-D ロジック …………… 99, 224, 225

SDGs …………… 182, 220, 238

SNS マーケティング ……………… 243

social の意味 ………………… 217

SOR モデル ………………… 60

STP（Segmentation, Targeting, Positioning）…………… 35, 39, 43

SWOT 分析 …………… 46, 47, 51, 52

Targeting …………………… 43

VRIO モデル …………… 47, 48, 50

Web3.0 ………………… 200, 219

ア

アーキテクチャー ………………… 79

アブダクション ……………… 16, 208

アブダクション ………………… 32

アフターセールス………………… 66

生きた言葉………………………… 19

一次パッケージ………………… 181

「遺伝 - 文化 - 生態的継承」の 3 重継承 モデル………………… 206

インダストリアル・マーケティング… 238

インターナル・マーケティング… 74, 241

インターネット・マーケティング ………………… 134, 243

インフルエンサー………………… 261

──── ・マーケティング………… 260

インプレッション数……………… 164

売上反応モデル………………… 160

ウロボロスの蛇………………… 7

上澄み吸収価格政策 ………… 113, 115, 117, 118

エコロジカル・マーケティング ……………… 216, 219, 238

エナクトメント（enactment）……… 25

エリア・マーケティング…………… 240

円環・ループ化……………… 12

エンゲージメント（engagement）…… 25
エンパワー（力添え）………………… 26
黄金の拘束服…………………………… 202
応用……………………………………… 7
オペラント資源………………………… 224
オンライン・マーケティング………… 134

カ

買い手………………………………… 64，65
改良主義以後…………………………… 19
価格感度分析（Price Sensitivity
　Measurement）……………………… 109
確率論的世界…………………………… 16
かくれた次元である余剰次元………… 198
加速主義の2様………………………… 209
価値…………………………………… 18，21
　──共創……………………………… 227
　──創出……………………………… 227
　──の共創…………………………… 227
　──のパッケージ…………………… 107
カニバリゼーション…………………… 177
環界（umwelt, milieu）秩序 … 21，205
関係子…………………………………… 9
関係性マーケティング………………… 8
間主観（客観）………………………… 20
関与……………………………………… 161
キオスク………………………………… 132
規格競争………………………………… 121
技術開発競争…………………………… 120
基礎……………………………………… 201
機能間のコンフリクト………………… 73
キーパーソン・マーケティング……… 244
基本構造………………………………… 206
キャプティブ・プライス戦略………… 121
競争地位別のマーケティング………… 38
共同生産………………………………… 227
共同体（community）………………… 20
空観的に「どこでもない」…………… 208
クチコミ・マーケティング…………… 244

クリティカル・マーケティング……… 221
グリーン・マーケティング…………… 239
計画購買………………………………… 171
経験曲線効果…………………………… 114
決定系と非決定（確率）系…………… 215
原因（cause）………………………… 16
後期現代の事（言）…………………… 32
広義ホーリズム（holism）……… 32，196
広告換算額……………………………… 164
広告管理………………………………… 159
広告効果………………………………… 159
　──測定……………………………… 159
　──ブラックボックス・モデル… 160
広告コミュニケーション効果モデル… 160
購買センター…………………………… 230
顧客………………………… 63〜65，68
　──管理……………………………… 66
　──志向……………………………… 63
　──分析マーケティング………… 244
国際金融資本………………… 214，219
コーズ・マーケティング……………… 3
コーズ・リレイテッド・マーケティング
　………………………………… 176，248
コミットメント（情意や固い約束・確約
　のある行為）………………… 26，215
コミュニケーション・コード………… 29
コモディティ化………………………… 116
これまでに確立された実践仕組……… 32
コンジョイント分析…………………… 61
コンセプト……………………………… 5

サ

再帰性を伴う概念……………………… 217
再構造化………………………………… 20
再出発点………………………………… 210
サービス… 99〜101，224，226，229，231
　──・エコシステム………………… 230
　──活動の分類と体系…………… 101
　──提供……………………………… 105

───・デザイン………………………… 231
───・ドミナント・ロジック
　………………………… 97, 99, 224
───の 4 つのカテゴリー………… 105
───の 4 つの特性……………… 99, 226
サービス・マーケティング…………… 238
───の 7Ps…………………………… 102
サブスクリプション・マーケティング
　…………………………………………… 245
サプライチェーン……………………… 182
始覚的な転回に止まらない「転」…… 25
事業の定義…………………………… 41, 56
試金石…………………………………… 30
仕事制における従事…………………… 25
市場細分化（Market Segmentation）
　………………………………… 35, 56, 59
市場シェア……………………………… 116
市場浸透価格政策… 113, 115〜117, 120
市場の定義………………………… 36, 39
質………………………………………… 208
実践仕組……………………………………… 6
実践バージョンアップ………………… 32
実存……………………………………… 26
───論の再燃………………………… 210
資本［主義］…………………………… 16
資本新世………………………………… 220
社会概念………………………………… 217
社会化する保証………………………… 219
社会制における自由の進歩…………… 221
社会制マーケティング…………… 31, 216
社会的ロス……………………………… 215
重要性パフォーマンス（IPA）分析… 49
主観（信念と推論と直観）…………… 20
主権……………………………………… 209
主体………………………………………… 5
需要予測………………………………… 115
商………………………………………… 195
───［学］………………………………… 8
使用価値………………………………… 224

小構造化………………………………… 20
上層吸収価格政策……………………… 113
象徴秩序（⊂記号秩序）………… 21, 205
消費……………………………………… 64
───行為………………………………… 64
───財マーケティング……………… 238
───社会………………………………… 65
消費者………………………… 63, 64, 67
───教育………………………………… 83
───志向…………………………… 63, 232
───保護基本法………………………… 83
商品……………………………………… 99
情報（＝情報実存）………… 201, 204
───格差……………………………… 111
───実存………………………………… 26
───の非対称性……………………… 109
初期高価格政策………………………… 113
初期低価格政策………………………… 113
諸言説（①〜④）……………………… 30
進化生物学……………………………… 206
新技術…………………………………… 119
人件費…………………………………… 129
新製品…………………………… 118, 120
───価格設定理論…………………… 113
人的販売………………………………… 127
真のイノベーション…………………… 118
心理変容のプロセス…………………… 160
垂直的マーケティング・システム
　………………………………… 146, 155
スキルとナレッジ……………………… 224
───の適応…………………………… 229
ステルス・マーケティング…………… 260
星座………………………………………… 5, 6
───の範囲…………………………… 217
生産志向…………………………… 2, 66
生態系…………………………………… 214
精緻化見込みモデル…………………… 161
成長ベクトル・マトリックス………… 147
制度…………………………… 218, 230

製品デザイン……………………… 184
接触…………………………………… 27
先進を取り込んだ基礎………………… 10
選択的注意……………………… 162~164
善の下に必然を従える工夫…………… 17
戦略マーケティング…………………… 31
相互包摂………………………………… 197
相転移…………………………………… 215
ソサエタル・マーケティング………… 238
ソシオエコロジカル・マーケティング
……………………………………… 239
ソーシャル（ソシエタル）・マーケティング
志向……………… 2, 22, 31, 218, 238
ソーシャルメディア・マーケティング
……………………………………… 244
存在論的な「不」………………………… 7

タ

大構造（大きな物語）化……………… 20
代替品の脅威…………………………… 51
ダイナミックケイパビリティ………… 52
ダイレクト・マーケティング
（direct marketing）……………… 132
多様体…………………………………… 200
探究…………………………………… 214
団体（association）……………… 20
地域活性化マーケティング…………… 240
地域別マーケティング………………… 240
知覚品質……………………………… 109
中観的な「どこにでもいる」立場
（position）………………………… 208
中庸性…………………………………… 28
―――がある中道………………… 28
超越論的展開…………………………… 30
超越論的マーケティング……………… 221
超学（メタ科学）……………………… 218
通観…………………………………… 198
通信販売（mail order）……………… 136
デクステリティ…………………………… 5

デザイン（design）………………… 184
―――思考……………………… 231
デジタル・マーケティング…………… 244
デファクト・スタンダード…… 120, 121
店頭プロモーション…………………… 182
同期…………………………………… 215
統合的マーケティング・コミュニケーション
……………………………………… 199
動態的ケイパビリティ（潜在的可能性）論
……………………………………… 208
東洋哲学の衣鉢………………………… 17
どこにでもいる……………………… 216
トータル・ロジスティクス…………… 190
取引の様相……………………………… 10
取引マーケティング…………………… 70

ナ

内在（創発）的価値…………………… 205
‐ナショナル‐多重化するローカル
‐グローバル‐… 17, 194, 209, 219
7大経営機能…………………………… 17
2次化………… 10, 16, 195, 204, 219
二次研究……………………………… 12
二次パッケージ……………………… 181
2重否定…………………………………… 7
20世紀の病理 ………………………… 207
ニッチ（生態学的地位）……………… 206
―――・マーケティング………… 214
認識に新しい道を拓く探求姿勢…… 17
認識論的な「非」………………………… 7
認知革命……………………………… 166
沼（無底）…………………………… 202
ネガティブ・ケイパビリティ………… 208
値ごろ価格帯………………………… 115
ネットワークの外部性………………… 120
ノイラート船………………………… 19

ハ

場……………… 26, 198, 200, 209, 215

ハイフン付きのジャパニズム……… 209
場所（place）……………………… 200
バージョンアップ………………… 207
パーチェス・ファネル…………… 166
パッケージング（packaging）……… 185
パーパス・ベース・ラーニング…… 208
パラドクス………………………… 211
範囲（スコープ）…………………… 5
判断陶冶…………… 30, 199, 219, 221
　　　──点……………………… 209
パンドラ箱……………………… 20, 199
販売管理志向……………………… 66
販売センター……………………… 230
非計画購買………………………… 171
非形式論理の砦…………………… 220
ビジネス・ポリシー……………… 46
ビジネス・ロジスティクス……… 190
人新世……………………………… 205
標的市場…………………………… 56
ヒルベルト・プログラム………… 7
品質推定機能……………………… 115
5 フォースモデル ……………… 47, 48
フィランソロピー……………… 248, 251
複雑系……………………………… 194
物理的証拠（physical evidence）…… 97
物流………………………………… 188
　　　──費……………………… 130
負の広告成果……………………… 165
部分的つながり………………… 28, 216
普遍言語…………………………… 19
プラグマティズムと実存主義……… 30
プラグマティズムと論理経験（⊂実証）
　主義……………………………… 18
プラスチック・ワード………… 15, 26
プラットフォーム………………… 79
　　　──・ビジネス…………… 80
ブランド………………… 116, 242
　　　──・アイデンティティー
　　… 170, 172, 173, 177, 178, 180

　　　──階層性………………… 88
　　　──拡張……………… 90, 93
　　　──認知………… 180, 181
　　　──・ビジョン……… 170, 177
　　　──・マーケティング……… 242
　　　──・マントラ…………… 88
　　　──もの…………………… 89
　　　──連想………… 170, 181
ブルシット・ジョブ……………… 19
プロジェクト・ベース・ラーニング… 208
ブロック・チェーン……………… 200
プロトコル分析…………………… 61
文化子……………………………… 204
文化 4 類型………………………… 28
分散型自立組織（DAO）………… 219
分子………………………………… 204
文脈価値……………… 224, 232
文脈効果…………………………… 38
閉殻のある場（field）…………… 200
別ホーリズム……………………… 197
便益の束…………………………… 107
包披論あり………………………… 32
包披論や量子論的な関係論……… 196
包披論理…………………………… 7
ポジショニング…………………… 43
ポジティブ・ケイパビリティ……… 208
保証の社会化………… 199, 209
　　　──すなわち「場所が場という空間
　になることによる社会選択化」… 210
ホモ・ヒエラルキクス…………… 209
ホーリスティック・マーケティング
　………………………… 8, 196
ほんもの，真正性，本来性
　（authenticity）………………… 29

マ

マクロ次元の「ブレーン（brane）化という
　"un" の考えに基づいたメタ」…… 198

マーケティング…6, 8〜10, 22, 26, 29,
　　　　　　　32, 202, 207, 214,
　　　　　　　220, 236〜238, 254
　　──遠視眼………………………… 51
　　──概念の拡張………………… 66
　　──競争（協働）……………… 26
　　──経験………………………… 206
　　──行為………………………… 31
　　──・コスト…………………… 129
　　──・コンセプト………………… 2
　　──志向………………………… 66
　　──進化論……………………… 209
　　──戦略………………………… 31
マーケティング・チャネル…… 143, 154
　　　　　　──政策……………… 139
マーケティングに至近な諸専門…… 11
［マーケティングの］現代 ………… 207
マーケティングの成功……………… 219
マーケティングの能動的推論や直観… 32
マーケティング・マイオピア……… 51
マーケティング・マーケター……… 27
マス・カスタマイゼーション……… 80
マネジリアル・マーケティング……… 8
幹…………………………………………… 6
ミクロ次元の「コンパクト化という"en"
　の考えに基づいたメタ」………… 198
ミクロとマクロのリンク
　……………………… 17, 18, 199, 215
身分や職分…………………………… 32
未来志向……………………………… 202
未来への集積回路…………………… 200
無限の段階説………………………… 197
無底…………………………………… 18, 27
メセナ………………………………… 251

メタ行為……………………………… 9, 26
メディア・ミックス………………… 215
メリトクラシー……………………… 220
目的や動機…………………………… 21
目的律（teleonomy）……………… 21
目的論（teleology）………………… 21
モジュール化………………………… 79
模倣戦略……………………………… 117

ヤ

有機体という語……………………… 205
輸送パッケージ……………………… 181
様相……………………………… 10, 19, 214
4つの権利…………………………… 83
より高次の思考にメタ化…………… 200
4項動化………………………………… 6, 15
4Ps…………………………………… 137, 182
　　　　──論……………………… 225

ラ

螺旋化………………………………… 195
螺旋・スパイラル化………………… 12
理由（reason）……………………… 16
量子…………………………………… 204
　　──論以後の自然科学状態……… 21
リレーションシップ・マーケティング
　………………………………… 70, 239
倫理…………………………………… 254
レンジ・ブランド…………………… 94
ロシター・パーシー・ベルマン・グリッド
　…………………………………… 161

ワ

われわれという情報実存……………… 201

《著者紹介》

首藤禎史（しゅとう・ただし）＜商学博士（明治大学）＞

1984年	明治大学商学部商学科卒業，卒業と同時に化粧品メーカーに勤務
1990年	明治大学大学院商学研究科博士前期課程修了
1994年	明治大学大学院商学研究科博士後期課程単位取得退学
1994年	大東文化大学経済学部専任講師
1998年	アメリカ合衆国 University of Washington, School of Business 客員研究員
1999年	大東文化大学経済学部助教授
2005年	大東文化大学経営学部教授，現在に至る
2007年	アメリカ合衆国 University of Washington, Michael G. Foster School of Business 客員教授
2011年	商学博士（明治大学）

主要著書

『戦略市場計画』（共訳）同友館，『現代経営診断事典』（分担執筆）同友館，『商品戦略と診断』（共著）同友館，『市場駆動型の戦略』（共訳）同友館，『世界の起業家50人』（共著）学文社，『経営学検定試験公式テキスト6　マーケティング』（共著）中央経済社，『マーケティング実務』（共著）産業能率大学出版部，『スポート・マーケティングの基礎─第2版』（共訳）白桃書房，『イノベーションと組織』（共訳）創成社，『ビジネス・キャリア検定試験標準テキスト　マーケティング3級』（共著）社会保険研究所，『ビジネス・キャリア検定試験標準テキスト　マーケティング2級』（共著）社会保険研究所，『批判的マーケティング論』（単著）大東文化大学研究叢書28，『流通論』（共著）同文舘出版，『経営学が身につく100問』（共著）創成社

長谷川博（はせがわ・ひろし）

1984年	明治大学商学部商学科卒業
1987年	早稲田大学大学院商学研究科修士課程修了
1991年	愛知学院大学大学院商学研究科博士課程単位取得退学
1991年	朝日大学経営学部専任講師
1994年	朝日大学経営学部助教授
1995-96年	The Graduate School at The University of Texas at Austin, Visiting Professor
2000年	愛知工業大学経営情報科学部教授
2008年	千葉商科大学商経学部教授
2025年	千葉商科大学大学院商学研究科教授

主要著書

「社会交変換論 I～Ⅷ」（単著）『千葉商大論叢』。『流通・マーケティングの基礎』（共著）成文堂，『ビジネス・キャリア検定試験標準テキスト　マーケティング3級』（共著）社会保険研究所，『ビジネス・キャリア検定試験標準テキスト　マーケティング

２級』（共著）社会保険研究所，『マーケティング情報科学』（共著）同友館，『マーケティングの世界（増補版）』（単著）東京教学社，『流通用語辞典』（分担執筆）白桃書房，『地球環境と企業行動』（共著）成文堂，『マーケティングの世界』（単著）東京教学社，『グローバル時代の地場産業と企業経営（共著）』成文堂，『マーケティング論』（共著）商学研究社，『体系グリーン・マーケティング』（共訳）同友館，『環境主義マーケティング』（共著）日本能率協会マネジメントセンター

伊藤友章（いとう・ともあき）

1990 年	明治大学法学部法律学科卒業
1993 年	明治大学大学院商学研究科博士前期課程修了
1996 年	明治大学大学院商学研究科博士後期課程単位取得退学
1996 年	北海学園大学経済学部専任講師
1999 年	北海学園大学経済学部助教授
2007 年	北海学園大学経済学部教授，現在に至る
2012 年	アメリカ合衆国 University of Washington, School of Business 客員研究員

主要著書

『経営学の定点（改訂版）』（共著）同文舘出版，『ナビゲート経営学』（編著）同文舘出版，『新しい時代を生きるための実践力とアクティブラーニング』（編著）共同文化社，『キーワードからみる 経営戦略ハンドブック』（共著）同文舘出版，『スポート・マーケティングの基礎―第 2 版』（共訳）白桃書房，『イノベーションと組織』（共訳）創成社

野木村忠度（のぎむら・ただのり）＜博士（商学）明治大学＞

2002 年	明治大学商学部卒業
2005 年	明治大学大学院商学研究科博士前期課程修了
2009 年	明治大学大学院商学研究科博士後期課程修了　博士（商学）
2010 年	明治大学商学部助教
2011 年	淑徳大学経営学部専任講師
2016 年	千葉商科大学商経学部専任講師
2018 年	千葉商科大学商経学部准教授
2024 年	千葉商科大学商経学部教授　現在に至る

主要著書

『流通と法―新版―』（単著）尚学社，『よくわかる流通論』（共著）ミネルヴァ書房，『流通・マーケティングの基礎』（共著）成文堂，『納税者権利論の課題―北野弘久先生追悼論集慣行委員会編―』（共著）勁草書房

河内俊樹（かわうち・としき）

2004 年	明治大学商学部商学科卒業
2006 年	明治大学大学院商学研究科商学専攻博士前期課程修了

2010 年	明治大学大学院商学研究科商学専攻博士後期課程単位取得退学
2010 年	松山大学経営学部専任講師
2012 年	松山大学経営学部准教授
2014 年	松山大学大学院経営学研究科准教授
2024 年	拓殖大学商学部教授，現在に至る

主要著書

『サービス・ドミナント・ロジック―マーケティング研究への新たな視座―』（共著）同文舘出版，『改訂版　市場創造（マーケティング）―顧客満足とリレーションシップ―』マネジメント基本全集 3（共著）学文社，『京都に学ぶマーケティング』（共著）五絃舎，『ベーシック流通論』（共著）同文舘出版，『食文化のスタイルデザイン―"地域"と"生活"からのコンテクスト転換―』地域デザイン学会叢書 2（共著）大学教育出版，『アートゾーンデザイン―地域価値創造戦略―』（共著）同友館，『スピリチュアリティによる地域価値発現戦略』地域デザイン学会叢書 4（共著）学文社，『マーケティングの構造』（共著）五絃舎，『クリエイティブビジネス論―大都市創造のためのビジネスデザイン―』地域デザイン学会叢書 5（共著）学文社，『ビジネスのためのマーケティング戦略論―企業の永続化を目指す実践的考え方―』（共著）同文舘出版，『サービス・ドミナント・ロジックの核心』（共著）同文舘出版，『ベーシック流通論（第 2版）』（共著）同文舘出版

（検印省略）

2024 年 5 月 20 日　初版発行　　　　　　略称―クリティカル

クリティカル・マーケティング
―ここが変だよ?! マーケティング―

編著者　首 藤 禎 史
発行者　塚 田 尚 寛

発行所　東京都文京区　**株式会社　創 成 社**
　　　　春日 2 - 13 - 1

電　話 03（3868）3867　　　Ｆ Ａ Ｘ 03（5802）6802
出版部 03（3868）3857　　　Ｆ Ａ Ｘ 03（5802）6801
http://www.books-sosei.com　振　替 00150 - 9 - 191261

定価はカバーに表示してあります。

©2024 Tadashi Shuto　　　　組版：ワードトップ　印刷：エーヴィスシステムズ
ISBN978-4-7944-2629-1　C3034　製本：エーヴィスシステムズ
Printed in Japan　　　　　　落丁・乱丁本はお取り替えいたします。

━━━━━━ 経営・マーケティング ━━━━━━

クリティカル・マーケティング ―ここが変だよ?! マーケティング―	首 藤 禎 史 編著	2,900 円
現 代 の 経 営 組 織 論	文 載 皓 編著	2,800 円
働 く 人 の 専 門 性 と 専 門 性 意 識 ―組織の専門性マネジメントの観点から―	山 本 寛 著	3,500 円
地域を支え，地域を守る責任経営 ―CSR・SDGs時代の中小企業経営と事業承継―	矢 口 義 教 編著	3,300 円
供 給 の 科 学 ―サプライチェーンの持続的成長を目指して―	北 村 義 夫 著	3,500 円
コスト激増時代必須のマネジメント手法 「物流コストの算定・管理」のすべて	久保田 精 一 浜 崎 章 洋 著 上 村 聖	2,500 円
部 品 共 通 化 の 新 展 開 ―構造と推移の自動車企業間比較分析―	宇 山 通 著	3,800 円
ビジネスヒストリーと市場戦略	澤 田 貴 之 著	2,600 円
イ チ か ら 学 ぶ 企 業 研 究 ― 大 学 生 の 企 業 分 析 入 門 ―	小 野 正 人 著	2,300 円
イ チ か ら 学 ぶ ビ ジ ネ ス ― 高 校 生・大 学 生 の 経 営 学 入 門 ―	小 野 正 人 著	1,700 円
ゼロからスタート ファイナンス入門	西 垣 鳴 人 著	2,700 円
すらすら読めて奥までわかる コ ー ポ レ ー ト・フ ァ イ ナ ン ス	内 田 交 謹 著	2,600 円
図解コーポレート・ファイナンス	森 直 哉 著	2,400 円
流 通 と 小 売 経 営	坪 井 晋 也 河 田 賢 一 編著	2,600 円
ビ ジ ネ ス 入 門 ― 新 社 会 人 の た め の 経 営 学 ―	那 須 一 貴 著	2,200 円
e ビ ジ ネ ス・DX の 教 科 書 ― デ ジ タ ル 経 営 の 今 を 学 ぶ ―	幡 鎌 博 著	2,400 円
日 本 の 消 費 者 政 策 ― 公 正 で 健 全 な 市 場 を め ざ し て ―	樋 口 一 清 井 内 正 敏 編著	2,500 円
観 光 に よ る 地 域 活 性 化 ― サ ス テ ィ ナ ブ ル の 観 点 か ら ―	才 原 清 一 郎 著	2,300 円

(本体価格)

━━━━━━ 創 成 社 ━━━━━━